教育部人文社会科学研究青年基金项目（13YJC880084）的研究成果

本书受到云南省哲学社会科学学术著作出版专项经费资助

历史制度主义视角下的
中国高校人事制度
变迁研究

肖兴安◎著

中国社会科学出版社

图书在版编目（CIP）数据

历史制度主义视角下的中国高校人事制度变迁研究／肖兴安著.
—北京：中国社会科学出版社，2016.4
ISBN 978 - 7 - 5161 - 8323 - 6

Ⅰ.①历…　Ⅱ.①肖…　Ⅲ.①高等学校—人事制度—研究—中国
Ⅳ.①G647.23

中国版本图书馆 CIP 数据核字（2016）第 123998 号

出 版 人　赵剑英
责任编辑　张　林
特约编辑　金　沛
责任校对　朱妍洁
责任印制　戴　宽

出　　　版　中国社会科学出版社
社　　　址　北京鼓楼西大街甲 158 号
邮　　　编　100720
网　　　址　http://www.csspw.cn
发 行 部　010 - 84083685
门 市 部　010 - 84029450
经　　　销　新华书店及其他书店

印刷装订　北京鑫正大印刷有限公司
版　　　次　2016 年 4 月第 1 版
印　　　次　2016 年 4 月第 1 次印刷

开　　　本　710×1000　1/16
印　　　张　14.75
插　　　页　2
字　　　数　258 千字
定　　　价　58.00 元

目　　录

第 一 章

引　论

第一节　选题的背景和意义

一　问题提出的背景

（一）国际、国内人才竞争加剧，中国高校需要新的人事政策指引

随着"全球化""市场经济""知识经济"这些词语的高频率使用，当今时代已成了一个竞争的时代。世界各国各组织的竞争实际上也是争夺优秀人才的竞争。正如美国著名管理专家吉姆·柯林斯所说，"有一件事比其他任何事都举足轻重：那就是招聘并留住好的员工"。[①] 由社会边缘逐渐走向社会中心的高校，作为市场竞争主体，要想在竞争中获胜，关键是要拥有一支优秀的教师队伍和管理队伍。在全球化时代，高校之间的竞争是国际范围内的竞争，焦点是国际高校之间大师、专家的争夺。高校要采取何种人才措施，获得国际上的优秀人才资源以提高大学的教学质量和科研水平，进而提高大学的声誉和自身竞争力，获得自身生存和发展的空间，这是一个值得研究的重要课题。目前，我国高校人事制度要怎样改革才能适应我国创建世界一流大学、赢得国际竞争的需要，所有这些都需要我们了解中国高校人事制度变迁的规律，为现实的人事改革提供参考意见。

（二）高校人事制度改革关系到整个高等教育管理体制改革的成败，高校人事制度是我国建设现代大学制度的核心内容

高校内部管理体制改革是高等教育管理体制改革的一个重要方面，以聘任制改革为中心的高校人事制度改革又是高校内部管理体制改革的重

[①]　[美]吉姆·柯林斯：《从优秀到卓越》，俞利军译，中信出版社2002年版，第66页。

点。在我国高等教育走向大众化、普及化的今天，如何提高高校师资队伍建设的质量，成为制约高等教育管理体制改革成功与否的一个关键问题。随着政府对高校的管理逐步由集中控制向宏观调控转化，高校办学自主权进一步下放，高校在人事行政上的自主权也进一步落实。好的人事制度就是通过组织、计划、协调、控制、监督等手段，谋求人与事以及事与人之间的相互适应，达到事得其人、人适其事、人尽其才、人尽其用，也就是协调社会劳动过程中人与事以及共事人相互关系的管理活动。高校的教学、科研、管理、后勤服务等各项工作的相互协调与发展，取决于从事这些工作的人与他们的岗位的匹配程度。所以，良好的人事管理是高校的教学、科研、后勤以及其他各项管理工作顺利开展的基础。可以说，高校管理的核心是人事管理。高校的发展在很大程度上取决于高校人事管理的质量。高校为适应新形势所进行的各项内部改革，几乎每一项都与高校内部人事制度改革相关。如高校在办学模式、学科建设上进行改革，高校的用人、考评、分配等人事制度也必须作出相应的调整，以上改革才能落到实处。现代大学制度的构建包括多方面的内容，如教学制度、管理制度、学科制度等，但人事制度则是其中的核心。正如各种动物只在适合他们生长的环境中生长一样，各种类型的人，也只有在遇到适宜的制度化环境时才能发展。通过人事制度建设，选拔任用高水平教师，可以从根本上提高高校学科建设、教学改革和学校管理水平。处于不同层次和不同发展态势的中国高校，尤其是研究型大学，人事制度都成为建立现代大学制度的瓶颈。[1] 因此，选择高校人事制度进行研究，实质上对现代大学制度的研究和建构具有基础性作用。

（三）高校是一个具有复杂属性的组织，其人事制度的特殊性需要我们对之加以研究

高校的组成人员——教学科研人员、行政管理人员、后勤服务人员、学生群体等具有不同的身份、地位，有不同的价值取向和目标追求，这使得高校的组织属性非常复杂。一般认为高校是一个学术组织，如蔡元培说过"大学是研究高深学问的机关"。还有研究者从组织的目标，组织的结构等来研究高校的组织属性，认为高校是一个多目标的松散结合系统，呈现有组织的无序状态，是一个矩阵结构。所谓"有组织"，是指高校作为

---

① 缪榕楠：《大学教师任用制度研究》，博士学位论文，南京师范大学，2007 年。

正式组织所具备的制度化内涵；"无序状态"是指高校组织与人员的价值取向、活动安排、工作技术的多元化和离散状态；"松散结合"是指构成组织的各个组成部分各自承担相应的责任，彼此保持相对的独立性和可分离性。按伯顿·克拉克的观点，高等教育系统的结构特征表现为矩阵组织。高校组织的规范化程度相对较低，这是因为教学与研究的高深性和专门性强，教师具有较大的自由度和"内在规范性"，倾向于较少的外部约束和规制；高校成员偏好工作的自主性，对影响到他们工作的决策有强烈的参与要求；高校教师每个人都被看作是独立的决策者，对教师们讲授的内容、讲授的方法学校无法进行严格的控制。① 对高校这种组织而言，教师学术水平的高低决定了高校在整个大学系统里的位置。作为高深知识的传授者和创新者，高校教师群体有其不同于社会其他群体的特性。如何激发高校教师群体的学术活力，促进高校组织和高校教师学术职业健康发展，构建一种较好的选择教师、激励教师、评价教师的高校人事制度至关重要。开展系统的高校人事制度变迁研究，既可以从人与组织关系的角度弄清高校的组织特性和大学教师的职业性质，以提高社会和公众对高校和高校教师的认识和理解；又可以从制度层面向社会和公众揭示高校的人事制度是如何形成和演变的。

本书要研究的问题：首先，厘清中国高校人事制度变迁的历史脉络。弄清中国高校人事制度在清末、民国和新中国各个时期的特点，这是分析中国高校人事制度变迁的基础。其次，分析中国高校人事制度是如何变迁的，哪些因素在影响它的变迁。这主要从三个方面来分析：一是中国高校人事制度所处的制度环境，即同时期国际高校人事制度和国内政治制度、文化制度的影响；二是高校组织本身对学术和效率的追求如何影响中国高校人事制度变迁；三是政府、文化精英及高校的利益群体（主要是教师群体、学生群体、行政人员群体）之间的博弈如何影响中国高校人事制度变迁。最后，对中国高校人事制度发展的理想状态提出展望。

二 选题意义

首先，高校人事制度改革是当前高教领域关注的热点。从内容上看大多数都从高校人事制度改革的困境，改革要注意的问题及改革的对策出发

---

① 季诚钧：《大学组织属性与结构研究》，博士学位论文，华东师范大学，2004年。

进行研究。这些研究一般都是把当前的人事制度看成是一个既定的制度环境，对当前的人事制度是如何演变而来的，它原来的形式怎样，哪些条件导致它发展到现在的形式，我国高校的人事制度为什么和别国的人事制度不一样等问题鲜有人进行系统的研究。如果说学术研究的理论意义在于"积累知识"，本书对中国高校人事制度变迁的研究，可使公众了解中国高校人事制度发展的轨迹，可以丰富高等教育中关于高校人事制度的研究内容。

其次，选择高校人事制度变迁作为研究的问题，并从历史制度主义的视角探索影响高校人事制度变迁的各个因素，也是从跨学科的角度对高等教育制度进行研究的一次探索。社会学者周雪光曾经将学术研究的贡献总结为五类：一是提出一个新的解释逻辑，形成一个理论学派，这是开创性的研究；二是对开创性研究的理论逻辑进一步阐发；三是拓宽一个理论逻辑的研究领域和解释能力，在理论框架内进行资料积累和实证研究，扩展理论解释范围；四是致力于不同流派之间的对比和融合；五是提出新的研究设计，在研究方法上创新。① 本书可以归入第三类。历史制度主义作为新制度主义政治学的三大流派之一，笔者将其理论框架用来解释中国高校人事制度变迁，可以看作是拓展了历史制度主义的理论解释范围。历史制度主义独特的研究视角也可以给高等教育研究者开辟新的研究空间。

在知识经济时代，高等院校是知识创新的重要基地、是培养高素质创造性人才的摇篮。学校人力资源优势是否能发挥，取决于高校人事管理的水平和效率。高校管理改革的瓶颈是高校人事制度改革。为了让高等教育适应社会主义市场经济发展的需要，创新高校人事制度、深化高等教育体制改革、促进高校内部发展是当务之急。在高校发展的不同历史时期，来自教会、政府和市场的力量对高校的发展有着不同的干预和控制模式，不同的群体和利益集团对大学是什么、大学有什么样的职能也有着不同的看法和认识，因而对高校人事制度有着不同的制度设计。系统研究历史上和现实中的高校人事制度，使制度安排更加科学合理，对高校这样一种教育机构的发展具有现实的和长远的意义。

---

① 张永宏：《组织社会学的新制度主义学派》，上海人民出版社 2007 年版，第 2—4 页。

第二节 基本概念的界定

概念是对事件边界的界定，而不是对事件本质的揭示。"定义的目的是让争论能集中于事实，好的定义是把对术语的争论转变为对事实的不同看法，从而掀起进一步研究所需的争论。"① 在本书中，对相关概念进行界定的目的是表达笔者对该概念的特定理解，也是确定本书研究的边界。

一 高校

高校是高等学校的简称。"高等学校"这个词在民国时期就已出现，指"实施预科教育的机构"，并非现今意义上的高等学校。例如，在教育部1912年3月拟议的学校系统草案第一稿中，讨论学校等级，将学校分为五级"初等小学、高等小学、中学、高等学校、大学"，"又别设高等学校，三年毕业；大学三年毕业"。② 夏偕复在介绍日本学校时提道，"高等学校为大学之预备科，分为三部"③。现今意义上的高等学校在晚清民国时期一般称为"高等教育机关""高等教育阶段"。"民国初建，重订学制，高等教育机关有大学、专门学校及高等师范学校。""清末高等教育阶段，有大学堂，高等学堂，高等实业学堂及法政学堂。"④ 本书取义于新中国的三个文件⑤对"高等学校"的界定，主要是指普通高等学校，即专科学校、学院及大学。

---

① ［美］米尔斯：《社会学的想像力》，陈强、张永强译，生活·读书·新知三联书店2001年版，第35页。

② 唐良炎：《中国近代教育史资料汇编》（学制演变），上海教育出版社1991年版，第631页。

③ 夏偕复：《学校刍言》，载唐良炎《中国近代教育史资料汇编》（学制演变），上海教育出版社1991年版，第175页。

④ 《全国高等教育概况》，载杜元载《革命文献第五十六辑抗战前之高等教育》，中国国民党"中央"委员会党史史料编纂委员会1971年，第38页。

⑤ 1950年《高等学校暂行规程》、1952年《关于改革学制的决定》、1978年《关于专科学校改为学院的审批权限的请示》。

二　制度

(一) 中西方在词义上对"制度"的解释

《辞海》对制度的定义是"一种规程或准则",如工作制度;同时也是一种"体系",一种由在一定的历史条件下形成的政治、经济、文化等各方面的体系,如社会主义制度。《词源》对制度的解释是"法令礼俗的总称"。如《易节》:"天地节而四时成,节以制度,不伤财,不害民。"《汉书元帝纪》:"汉家自有制度,本以霸王道杂之。"古汉语中的一些场合,"制"与"度"和现代"制度"也通用了。如《淮南子·汜论训》:"先王之制,不宜则废之。"《左传·昭公四年》:"度不可改。"

西方英语国家制度通常用 institution 一词来表示。韦森认为,institution 是一个远比中文的"制度"含义更宽泛的概念,它不仅含有中文的习惯、风俗、传统、社会规范、法律、法规、制度、建制等义,而且含有中文的机构、组织、会、社、院、知名人士、著名人物等含义。即使不考虑后面这一组含义,用中文的制度来对译 institution 也显然是不够的。[①] 这是一种词义上的解释。

(二) 对各学派在制度"定义"上的分类

韦森对 institution 的定义考察是非常全面的。总结各个学派对 institution 下的定义可以看出,对制度的定义可分为静态和动态两种。

从静态也就是制度的表现形式来看,对制度的解释可分为三类:一是认为制度是一种规则或秩序。持这种观点的人有诺斯,他认为制度是一种游戏规则 (institutions are rules of game);还有哈耶克,他倾向于把他的研究对象称作秩序 (order)。[②] 二是认为制度是一种思想习惯。代表人物是凡勃伦和沃尔顿·哈米尔顿。凡勃伦认为"制度实质上就是个人或社会对有关的某些关系或某些作用的一般思想习惯"。[③] 沃尔顿·哈米尔顿认为"制度渗透在民族的习俗和团体的习惯中,是一些普遍的永久的思想行为方式"。三是认为制度是一种组织。代表人物是后现代制度主义者霍

---

① 韦森:《经济学与哲学:制度分析的哲学基础》,上海世纪出版集团、上海人民出版社 2005 年版,第 3 页。

② 同上书,第 57 页。

③ [美] 凡勃伦:《有闲阶级论》,蔡受百译,商务印书馆 1981 年版,第 139 页。

奇森和 V. W. 拉坦。霍奇森认为"制度是一种持久的行为规范的社会组织。它是通过传统习惯或法律的约束创造出来的"。V. W. 拉坦则认为制度和组织没有差别。①

从动态的角度也就是制度的形成机制来理解制度的有康芒斯和青木昌彦。康芒斯把制度解释为"集体行动控制个人行动"②。青木昌彦认为"制度是一种博弈均衡。将制度概括为关于博弈重复进行的主要方式的共有信念的自我维系系统"③。

从以上分类可以看出，"不同学派和时代的社会科学家们赋予这个词以如此多的可供选择的含义，以至于除了将它笼统地与行为规则联系在一起外，已不可能给出一个普适的定义"④。

（三）本书对制度的定义

历史制度主义重要代表人物彼得·豪尔（Peter A. Hall）将制度界定为"嵌入政体或政治经济组织结构中的正式或非正式的程序、规则、规范和惯例"⑤。历史制度主义对"制度"的定义可以看成是对制度的一种比较宽泛的解释，认为制度包括了正式的和非正式的规则。"关于制度的定义不涉及谁对谁错的问题，它取决于分析的目的。"⑥ 本书的研究目的是解释中国高校人事制度变迁的规律，其中涉及各种正式制度（如国家政治制度）和非正式制度（如社会思潮、意识形态等）对高校人事制度变迁的影响，所以笔者采纳历史制度主义者的"制度"定义，将制度笼统地界定为"各种正式和非正式的规则"。

三　高校人事制度

从管理学的角度看，"人事"是指社会劳动过程中或社会劳动组织中

①　［美］V. W. 拉坦：《诱致性制度变迁理论》，载［美］罗纳德·H. 科斯等著《财产权利与制度变迁——产权学派与新制度经济学译文集》，刘守英译，上海三联书店 1994 年版，第 329 页。

②　［美］康芒斯：《制度经济学》（上册），于树生译，商务印书馆 1983 年版，第 87 页。

③　［日］青木昌彦：《什么是制度？我们如何理解制度》，周黎安、王珊珊译，载孙宽平主编《转轨、规制与制度选择》，社会科学文献出版社 2004 年版，第 52 页。

④　［德］柯武刚、史漫飞：《制度经济学》，韩朝华译，商务印书馆 2000 年版，第 32 页。

⑤　Peter A. Hall Rosemary C. R. Taylor, "PoliticalScience and Three Institutionalism", *PoliticalStudies*, 1996.

⑥　［日］青木昌彦：《比较制度分析》，周黎安译，上海远东出版社 2001 年版，第 11 页。

人与事的关系，以及在此基础上共事人之间的相互关系。人事制度是关于用人以治事的行动准则、办事规程和管理体制的总和。一般包括工作人员的任职资格制度、选拔录用制度、培训制度、分配制度、晋升制度等。一般将人事制度看作国家政治制度的一个重要组成部分，归入上层建筑范畴。

　　高校人事制度既包括国家对所有高校人事进行宏观管理的制度，也包括高校内部的人事管理制度。具体内容包括高校人事活动中的机构设置、用人制度、分配制度、晋升制度等。机构设置是指国家和高校为实现教育目标而设置的由专人负责的各种互相联系的机构，是国家教育人事管理人员、高校领导及管理人员开展各项活动、处理各种事务的一种组织形式；用人制度是国家和高校对所需人员的选拔、任用制度；分配制度是国家和高校按照所属人员的劳动付出制定的酬劳分配方式；晋升制度是国家和高校根据教师、职员的素质、能力、工龄、绩效等表现在职务职称的级别上予以提升的制度。

四　制度变迁理论所涉及的概念

（一）制度变迁

　　制度变迁是指一种或一组制度发生变更、替代、调整甚至创造的过程。

（二）制度环境

　　制度环境即制度结构，是指制约和影响主体（政府、组织或个人）行为的一系列制度的总和，包括组织、法律、习俗和意识形态。① 它是可变的外生变量。

（三）制度安排

　　制度安排是指管束特定行动模型和关系的一套行为规则，可以被认为是制度的具体化，包括制度的设计与施行。制度安排是最接近制度的一个概念，经济学家用制度这个术语时，一般情况是指制度安排。制度安排可以是正式的或非正式的，长久的或暂时的。在制度分析框架中制度环境决定制度安排的性质、范围和进程等，制度安排也会反作用于制度环境。②

---

① 林毅夫：《再论制度、技术与中国农业发展》，北京大学出版社2000年版，第16页。
② 卢现祥：《新制度经济学》，武汉大学出版社2004年版，第112页。

（四）路径依赖

广义上的路径依赖指前一阶段的事件可能会对后一阶段的事件产生某种影响和制约作用；狭义上的路径依赖指制度在变迁过程中存在报酬递增和自我强化的机制，类似于物理学中的"惯性"一词。一旦制度变迁进入某一路径（不管是好的或坏的），就有可能对这一路径产生强烈的依赖。因此，沿着这一既定的路径，经济和政治制度的变化可能进入良性循环的轨道，并且不断得到优化；也有可能顺着原来错误的路径前行，甚至被"锁定"在某种无效的制度状态之下，最终导致社会经济发展的停滞。[①] 历史制度主义借用并发展了经济学中的"路径依赖"概念，主要通过"报酬递增"一词来表现自己的意义，即一旦进入某种制度模式，则会出现由于学习、协同效应引发的适应性预期，这种适应性预期会使退出该模式的成本增大，也使得改变该模式的可能性越来越小。同时，与其他制度模式相比，这一制度模式会更容易提供收益，沿着这种制度模式发展下去的可能性也增大。[②]

（五）正式制度与非正式制度

这是对制度的一般分类。正式制度又称硬制度，是指人们以正式方式建立起来的各种强制性的制度安排。非正式制度又称软制度，是与法律等正式制度相对的概念。它对人的行为约束不是强制性的，如意识形态、价值观念、传统、道德、习俗等

第三节 相关研究现状及评述

一 国内外关于制度变迁理论的研究综述

国内外关于制度和制度变迁的研究成果很多。国内外的制度变迁研究，主要集中在经济学领域，但目前已有越来越多的政治学家、社会学家也开始关注制度的变迁。国内外对制度变迁的解释已形成了不同的理论，这些理论对我们研究人事制度变迁具有较大的参考价值。

---

① ［美］诺思：《制度变迁理论纲要》，张帆、易纲译，载北京大学中国经济研究中心编《经济学与中国经济改革》，上海人民出版社1995年版，第55页。

② Pierson, Paul, 2000, "Increasing Returns, Path Dependence, and the Study of Politics", *American Political Science Review*, Vol. 94, No. 2.

（一）国内外开创性的研究

制度变迁理论主要是新制度经济学家发展起来的。别的流派如历史制度主义等借鉴了经济学界关于制度变迁的重要概念和理论，如利益集团、路径依赖、博弈论、国家理论、意识形态理论等，并在创造性地借用经济学的分析框架基础上发展出了自己的制度变迁分析框架。也就是说，最早对制度变迁理论作出开创性研究的是经济学界，历史制度主义等新制度主义政治学派是在借鉴的基础上建立自己的分析框架的。

从1937年罗纳德·哈里·科斯写成新制度经济学的开山之作《企业的性质》一文至今的七十多年，经济学界关于制度的研究可说是硕果累累。后学者对前人理论的进一步阐发达成的知识积累使公众对一个问题的理解更为充分。现将经济学界关于制度变迁理论的主要观点简述如下：

1. 关于制度变迁主体

诺斯认为制度变迁主体是社会行动团体，即"初级行动团体"和"次级行动团体"，他们是企业家或政治家；奥尔森指出这些行动团体是具有明确利益目标的利益集团；山东大学经济学院的黄少安认为"制度变迁主体的角色"是会转换的。制度变迁总是涉及不同的主体，对制度变迁有赞成者、中立者和反对者。不同主体的角色是变化的或可转换的，其变化与转换主要取决于制度变迁对各自利益的影响，也受制于其他因素。这种观点是对利益集团理论的进一步深化。[1]

2. 关于制度变迁方式

诺斯从制度变迁的渐进性和突变性出发，指出"制度都是逐渐地被修改的"，但是由于"战争、革命、入侵和自然灾害"等原因，制度也会有爆发式的变迁。他还同时指出，制度变迁是路径依赖的。林毅夫从制度变迁主体的角度出发将制度变迁方式分为"由政府命令和法律引入"实行的强制性制度变迁和"由个人或一群（个）人，在响应获利机会时自发倡导、组织和施行"的诱致性制度变迁。[2] 中国人民大学经济学研究所的杨瑞龙认为制度变迁有三个阶段，政府主导，中间扩散和需求诱导。现

---

① 黄少安：《制度变迁主体角色转换假说及其对中国制度变革的解释——兼评杨瑞龙的"中间扩散型假说"和"三阶段论"》，《经济研究》1999年第1期。

② 林毅夫：《诱致性制度变迁与强制性制度变迁》，载盛洪《现代制度经济学》（下卷），北京大学出版社2003年版，第260页。

实制度变迁方式可能是介于诱致性制度变迁方式和强制性制度变迁方式之间的中间扩散型制度变迁方式。拥有独立利益目标和一定资源配置权的地方政府在中间扩散型制度变迁中发挥着特殊作用。杨瑞龙的观点可以看作林毅夫观点的进一步细化。①

3. 关于制度变迁动力

诺斯认为制度变迁的动因是稀缺性、竞争、认知、选择；奥尔森则认为不同利益集团间的分配冲突对形成制度结构至关重要，制度能否变迁取决于利益集团之间的博弈；青木昌彦认为博弈的参与人对博弈结构的主观认知构成了主观博弈模型，主观博弈模型在环境发生重大变化或认知出现内部危机时就会被修改、完善，制度变迁的过程也就是主观博弈模型不断修改、完善的过程。

4. 制度变迁是理性设计还是自然演进

诺斯基于人的理性算计的考虑，坚持一种建构主义的制度变迁观，即合理的制度是国家设计的结果，国家意志导致制度变迁；哈耶克认为人类知识信息的有限性与设计一个制度所需要的知识信息的完备性是不对称的。如果非要由人类来设计制度，那么这种制度要么是集权主义的，要么极不合理。而自然演进的制度本身由于可以吸收不同主体的信息和知识，就克服了由于一个中心的存在导致的制度不合理的风险，有可能形成好的制度。奥尔森是诺斯的建构主义和哈耶克的演进主义的结合。他认为制度不完全是理性设计的，因为不同利益集团的博弈决定了一个制度的优劣；但是制度也不是完全自然演进的，因为利益集团显然对制度变迁具有决定作用。

5. 制度变迁的供给与需求

拉坦认为：当对制度变迁的需求出现时，制度的供给是由提供新的制度安排的意愿和能力决定的。而上层决策集团的预期净利益，改变现存制度、设计、实施新制度的预期成本等又影响了政治秩序提供新制度的意愿和能力。

（二）国内外引介性的运用

1. 历史制度主义学派的研究

新制度主义政治学派借鉴了经济学界制度变迁理论的研究假设和分析

---

① 杨瑞龙：《我国制度变迁方式转换的三阶段论——兼论地方政府的制度创新行为》，《经济研究》1998 年第 1 期。

框架。由于本书是基于历史制度主义的研究，故重点介绍历史制度主义学派。历史制度分析要追溯制度的起源，研究制度变迁、制度锁定、制度创新等。一类是对多国政治制度的比较历史研究，通过比较探索最优制度；另一类是分析制度的演化。本书的研究对象是中国高校人事制度变迁，故笔者选择了斯蒂芬·斯科夫罗内克对美国总统制研究作为范例。斯蒂芬·斯科夫罗内克重点选了12位美国总统来看总统权力的变化。他不是仅仅根据美国的宪法规定的总统权力来做静态研究，因为宪法规定的总统权力基本上变化不大，总统权力的变化不仅跟每位总统自身的性格特征有关，还跟总统与两院、司法机关、政党和选民之间的关系有关。所以斯蒂芬·斯科夫罗内克从整个美国政府制度的整体变化中去查找总统权力的结构性变化，并分析了历史进程中的重大事件是如何导致总统权力不断扩大的。这也说明，我们要考察某种制度变迁，并不能仅仅从单个制度的变迁入手来进行分析，还要从这个制度与其他制度相互关系的变迁轨迹中来发现单个制度的变迁逻辑。[①]

2. 国内对制度变迁的研究

在国内，随着中国社会进入转型期，对制度及制度变迁的研究也越来越多。在中国期刊数据库中以"制度变迁"为题名进行检索，共有期刊论文4000多篇，硕、博士学位论文近500篇。大部分研究主要借用新制度经济学的研究范式分析中国某一具体制度的演变，如金融制度、农业制度、税收制度、媒介制度，大学设置制度等。如周光礼运用新制度主义分析框架对大学治理模式变迁进行解释，从理性算计、合法性、权力冲突三方面，分析了20世纪60—70年代多伦多大学由"两院制"向"一院制"变革的微观基础、动力机制等。[②] 这些研究成果对于本书的写作具有一定的启示意义。

二　国内外关于高校人事制度的研究

（一）国外对高校人事制度的研究

在国外对高校人事制度的研究中，美国学者研究成果的涉及面比较

---

① ［美］斯蒂芬·斯科夫罗内克：《总统政治——从约翰·亚当斯到比尔·克林顿的领导艺术》，黄云、姚蓉、李宪光译，新华出版社2003年版。

② 周光礼：《大学治理模式变迁的制度逻辑——基于多伦多大学的个案研究》，《高等工程教育研究》2008年第3期。

宽，也相对比较深入。由于美国分权型的高等教育管理体制，使得美国大学逐步形成了竞争性的态势。争夺有潜力的教师也是各高校头等重要的事。第二次世界大战以后美国高等教育面临着大众化和普及化的挑战，高等教育多元化发展的现实为高校人事制度的研究提供了丰富的实践素材。高校教师职业也与高校一样，不断地被重新理解和审视。20 世纪 70 年代以来，对高校人事制度的研究主要集中在对制度本身的反思和如何完善制度的探讨上，主要包括：终身教授制度、教师任用中的平等问题、教师工资模式、工作绩效等。

在我国，影响较大的国外对高校人事制度的研究主要有：菲利普·G. 阿特巴赫（P. G. Aftbach）的《比较高等教育：知识、大学与发展》，以及他最近主编的《变革中的学术职业：比较的视角》（*The Changing Academic Workplace：Comparative Perspective*）和《失落的精神家园——发展中与中等收入国家大学教授职业透视》（*The Decline of The Guru：The Academic Profession in Developing and Middle-income Countries*）。这几本著作都是从国别比较的角度来研究各国高校教师职业。《比较高等教育：知识、大学与发展》认为大学教授这一职业的"黄金时期"已经结束，正面临着危机。总的趋势是终身教授比例在下降，出现了一些新的任用和晋升制度。[①]《变革中的学术职业：比较的视角》分析了美国、英国、德国、法国、荷兰、意大利、西班牙、瑞典八国学术职业的一些变化。重点聚焦学术工作条件、聘任要求，以及薪酬方面发生的重大变化。学术职业的工作条件由于受大众化、管理控制、公共财政拨款减少等不利条件的影响正在不断恶化。学术职业的终身制不像以前那样有保障，在英国，终身制被废除了；在美国，在兼职学术人员与专职的非终身制学术人员不断增加的同时，传统的终身制职位数在不断减少。许多欧洲国家目前正在对学术人员传统的公务员身份展开讨论，法国的学术人员身份介于专业人员与公务员之间，而西班牙的学术人员身份介于公务员与市场人之间。德国的讲座制正在转变，以保持德国大学教授的水准。意大利的教师面临转型，在政策和体制变革时期瑞典的学术人员工作条件也在变化。在这个充满变革的时代，学术界的人觉得学术聘任的条件在不断恶化，而还有一些人却将这些

---

① ［美］菲利普·G. 阿特巴赫：《比较高等教育：知识、大学与发展》，人民教育出版社教育室译，人民教育出版社 2001 年版。

变化看成是为了适应新的时代所必要的改革。① 《失落的精神家园——发展中与中等收入国家大学教授职业透视》则对 13 个发展中与中等收入国家大学教授职业面临的困境与危机、未来的发展趋势，以及解决困境与危机的策略与变化进行了分析。②

再就是对高校教师职业的综合性研究，如哈尔塞（A. H. Halsel）和马丁·特罗（Martin Trow）的《英国的学术界》（The British Academy）从社会学的视角对英国大学教师职业进行了综合性的论述。还有雅克·勒戈夫在他的《中世纪的知识分子》中，结合有关的历史与文化背景，尤其是大学的发展情况，考察了中世纪从事精神劳动、以教学为职业的教士这个特殊阶层的产生、演变、分化到最后从历史舞台上消失整个历史过程。③

（二）国内关于高校人事制度的研究

在计划经济体制下，高校教师的选用和调配都是通过计划和行政命令的形式进行的，高校教师在我国是一种事实上的终身制。20 世纪 80 年代以来，高等教育体制、结构、规模、效益等宏观领域的研究是高等教育研究的主要关注点；90 年代以后，随着国家整体人事制度改革的推进，高校人事制度开始被关注。由于聘任制改革是当前人事制度改革的重点，聘任制成为研究的主要内容。

1. 对聘任制的研究

（1）对西方国家高校教师聘任制的介绍。一是国别比较。如陈伟从历史学、组织学、社会学的角度对英、德、美三国大学教师的专业化进行了比较分析。④ 陈永明将大学教师任期制分为三类："一是美国式的对高职称者没有规定任期而对低职称者规定有任期的制度；二是德国式的除教授外，其他大学教师都有任期规定；三是正在准备实施的日本式的以助教、副教授和教授等所有的大学教师为对象的由各大学自己决定的选择性

---

① ［美］菲利普·G. 阿特巴赫主编：《变革中的学术职业：比较的视角》，别敦荣主译，中国海洋大学出版社 2006 年版。

② ［美］菲利普·G. 阿特巴赫主编：《失落的精神家园——发展中与中等收入国家大学教授职业透视》，施晓光主译，中国海洋大学出版社 2006 年版。

③ ［法］雅克·勒戈夫：《中世纪的知识分子》，张弘译，卫茂平校，商务印书馆 2002 年版。

④ 陈伟：《西方大学教师专业化》，北京大学出版社 2008 年版。

任期制。"① 张万朋归纳了发达国家大学教师聘任制的一些共同特点，如高校在教师招聘中享有较大的自主权；教师的招聘工作具有公开性；教师聘任有严格的条件及考核程序；教师的聘用与相应的待遇相结合，与培养相结合等，并提出了我国教师聘任存在的问题及对策。② 袁祖望通过对美、法、日、德四国大学教师选拔进行比较后认为，各国的通用惯例是：选拔标准多方权衡，看重科研成就；选拔方式是公开招聘或招聘与晋升相结合；选拔过程都体现民主性和严肃性。③ 顾建明从终身教职的历史传统、思想资源、改革动向对美、英、德三国的终身教职进行了比较。④

二是单个国家的介绍和分析。对单个国家高校人事制度进行研究能让我们更能理解各国高校人事制度的差异。主要是对美、日、德、英等国的高校人事制度进行介绍。在 2003 年北京大学以美国的终身教授制度为蓝本进行改革后，对美国高校终身制实施情况和评价的论文非常多，其中对终身教授制本身及职后的评估成为研究者们探讨的重点。日本正在实施的大学教师任期制度也是研究的热点之一。巴玺维从教师任期制产生的历史背景、法律制定过程、制度机制、制度功效等方面对日本大学教师的任期制进行了探讨。日本在明治维新时代建立了以终身雇佣和年功序列为基本特征的教师人事制度，在 20 世纪 70 年代，这种教师终身雇佣制度逐渐不符合时代需要。基于教师流动可以提高学术生产率假设的教师任期制开始受到重视。大学教师任期制的对象为全体教师，主要环节是制定任期、公开招聘、教师业绩审查评价。任期制被设计为一种选择性的制度形式，由各大学决定是否实施和怎样实施。⑤ 孙淑芹对德国大学教师的聘任程序进行了研究。⑥ 茅锐认为英国教师在解聘过程中明显处于弱势地位，虽然法律明文规定了教师解聘的事由和程序。⑦ 总的来说，我国对美国和日本高校的人事政策尤其是美国的终身教职和日本的教师任期制研究较多，对其他国家特别是发展中国家的研究较少。

---

① 陈永明：《大学教师任期制的国际比较》，《比较教育研究》1999 年第 1 期。
② 张万朋：《中外高校教师聘用制度的比较研究》，《江苏高教》1998 年第 3 期。
③ 袁祖望：《发达国家高校教师选拔的比较》，《有色金属高教研究》2000 年第 2 期。
④ 顾建明：《自由与责任西方大学终身教职制度研究》，浙江教育出版社 2007 年版。
⑤ 巴玺维：《日本大学的教师任期制》，华夏出版社 2007 年版。
⑥ 孙淑芹：《德国高校教师职务的聘任与启示》，《中国林业教育》2000 年第 4 期。
⑦ 茅锐等：《英国教师解聘制度述评》，《教学与管理》2005 年第 1 期。

（2）对我国高校教师聘任制的历史研究。这些历史研究从时间上看主要集中在中华民国国民政府时期和新中国成立 50 年后。

对于中华民国国民政府时期的研究，主要集中在大学教师聘任制度的形成以及聘任、晋升的标准和程序上。邓小林认为：关于高校教师聘任的最早法规条款是 1898 年《京师大学堂章程》中的"聘用教习例"，1926 年《国民政府对于大学教授资格条例之规定》则标志着中国高校教师聘任制度的近代化和正规化。① 民国时期，高校教师聘任受到校长个人好恶、地缘、学缘关系等各种非制度性因素的影响②；教师的聘任权则经历了从校长大权独揽逐步过渡到校长与下属院系共同商议决定的过程。而近代中国国立大学校长的任职资格与任命则受到了德、美、法大学的综合影响。③

对新中国教师聘任制研究较多。如赵庆典对新中国高校教师职务制度进行了梳理，并分为五个阶段：基本沿用旧式高校教师职务阶段（1949 年 10 月—1957 年）；学习苏联阶段（1958—1966 年）；教师职务被取消阶段（1966—1976 年）；恢复并重建高校教师职务阶段（1976 年 10 月—1992 年）；教师职务制度被写进《教师法》阶段（1992 年 10 月—1999 年）。④

（3）对我国高校教师聘任制存在的问题及如何实施聘任制的探讨。刘献君指出，实施高校教师聘任制，要做好岗位设置、聘任期限、聘后管理这些工作，同时，要处理好聘任与评审关系。⑤ 由于高校教师聘任制牵涉广泛，我们首先必须清楚实施教师聘任制的目标是学术和效率，且学术目标第一，效率目标第二。⑥ 对于高校如何实施聘任制，聘任制度怎样设计，刘献君指出，高校教师聘任的制度设计，要以学术平等、学术公正、

---

① 邓小林：《略论民初至抗战前夕国立大学教师的聘任问题》，《清华大学教育研究》2004 年第 3 期。

② 邓小林：《近代国立大学教师聘任中的非制度性因素分析》，《煤炭高等教育》2008 年第 11 期。

③ 邓小林、唐莉：《略论近代国立大学校长之任职资格与教师聘任》，《高等教育研究》2005 年第 9 期。

④ 赵庆典：《我国高校教师职务制度 50 年回顾与展望》，《江苏高教》2000 年第 2 期。

⑤ 刘献君：《我国高校教师聘任制的特点及实施策略选择》，《高等教育研究》2003 年第 9 期。

⑥ 刘献君：《高校教师聘任制中的若干关系》，《高等教育研究》2008 年第 3 期。

学术自由、促进学术发展为原则，体现高校教师学术职业的特点。①

（4）对高校教师聘任制中出现的问题进行的跨学科研究，其中从法学的视角出发进行研究的居多。徐勇认为，目前高校教师聘任制尚未纳入法制轨道，不仅聘任合同的性质没有澄清，而且教师权利的救济等许多问题没有法律依据，因此，必须以立法来规范高校教师聘任制。② 高校教师聘任制条件下，高校与教师的关系既不是纯粹的民事关系，也不是纯粹的行政关系，而是二者兼而有之。在双方签订合同时，遵循契约自由原则，更多地体现私法色彩；在签订合同之后，遵循公共利益优先原则，具有浓厚的公法色彩。教师聘任合同实质上是一种行政合同。③ 陈鹏等通过实证的案例研究认为，大学教师职称评定和职务聘任是两个相对独立的行为过程，"评"涉及高校与教师的教育行政法律关系，是一种行政行为；而"聘"涉及高校与教师的民事法律关系，是一种民事行为。不同的法律关系涉及不同的法律救济途径。现阶段的状况是：教师在职称评聘过程中处于弱势地位。④ 赵恒平等认为，实施聘用制前，教师与学校之间实质上是一种行政法律关系，实施聘用制后，高校和教师的关系呈现二元化的趋势。⑤

2. 对教育职员制度的研究

李爱民认为大学管理人员职业走向专业化是历史发展的必然趋势。传统大学内部管理人员制度实际上是两种制度的混合：从大学外部看，与国家党政机关干部管理制度（也就是后来的国家公务员制度）一致；从大学内部看，与教师管理制度（也就是大学教师职称职务制度）趋同。⑥ 李一凡则从当前教育职员改革的试点院校经验出发，得出应进一步明确高等学校职员定义的内涵和外延；进一步强调高校职员分类管理；高校职员实

---

① 刘献君：《高校教师聘任的制度设计——基于学术职业管理的研究》，《高等教育研究》2008 年第 10 期。

② 徐勇：《法治视角下的高校教师聘任制》，《国家教育行政学院学报》2005 年第 4 期。

③ 周光礼：《高校教师聘任制度与教师权益法律保护》，《高等教育研究》2003 年第 9 期。

④ 陈鹏等：《高校教师职务评聘中的法律问题探析——对一起诉讼案的法理学思考》，《高等教育研究》2004 年第 2 期。

⑤ 赵恒平等：《论聘用制下高校教师的权益保障》，《武汉理工大学学报》（社会科学版）2005 年第 1 期。

⑥ 李爱民：《职业定位与大学教育职员制度改革研究》，博士学位论文，华中科技大学，2006 年。

行职员聘任制度应与教师聘任制改革同步推进；职员管理制度中高校职员与专业技术人员的关系应更加合理，要解决好职员聘任中所遇到的"双肩挑"和建立"立交桥"问题；扩大试点面，推动社会认同。[①]

3. 对我国高校人事制度各个组成部分，如教师评价制度、分配制度、编制问题、人事代理等单个制度的研究

李金春认为当今的大学教师评价制度产生了一些异化现象，在评价过程中太过于关注量的发展，而且对所有的教师的评价都寻求整体划一，抹杀了教师个体的差异性。将评价制度作为一种管理手段，评价的手段成为了评价的目的。[②] 李碧虹认为分配制度产生于一定的分配观念之下。追求效率与保障学术是大学分配中既对立又统一的两个目标。近年来，中国大学效率至上的分配观，未能协调学术与效率，其冲突成为中国大学教师收入分配所面临的难题。[③] 黄正杰认为在我国高校推行人事代理制度，目的是淡化教师"身份管理"，强调"岗位管理"，使高校教师的"所有权"与"使用权"分离，实现人才的市场化、社会化配置。但当前高校实施人事代理制度在很大程度上还是为了解决一些教辅岗位和低学历低职称人员的就业等问题，因此，这种人事代理在内容和形式上离真正意义上的人事代理还有很大差距。[④] 刘舒燕通过对我国关于高校编制的文件进行分析，总结出我国高校的编制管理原则是：高校编制实行集中归口、统一管理，其总量由政府编制主管部门和教育行政部门共同核定；在核定的人员编制限额范围内，普通高等学校有校内编制管理的自主权；凡属涉及学校机构、编制的政策规定和指导性意见，均须由编制主管部门和教育人事部门统筹研究，并按规定程序下达正式文件，方可执行。[⑤]

4. 对中国高校人事制度变迁进行的研究

据笔者现在掌握的资料，当前对我国高校人事制度变迁进行的研究并不多见。主要有田正平对民国时期教师资格检定和聘任的制度变迁研究、

---

① 李一凡：《中国高校职员制改革研究》，硕士学位论文，西北大学，2006 年。

② 李金春：《我国大学教师评价制度：理念与行动》，博士学位论文，华东师范大学，2008 年。

③ 李碧虹：《大学教师收入分配研究——基于人力资本的分析》，博士学位论文，华中科技大学，2006 年。

④ 黄正杰：《高校人事代理制度问题研究》，硕士学位论文，安徽大学，2007 年。

⑤ 刘舒燕：《高校人事编制管理研究》，硕士学位论文，武汉理工大学，2003 年。

单丙波对我国改革开放以来职称制度变迁的研究和周光礼等对我国公立高校教师劳动制度变迁进行的研究。通过对当时颁布的一系列法律法规以及部门规章的文本分析，田正平等认为中国近代大学从创办之时起，其教师任职资格的检定与聘任制度经历了三个特征明显的时期：清末教师资格标准模糊，教师聘任比较随意；民初教师资格有一定标准，校长掌握教师聘任权；20 世纪 20 年代末逐渐"规范化""制度化"。① 周光礼等则重点研究了当前人事制度的变迁特点，当前教师任用由"计划分配"转向"合同聘用"，教师工资由"刚性"转向"弹性"，社会保障及福利由"国家保障"转向"社会化运作"。在这种背景下，高校与教师之间的关系也由行政关系向契约关系转变。② 这些研究或侧重于分析我国高校教师资格检定标准的变迁，或侧重于对某一时期高校人事制度变迁的描述，从制度层面对整个高校人事制度长时段的变迁研究暂时没有见到。

三 已有研究中的不足

从以上研究文献的分析中可以看出，尽管对高校人事制度，尤其是聘任制的研究已有不少有价值的成果，但迄今为止，以高校整个人事制度为对象尤其集中在人事制度变迁的系统研究并不多见。并且，已有研究有如下几点不足。

一是现有的研究只是在既定的人事制度框架下进行分析，缺乏对高校人事制度变迁史的研究。将人事制度预设为不发生变化的外在影响因素，并在这一前提下开展研究。实际上从 1898 年京师大学堂开始高校人事制度规范不仅在内容上发生了很大的变化，而且在具体操作形式上也更为明确和细化。制度是在不断发生变迁的，就高校人事制度变迁来说，现有的研究缺乏对变迁的原因、轨迹及新制度是如何生成的系统探讨，而这些问题恰恰关系到制度背后的理念基础及政治、宗教、社会、文化等多种因素对高等教育的影响，并且，所有这些影响事实上构成了高等教育发展的内在逻辑。现有的研究由于过度专注于当前的实际，不去追溯人事制度本身

① 田正平、吴民祥：《近代中国大学教师的资格检定与聘任》，《教育研究》2002 年第 4 期。

② 周光礼、彭静雯：《从身份授予到契约管理——我国公立高校教师劳动制度变迁的法律透视》，《高等教育研究》2007 年第 10 期。

的演变，从而长期陷入制度理性建构的自负之中，导致对制度的不正确看法。

二是停留在对人事制度如何实施的表面探究上，对整个高校人事制度作全景式理论探讨较少，因此需要加大后者的研究力度。

第四节　研究视角与研究方法

一　研究视角

分析视角的确定有赖于分析材料的性质。就本书来说，所研究的材料从时间维度上是历时性的，从研究对象来看主要是制度层面的。也就是说，本书的研究主要是一种历史研究，一种制度研究。为此，笔者选择了历史制度主义的分析视角。

（一）怎样理解历史制度主义的视角

历史制度主义是政治学内部发展起来的一个研究范式。[①] 它借鉴了理性选择制度主义的"算计路径"和社会学制度主义的"文化路径"，并以历史为手段，以解释在特定制度框架下，观念变革如何能导致政策变化。由于制度变迁是诸多显性与隐性、可控与不可控因素综合而成的产物，历史制度主义从历史的深层结构中找寻事物的动因可以进行更有深度、更具启发性的探讨，显示出了对制度变迁进行研究的独特优势。下面就历史制度主义的研究目的、研究对象、研究方法、研究假设等作具体分析：

1. 研究目的

历史制度主义希望知道：制度是如何建立、发展和变迁的。最早从严格的学术意义上使用和阐述"历史制度主义"的瑟达·斯科克波等人认为，"广义地说，历史制度主义代表了这样一种企图，即阐明政治斗争是如何受到它所得以在其中展开的制度背景的调节和塑造的"[②]。

2. 研究对象

"历史中的制度和制度中的历史"可以看作历史制度主义的主要关注

---

① 1996 年彼得·霍尔与罗斯玛丽·泰勒发表了《政治科学和三个新制度主义》，将新制度主义分为三个流派，即"历史制度主义、理性选择制度主义和社会学制度主义"。Peter Hall and Rosemary, C. R. Taylor, "Political Science and Three Institutionalism", *Political Studies*, 1996.

② Sven Steinmo, Kathleen Thelen, Frank Longstreth, *Structuring Politicals: Historical Institutionalism in Comparative Analysis*, Combridge Combridge University Press, 1994.

点。"历史"成为历史制度主义研究的旨趣所在。历史制度主义关注宏观层面与微观层面的衔接和互动，强调对人类重大的事件进行研究，致力于发掘重大的政治事件和对人类产生了重大影响的政治过程，主要研究中观层面的问题。

3. 研究方法

在研究方法上，历史制度主义形成了以历史为基础的结构性大事件分析方法。在研究手段上，历史制度主义采取动态、过程、定量化的手段。① 历史制度主义对于制度变迁的分析最为常见的就是"时间序列分析法"或称为"阶段序列分析法"。由于历史制度主义的分析对象是一些重大事件和历史进程，历史制度主义的分析模式中存在着一种放大历史视角的特点。历史制度主义为了找出共时性的结构关系和历时性的因果关系，从而使他们分析的时间跨度从数年数十年甚至数百年。长的时间跨度就需要进行时间分期。如何进行时间分期，历史制度主义提出了两个重要概念：关键枝节点（Critical juncture）和"阈值效应"。"关键枝节点"是和制度的断裂相关联的，不仅重要的历史事件，某些微小的细节也可能引起制度功能转化或制度变迁。"阈值效应"主要是某一事件达到一定的临界值就能引起效果，反映了历史事件在历史发展的过程中影响力的强弱程度。一方面，二者共同着眼于社会制度变迁大的框架，强调质变；另一方面，又试图把大的框架和边际变化结合在一起，强调量变。② "历史制度分析在方法论上的最大特征是实现了历史经验归纳法和博弈论分析方法的结合。"③ 它的研究抱负主要是通过归纳法的应用，形成一种经验的理论。

4. 历史制度主义分析中的国家、利益集团、路径依赖、文化观念

历史制度主义所理解的国家不再是中立的，超脱各种竞争性利益的，而是将其视为"一套能够对集团冲突的特征与结果起构造作用的复杂制度体系"。历史制度主义强调权力在制度运作和制度发展过程中的非均衡

① 何俊志：《结构、历史与行为——历史制度主义的分析范式》，《国外社会科学》2002 年第 4 期。

② 杨福禄：《关于历史制度主义》，《山东师范大学学报》（人文社会科学版）2006 年第 51 卷第 4 期。

③ 韩毅：《历史的制度分析——西方制度经济史学的新进展》，辽宁大学出版社 2002 年版，第 61 页。

状态。特别关注制度在各社会集团间非均衡的分配权力的状况。从假定制度给某些集团以更多的接近决策过程的机会来分析哪些集团的利益受损或受益。在分析制度的建立和发展过程时，历史制度主义更加强调路径依赖和意外后果，即制度变迁有其既定的轨迹，历史的惰性对制度的变迁有着巨大的影响。[①] 同时，相同的运作性力量不一定产生同样的结果，因为不同的环境因素（主要指制度环境）会影响制度向不同的方向变迁。历史制度主义重视制度与观念信仰之间的关系，在特定的制度条件下，观念变革会导致政策变化，初始的文化信仰对组织的演化是非常关键的内生变量。[②]

5. 历史制度主义的"算计路径"和"文化路径"

任何制度分析的核心都是制度和人的关系问题。理性选择制度主义采用"算计路径"来分析。观点是个体为了最大化实现自己的目标采用带有明显工具性的算计行为。制度通过传给个体一些信息，即遵守制度的好处和背离制度的坏处来影响个体的行为。而社会学制度主义采用"文化路径"来分析。观点是个体对于现存状况很满意，制度传给个体的信息是制度的存在是合法的，是一种约定俗成的惯例。历史制度主义倾向于在相对广泛的意义上来界定制度与个人行为之间的关系，常常同时使用这两种路径来具体分析制度和人的行为的相互关系。

（二）本书为什么要选择历史制度主义的研究视角

本书选择历史制度主义的研究视角，是基于以下考虑：

首先，历史制度主义的研究对象的中观性、研究方法上讲究时间序列分析法、探索制度变迁规律的研究目的都与本书契合。尤其是历史制度主义不是将制度及其运行作为一个孤立、抽象的研究对象，而是将其视为经长期历史演化而形成的一种社会文化的存在，认为制度的变迁受到社会、政治、历史、文化等因素的影响，这些研究假设也与本书契合。[③]

其次，跨学科的研究有可能会带来创新。在当今学术研究高度分化又高度综合的背景下，"要阐明和解决我们这个时代的任何一个主要问题，

---

① 雷艳红：《比较政治学与历史制度主义的渊源》，《社会科学研究》2006 年第 1 期。

② 秦海：《制度范式与制度主义》，《社会学研究》，1999 年第 5 期。

③ 林义：《制度分析及其方法论意义》，《经济学家》2001 年第 4 期。

都需要从不止一个学科中选取材料、概念和方法"。①

最后,历史制度主义建立在社会学和政治学的立论基础之上,对于制度问题的阐释能契合公共行政问题研究的需要。②

二 研究方法

(一) 文献研究

文献是把人类知识用文字、图形、符号等手段记录下来的东西。文献研究法就是对文献进行查阅、分析、整理并力图找寻事物本质属性的一种研究方法。因为本书的研究任务,主要是分析我国高等教育体制中高校人事制度的历史根源及其发展过程,厘清我国高校人事制度的历史发展脉络,归纳各个时期高校人事制度特点及实况,这些都说明本研究主要是一种历史研究。历史研究收集资料的主要方法是通过对历史文献的查阅,因此本书的主要方法是文献资料法。本书所查阅的文献包括教育史;从1898年以来各个时期政府颁布的关于高校人事的法规、文件;教育名人的传记;大学校史和档案等。文献研究为本书的研究提供了背景知识和相关数据。

(二) 调查研究

调查研究主要是采用访谈的方式。为了获取现实的高校人事制度的经验资料,笔者对一些高校的校领导、校人事工作人员、院领导和院负责人事的工作人员、高校老师进行访谈,试图弄清各类利益相关者对当前高校人事制度的看法、现存人事制度的价值取向、实施状况以此预测高校人事制度未来的发展态势。

第五节 研究思路

本书假设中国高校人事制度变迁的影响因子有:制度环境(国际国内的政治、经济、文化环境,包括国外高校人事制度);政府、社会精英、利益集团、民众等行动主体;制度的初始设置(假设制度是路径依

---

① [美] 米尔斯:《社会学的想象力》,陈强、张永强译,生活·读书·新知三联书店 2001 年版,第 153 页。

② 马烽:《从历史制度主义角度看我国地方行政体制改革》,《前沿》2006 年第 10 期。

赖的）；对学术目标和效率目标的追求等。将上述影响因子归纳为影响中国高校人事制度变迁的三类变量：外生性变量（制度环境）、内生性变量（学术和效率）、行动变量（行动主体）。从这三个变量入手研究中国高校人事制度变迁的特点，并和国外高校人事制度变迁的特点进行比较，试图探索中国高校人事制度改革的基本思路，构建中国高校人事制度未来发展的理想图景。

第 二 章

中国高校人事制度变迁的历史脉络

制度形成的逻辑，更多是历时性的。制度的产生、形成和确立都在时间流逝中完成，在无数人的历史活动中形成。正是在这个意义上，哈耶克等人称制度是演化的产物。[①] 本章着重考察中国高校人事制度在各个历史时期的特点，以期对中国高校人事制度的历史流变有个全景式的描述。文章的论据主要采用各个时期政府颁布的高校法规、政策及各高校的章程、条例等，对高校人事做一种制度文本解读，同时以高校人事管理的一些具体事例作为依据，将制度与现实相对照来展现各个时期的高校人事制度。

第一节　清末高校人事制度(1898—1911 年)

我们现在考察制度的起源，实际上是作为后来者对这个制度进行回溯时构建它的起源的。按照历史制度主义的观点，当我们纵观高校人事制度的发展历程并对它进行分期描述时，我们要找出制度发展的关键枝节点。从 1898 年晚清建立京师大学堂颁布三个《大学堂章程》，到 1911 年清朝灭亡、民国建立、国民政府教育部颁布《大学令》，这一时期中国高校基本上是一个有大学之名、无大学之实的"国家官僚机构的养成所"，短短的 14 年可以看成中国高校的草创时期。

在这 14 年间，中国的公立大学仅有京师大学堂、北洋大学堂、山西大学堂三所大学。[②] 这几所大学堂人事制度的一般设置可以让我们对中国高校草创时期的人事制度略窥一二。在中国高校草创之时，京师大学堂是

---

① 苏力：《制度是如何形成的》，北京大学出版社 2009 年版，第 55 页。

② 乐嗣炳编辑，程伯群校订：《近代中国教育实况》，世界书局民国二十四年七月印行。

全国的表率，由于没有先例也没有定规，大学堂的各个章程也通行全国，京师大学堂的人事设置也可以说是当时中国高校人事设置的一个缩影。本节主要以京师大学堂三个"章程"来看当时中国高校人事制度的设置情况。在此期间，中国高校人事制度的特点是：在国家层面和学校层面都继承了清朝官学的管理特点，体现出浓厚的集权性、官僚性和封建性；同时，由于清末国家主权不独立，高校人事制度也带有半殖民性的特点，高校人事受到外国列强的干预及人事制度中表现出明显的"崇洋"；与草创期特点相适应，高校新的人事管理方式如民主管理、合同管理也处于萌芽阶段。

一　集权

在1898年到1911年，当时的高校人事制度，除了对管理者和教师的称谓与官学略有不同外，不管是国家层面还是学校层面，基本上都是对晚清官学的继承。这种继承的表现之一就是在国家和学校层面实行集权化管理。

（一）国家层面的高度集权

国家层面集权表现在与高校有关的各项人事权力都集中于最高统治者皇帝手中。具体体现，一是皇帝授权京师大学堂最高首长兼管全国教育行政，二是皇帝批准颁布法律规范大学发展，即"钦定"或"奏定"的《大学堂章程》。清末实行封建专制统治，皇权至高无上。"率土之滨，莫非王土；率土之臣，莫非王臣"，高校也概莫能外。也就是说，与高校有关的所有人事问题都属于皇帝的管辖范围，都必须报皇帝批准。这些事情事无巨细，大到大学的废立，大学的办学经费及场地提供，大学的最高长官任命，有关大学法令的颁布，小到大学内部机构的负责人如分科监督、总教习、提调及教师职员的聘用、晋升、奖励等都必须奏请皇帝批准。

1. 京师大学堂最高首长兼管全国教育行政

京师大学堂设立之初，就定位为国家最高学府和全国最高教育行政机关。梁启超起草的《总理衙门奏拟京师大学堂章程》第一章总纲第一节就开宗明义，"京师大学堂，为各省之表率，万国所瞻仰"，设置大学堂不能"因陋就简，有失首善体制"。且由于各省所设学堂，"章程功课皆未尽善，且体例不能划一，声气不能相通"，所以"各省学堂皆当归大学堂统辖，一气呵成；以前章程功课，皆当遵依此次所定，务使脉络贯注，纲举目张"①。在《钦定京师大学堂章程》第四节也重申京师大学堂为全国表率的地位。"京师大学堂主持教育,宜合通国之精神脉络而统筹之……一切条规,即以颁行各省。"同时规定,京师大学堂要将各省学堂的大致情况进行统计后向皇帝汇报,具体"将应调查各项拟定格式簿,分门罗列,颁发各省学堂,于每岁散学后,将该学堂各项情形,照格填注,通报京师大学堂,俟汇齐后,每年编订成书,恭呈御览"。②上述这些规定表明我国大学草创时期,各省学堂由于没有定制,各项规章制度不完备、不统一,所以需要以《大学堂章程》条规为标准来使全国各大学管理体制能够比较划一,同时赋予了大学堂统辖全国各省学堂的责任。

这种设置类似于法国的帝国大学模式,有学者称中国是模仿法国。笔者认为不是模仿法国,而是中国旧体制的传承。从汉代开始,中国就有最高学府长官兼管全国教育行政的传统。汉代在京师设太学,太学是中央官学,也是最高学府,太学祭酒兼掌全国教育行政。从隋代开始改设国子监为最高学府(太学则设在国子监内,有时候国子监内也不设太学)。自隋始,国子监一直是中国封建王朝的中央官学,为中国古代教育体系中的最高学府,也是国家最高教育行政管理机关。京师大学堂的地位就相当于之前国子监和太学的地位。这就决定了京师大学堂的最高长官管学大臣既是我们现在所说的教育部部长,也是京师大学堂的校长。后来管学大臣屡改名称,如1903年改称学务大臣;1906年设学部后又称尚书;1911年又将尚书改为学务大臣,但是他们作为全国教育行政的最高长官和京师大学堂的最高首长的地位一直没变。

2. 统一规范全国大学人事的发展

清政府通过《钦定大学堂章程》和《奏定大学堂章程》等法规来控制全国高校的发展。这些"章程"对大学"做什么"和"怎么做"都进行了详细的规范,大致分为三类,一是规定办学宗旨、学科设置、课程门类等;二是规定学生的各类事情如请假、生活待遇、毕业考试及奖励、留学等;三是对高校组织架构及教职员的奖励、晋升、薪酬等都有明确的规定,这使得各大学堂办学时能有章可循,统一发展。

---

① 北京大学校史研究室编:《北京大学史料》(第一卷),北京大学出版社1993年版,第81页。

② 同上书,第88页。

（二） 学校层面人事的集权

京师大学堂是个高度集权的组织，大学堂内部的决策权集中在组织顶部。虽然京师大学堂的模仿蓝本是日本的东京大学，大学堂在学科课程设置乃至学堂建筑都模仿日本，但是大学堂在人事设置上并没有如日本大学那样考虑到了大学"松散连结、底部沉重"的组织特性，基本上还是封建官学那一套，权力高度集中于上。

高校内部集权的表现之一是权力集中在管学大臣或总监督、总办手中。如《京师大学堂章程》规定，管学大臣和大学堂总监督"主持全学，统属各员"。张百熙掌管京师大学堂后，规定总办或总监督拥有"除任用分科监督和提调以外的人事权"，也就是说大学堂自总教习至一般的教职员的任用权都归总办或总监督。当时学术权力的代表总教习在教职员聘任中只有建议权。有些大学堂规定的总办权力更大，如《天津北洋学堂新定各规则》规定，"堂中办事各员，由总办聘请、察核，有不慎者，易置之"，也就是说学堂所有人员的聘任、解聘权都在总办手上。

高校内部集权的表现之二是高校的人事管理链条基本上是个垂直体系，各类人员之间等级分明。从三个大学堂章程中规定的组织架构来看，大学堂从总监督、分科监督到教职员实行直线管理：各分科监督和图书馆经理官及学生实习场所如天文台、植物园、动物园、演习林、医院等的经理官都直接秉承于总监督，各分科监督又对他下属的教务、庶务、斋务提调及教员实行垂直管理。这种组织设计便于高度集权于总监督，也使清末大学成为一个等级森严的科层化组织。可以说，清末高校人事制度是现代大学制度与中国传统官学人事制度结合的产物，具有鲜明的中国特色。

二 官僚化

清末高校人事管理的一个重要特征是教职员管理的官僚化。当时的高校并没有强调大学的学术组织特性，大学堂的定位依然是官学。如大学堂的办学宗旨依然是灌输中国传统伦理道德，"激发忠爱，端正趋向"；培养的学生依然给以"与科甲无异"的出身；大学堂、通儒院毕业分别授予进士、翰林；高校教职员的定位也就依然是"学官"，教职员的设置、教职员名称、选聘标准、任用方式、评价、晋升、奖励等都是按照官员的办法来比照管理。这表明当时的大学堂基本上还是官学，当时的高校人事管理也基本上是晚清官学的那一套体系，只不过稍作了一些改良。

（一）比附晚清官学设置人员职务

京师大学堂的人事管理具有浓厚的封建性和官僚性。这首先体现在京师大学堂人员的组成上。京师大学堂管理人员（管学大臣、总办等）和教师（总教习、教习）的职务基本比附清朝国子监的人员设置来定（见图1—1），这也反映了京师大学堂在设置之初的基本定位是一个"经过改良的、新版的国子监"。

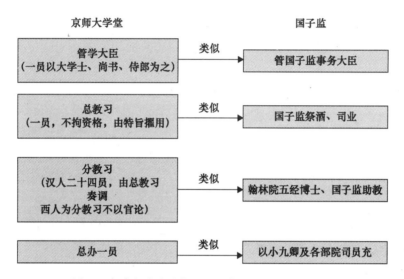

图1—1　京师大学堂与国子监在人员设置上的比附

资料来源：按照1898年梁启超起草的《总理衙门奏拟京师大学堂章程》（光绪二十四年五月十五日）第六章设官例内容整理①。

从图1—1可以看出：（1）管学大臣的职位相当于管国子监事务大臣。清朝国子监的长官先是祭酒、司业。雍正三年，设管理监事大臣，作为国子监的主管官。按照这种比附，管学大臣是京师大学堂的主管官。（2）祭酒、司业为国子监具体执行管理工作的正副首长，司业协助祭酒主管教务训导之职，都是在学术上很有成就的人。所以总教习就是京师大学堂具体从事管理的长官。（3）博士是学术上专通一经或精通一艺、从事教授生徒的官职。五经博士是分授五经的学官。国子监助教掌佐博士分

---

① 北京大学校史研究室编：《北京大学史料》（第一卷），北京大学出版社1993年版，第81页。

经教授，协助祭酒、博士教授生徒。这也是京师大学堂分教习的工作。这种将新式学堂与清朝各级官学对照的思想是当时人的一般想法。如张百熙在《奏筹拟学堂章程折》中就说"《礼记》载：'家有塾，党有庠，术有序，国有学'，试比之各国，国学即所谓大学也，家塾党庠术序，即所谓蒙学小学中学也。"这种与封建王朝官学的比照也说明了当时大学堂的设置是充满官僚气息的，与现代意义上的大学设置相去甚远。

（二）教职员名称的官僚化

京师大学堂的教职员名称依然类似各级官员的名称。从京师大学堂三大章程中的管理架构（见图1—2、图1—3、图1—4）可以看出，大学堂的各级职员都是参照国家官吏名称来命名的，如管学大臣、学务大臣、总办、襄办、提调、总监督、监督，这些名称都与清代后期各级官吏名称一致。如"总办、襄办"都是官名。总办是清代后期中央及地方临时设置、存在时间长短不一的机构的长官，襄办是主管人员的助手。"监督"也是官名，如清代设十三仓监督。"提调"是提举调度的意思。清末各新设机构常设"提调"，是处理事务的高级人员，其职权大小，因机构而异。其他管理人员如各类经理官，和"文案、会计、杂务、监学、检查、卫生"官，从每个名称最后的"官"字也可以看出这些管理人员的本质是官吏，并没有体现出大学机构管理人员的特性。

同时"奏拟章程"和"钦定章程"都是以"设官例"为名来说明大学堂教职员工的设置，说明当时大学堂的管理人员和教师都是以官员来定位的。

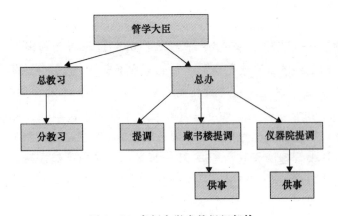

图1—2　京师大学堂的组织架构

资料来源：根据《总理衙门奏拟京师大学堂章程》第六章设官例整理。

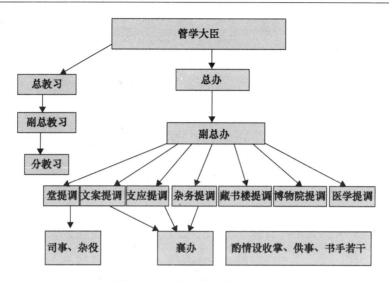

图1—3　京师大学堂的组织架构

资料来源：根据《钦定京师大学堂章程》第五章设官整理。①

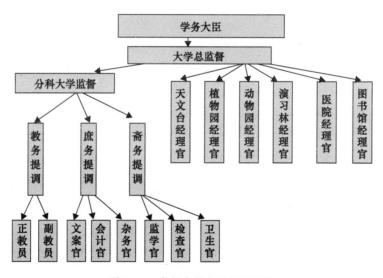

图1—4　京师大学堂的组织架构

资料来源：根据《大学堂章程》（大学堂附通儒院）教员管理员章第五整理。②

---

　　①　北京大学校史研究室编：《北京大学史料》（第一卷），北京大学出版社1993年版，第95页。

　　②　同上书，第127页。

（三）教职员都被设置为职官，都有任期、品级

1. 大学堂教职员都被设置为职官

蔡元培回忆京师大学堂"初办时……监督及教员都被称为'中堂'或'大人'"①。这种教职员职官制度是模仿日本和继承传统"学官"制度的产物。

（1）教师。光绪二十九年十一月二十六日（1903 年 1 月 13 日），张百熙、荣庆、张之洞等人在《奏定学堂章程·学务纲要（癸卯学制）》中称："外国学堂教习，皆系职官。日本即称为教授、训导，亦称教官。此后京外各学堂教习，均应列作职官，名为教员，受本学堂监督、堂长统辖节制，以时考核其功过而进退之。"并说明对教师不能像对以前的书院山长那样，使教师"以宾师自居，致多窒碍"。也就是强调教师或办事人员是有相应级别的职官，对教师的管理强调按官职级别进行上下级管理，以官僚系统的上下所属关系决定尊卑，而不是以学问多寡论高低，同时也强调对教师要"宜以礼相待"。

当时大学堂中国教师来源有五：一是"访求"。《孙家鼐议复开办京师大学堂折》就直接说"教习宜访求也"②。张百熙请吴汝纶出任大学堂总教习，先是奏请朝廷加封吴汝纶五品卿衔，吴汝纶不就，后来张百熙备办好五品卿衔的官服官帽，亲自登门拜访，吴汝纶才应允。③ 也就是说吴汝纶是张百熙访求来的。二是访求加考选。"至于敦聘教员一举，应由本部咨行各省督抚、出使各国钦使，物色留学各国、精于专门学科人员，保送到部。然后本部奏请钦派大员，考试合格后，即奏派为各科教员。"④三是调任。如"德文教习汪县丞昭晟系直隶杨村县丞……请仍将汪县丞留充学堂教习，以资熟手⑤"，这相当于借调。辜汤生（鸿铭）、汤寿潜是

---

① 蔡元培：《我在北京大学的经历》，载钟叔河、朱纯编《过去的大学》，长江文艺出版社 2005 年版，第 1—9 页。

② 北京大学校史研究室编：《北京大学史料》（第一卷），北京大学出版社 1993 年版，第 24 页。

③ 郭建荣：《北大校史拾零考辨》，《北京大学学报》（社会科学版）1998 年第 2 期。

④ 《分科监督会商开学办法及聘请教员》（宣统元年），载北京大学校史研究室编《北京大学史料》（第一卷），北京大学出版社 1993 年版，第 310 页。

⑤ 《大学堂调德文教习知照山东巡抚》（光绪二十九年正月初七日），载北京大学校史研究室编《北京大学史料》（第一卷），北京大学出版社 1993 年版，第 306 页。

从湖广、浙江调来并"奏派大学堂副总教习"①。四是从留学生和进士中补充。如范源濂是留学生，郭立山、刘昆是进士被调往大学堂。史料记载："长沙附生范源濂，系湘阴文童，现由日本回湘，大学堂助教需员，恳属其速来京。②""进士翰林院庶吉士郭立山、刘昆……品学兼优，实心教育……先后咨调到堂，以郭立山、刘昆为国文教习。"③ 当时的进士馆章程规定，"新进士在学堂充当教习及总办学务事宜……三年期满实能称职，准其与本馆毕业学员一律办理"。五是由官员举荐。吴汝纶在 1902 年 5 月 16 日（壬寅四月九日）《答张小浦观察》书信中称自己举荐了伍光建以自代。"如伍光建者，西学既高，汉文亦极研习，皆胜某十倍，举以自代，不为失举。"④ 这五种教习来源都是官员或准官员。表 1—1 中的数据印证了这个观点。

如表 1—1 所示，当时京师大学堂共有中国教习 37 名，在这 37 名教习中，无出身、无官职的只有 4 人，有官职的 21 人，准官员（学堂毕业生、留学生及举人、进士等有科名的）12 人，也就是说在这 37 个中教习里，官员和准官员共有 33 人，占总人数的 90%。无科名、无官职的有 4 人，占总人数的 10%。

表 1—1　　　　　　　　　　　京师大学堂中教习身份　　　　　　　　单位：人

无科名、无官职	学堂毕业生或留学生、无官职（准官员）	只有科名无官职（准官员）	官员	总计
4	10	2	21	37

资料来源：根据大学堂《教习执事题名录》（光绪二十九年至三十二年）整理。⑤

---

① 《大学堂为调辜汤生、汤寿潜入堂事知照湖广总督、浙江巡抚》（光绪二十九年正月二十九日），载北京大学校史研究室编《北京大学史料》（第一卷），北京大学出版社 1993 年版，第 306 页。

② 《湖南巡抚回覆大学堂调范源濂充助教文》（光绪二十八年十一月十五日），载北京大学校史研究室编《北京大学史料》（第一卷），北京大学出版社 1993 年版，第 306 页。

③ 《学部奏聘大学堂教习》（光绪三十二年），载北京大学校史研究室编《北京大学史料》（第一卷），北京大学出版社 1993 年版，第 309 页。

④ 徐伟民：《吴汝纶未允任京师大学堂总教习考》，《安庆师范学院学报》（社会科学版）2006 年第 9 期。

⑤ 北京大学校史研究室编：《北京大学史料》（第一卷），北京大学出版社 1993 年版，第 329—330 页。

　　在这 37 个中教习中，旧式科举出身的人有 14 人（其中举人 8 人，进士 5 人，监生 1 人），学堂毕业生或留学生 12 人，即通过读书资历在京师大学堂当教习的人有 26 人，占总人数的 70%。

　　从光绪二十九年至三十二年大学堂《教习执事题名录》可以看出，在京师大学堂当教习的这些官员职位都比较低，有各部主事（商部、刑部、户部）、国子监典簿、知县、外务部翻译官等。

　　（2）职员。大学堂的各级职员有很多是直接从官员中派充的。如光绪二十八年吴汝纶任总教习时的提调即浙江候补道荣勋，杂务提调是兵部员外郎绍英。① 又如宣统元年，吏部就曾将部内官吏派到大学堂充各科监督（见图 1—5）。

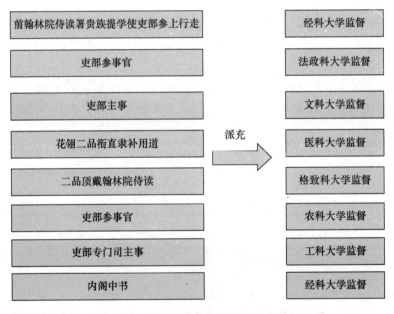

图 1—5　官员派充京师大学堂各科监督

资料来源：根据《奏遴员派充分科大学监督折》（宣统元年闰二月）整理。②

---

　　① 《外务部为派员出洋考察学务事咨复大学堂》（光绪二十八年五月初九日），北京大学综合档案·全宗一·卷 24，载北京大学校史研究室编《北京大学史料》（第一卷），北京大学出版社 1993 年版，第 132 页。

　　② 北京大学校史研究室编：《北京大学史料》（第一卷），北京大学出版社 1993 年版，第 66 页。

同样从光绪二十九年至光绪三十二年大学堂《教习执事题名录》中还可以看出，在29个执事（包括教务、庶务、斋务提调、文案、监学、检查、杂务官、图书馆经理官等）中，有官职的人数是26人，占总人数29人的90%。这与上述中教习里官员与准官员占中教习总人数的比例接近，区别是教习里有准官员，即那些有旧科名的教师和无官职的学堂毕业生、留学生。而大学堂职员（即《教习执事题名录》中所指执事）中没有这些准官员身份的人。执事中只有两类人，有官职和无官职的。无官职又无科名的有3人，占总人数29人的30%。

表1—2　　　　　　　　　　京师大学堂职员身份　　　　　　　　单位：人

无出身		有科名和官职			总计
无科名无官职	无科名有官职	举人	进士	贡生	
3	8	8	8	2	29

资料来源：根据大学堂《教习执事题名录》（光绪二十九年至光绪三十二年）整理。

2. 学堂教职员都有任期和品级

如上文所说，教习、职员大都由官员担任。所以职员、教员和官员一样皆有任期和品级。如《奏定学堂章程·学务纲要（癸卯学制）》就规定教习有任期。"学堂教习，既列为职官，当有任期，或三年一任，或二年一任，或视该学堂毕业之期为一任。除不得力者随时辞退，优者任满再留，中平者如期更换，未满时不得自行告退，另就别差。学堂办事人员亦同（有事故者不在此例）。"后来又规定各学堂校长、教员以学堂毕业之期为一任①，不得兼差。

同样，由于教职员是职官，所以教职员也都有品级。上文所说的仿照国子监设定大学堂职务中，大学堂的管学大臣、总教习、分教习都有一个对应的国子监品级的参照。在清朝，国子祭酒从三品，司业从四品下（祭酒司业对应总教习）、五经博士正五品上、助教从六品上（五经博士助教对应分教习）。这只是一个大致的对应。有明文记载的学堂校长、教

---

① 《翰林院代奏编修许邓起枢条陈厘定学务折》（光绪三十一年十一月十六日抄），载萧超然、沙健孙、周承恩、梁柱《北京大学校史 1898—1949》，上海教育出版社1981年版，第138页。

员的品级如表 1—3 所示。

表 1—3　　　　　　　　　京师大学堂校长、教员品级

	校长			教员（拟通名曰助教）			任期
名称	大学堂校长	高等学堂校长	中学堂校长	大学堂教员	高等学堂教员	中学堂教员	校长教员均以学堂毕业之期为一任，不得中途告退，亦不得另兼他差
品级	拟定为三品	拟定为四品	拟定为五品	拟定为六品	拟定为七品	拟定为八品	

资料来源：据 1905 年《翰林院代奏编修许邓起枢条陈厘定学务折》（光绪三十一年十一月十六日抄）整理。①

　　表 1—3 显示的是拟定的品级，实际上也按照这个拟定的品级实行。如上文所述，中国教习很多是各部主事和各省知县。主事官阶正六品，是清朝各部司官中最低的一级，主要负责一些日常公文的处理与消息的上传下达。进士分到各部，先补主事。翰林院编修、外县知县正七品。主事和知县的品级和大学堂教员拟定的品级六品、七品大致相称。

　　由于大学堂职员有品级，所以也能与地方官员交流。如大学堂监督是大学堂校长，学部奏准将大学堂总监督一职由兼差改为实缺。"大学堂总监督一员作为实缺，秩视左右丞，三年为一任，内以臣部左右丞，外以各省提学使为应调之缺。遇有正三品应升之缺，一律开列，以专责成而规久远。""其分科监督及教务提调各官，应否设立专官之处，容臣等随时体察情形奏明办理。"② 后来又规定大学堂监督由三品升为二品。如《顺天时报》2214 号以《大学堂监督（即校长）将升二品》为题刊登了"大学堂监督现系三品之秩，闻张中堂（张之洞）意大学分科开学后，即将大学堂监督升为二品"。张之洞将大学堂监督从三品升为二品的目的是加强大学堂监督的权力，使大学堂监督"秩与各部侍郎平等，以重学务并予

---

　　① 萧超然、沙健孙、周承恩、梁柱：《北京大学校史 1898—1949》，上海教育出版社 1981年版，第 138 页。

　　② 《学部为奏准改大学堂总监督兼差为实缺事知照大学堂》（光绪三十三年六月三十日），载北京大学校史研究室编《北京大学史料》（第一卷），北京大学出版社 1993 年版，第 64 页。

其专折奏事权"。① 大学堂职员亦可派任地方学务官员。如"原派译学馆监督翰林院侍读学士黄绍箕于本年四月简放湖北提学使"。②

在派遣官员到大学堂任职务时也要考虑到这种品级的设置。如《孙家鼐为大学堂总教习事请旨遵行疏》（光绪二十四年五月二十九日）中记载，孙家鼐拟请许景澄出任大学堂总教习，但考虑到许景澄是工部左侍郎，"官阶较大"，大学堂总教习的官阶比工部左侍郎低，于体制有点不合。于是孙家鼐提出："臣思学堂之设，所以教育人才，与他项差事不同。如各省学政，自侍郎以至编检，皆可特旨简放。学堂总教习，由皇上简派侍郎充当，亦无不可。"③ 这样孙家鼐就以各省学政由特旨简放对许景澄高职（工部左侍郎，二品大员）低就（总教习，从三品）作了可以"与体制相合"的结论。

3. 职员晋升、奖励和官员晋升类似

京师大学堂时期，教职员的晋升和官员一样，都是升阶升衔，赏科名。中国教师和洋教师的区别是洋教师赏虚衔、赏洋科名。中外教职员晋升标准一样，都是大致按照工作年限和工作期间成就学生数来决定晋升。工作年限有三年、五年之分。如《总理衙门奏拟京师大学堂章程》第四章第五节"教习亦宜奖励"规定，对京师大学堂分教习及各省学堂总教习、分教习，每"三年一保举"，对"其实心教授著有成效确有凭证者"奖励一次④。至少要工作满三年才能请奖，"任事未满三年各员应俟年满再行请奖"。工作五年和三年的奖励情况不同，"学务人员奖励任差满五年者，照异常劳绩给奖；满三年者，照寻常劳绩给奖"。后来政务处又奏请学务员绅请奖至少要"以成就学生数在六七十名以上为衡"。⑤

———————

① 《顺天时报》2214 号（宣统元年五月二十二日），载北京大学校史研究室编《北京大学史料》（第一卷），北京大学山版社 1993 年版，第 67 页。

② 《附奏请派译学馆监督片》（光绪三十二年），载北京大学校史研究室编《北京大学史料》（第一卷），北京大学出版社 1993 年版，第 309 页。

③ 《皇朝蓄艾文编》卷十五，载北京大学校史研究室编《北京大学史料》（第一卷），北京大学出版社 1993 年版，第 305 页。

④ 北京大学校史研究室：《北京大学史料》（第一卷），北京大学出版社 1993 年版，第 84 页。

⑤ 《奏译学馆办学人员分别请奖折并单》（宣统二年五月），载北京大学校史研究室编《北京大学史料》（第一卷），北京大学出版社 1993 年版，第 314—315 页。

（1）中国教职员。京师大学堂时期，由于中国教师和职员都是各级官吏或准官吏，所以教职员的晋升也是按照品级来提升的。晋升办法一是赏科名（出身）。"原系生监者，赏给举人；原系举人者，赏给进士，引见授职；原系有职人员者，从异常劳绩保举之例以为尽心善诱者劝。"①二是升阶升衔。如宣统二年五月异常劳绩请奖的"外务部参事郭家骥，请任以知府候选"。同年按寻常劳绩请奖的"民政部左参议汪荣宝，请加二品衔"②。三是给奖金。司事供事给奖金，不升阶升衔。司事、供事是京师大学堂地位比较低的书吏一类的小官，有些还不在正式编制内。所以对司事供事的奖励不按教员和职员的标准，而是给奖金。如宣统二年译学馆上呈学部"拟请将已满五年之教务司事曹为楷，供事徐申铭二名派为检察官上行走……请予准照检察官一体请奖"。"其不足五年已满三年之供事等，拟先以检查官记名……此次分别年限给以奖金，以昭激劝而励将来。"学部以"查学堂保奖历以教员、管理员为重，司事、供事既为定章所无"，且"学堂职务与官署不同，不宜添设检察官上行走各名目，致紊定章"，所以"无庸给奖"。但是学部同意所有请奖人员"分别年限给以奖金"，由译学馆"查酌常年经费盈绌自行办理"。③

（2）外籍教职员。史料中也多次记载对外籍教员的奖励。一是赏宝星。如《日本教员五年期满请赏给宝星折》（光绪三十四年三月）记载了京师大学堂法政学堂给日本教员请赏的事情，该折称"按照《外务部宝星章程》，各学堂教习赏给三等第一宝星"，为此，"请赏给本学堂教员、日本法学士杉荣三郎，三等第一宝星"，同时，为"以示优异"，对表现特别突出的"本学堂正教员、日本文学博士服部宇之吉、法学博士严谷孙藏，拟请天恩俯准奖给二等第二宝星"。④ 二是赏"洋科名"。如山西大学堂译书院英国文学博士窦乐安、京师大学堂日本文学博士服部宇之吉都

① 《总理衙门奏拟京师大学堂章程》第四章第五节"教习亦宜奖励"，载北京大学校史研究室编《北京大学史料》（第一卷），北京大学出版社1993年版，第84页。

② 《奏译学馆办学人员分别请奖折并单》（宣统二年五月），载北京大学校史研究室编《北京大学史料》（第一卷），北京大学出版社1993年版，第314—315页。

③ 《札译学馆监督该馆供事司事等应无庸给奖文》（宣统二年二月初七日），载北京大学校史研究室编《北京大学史料》（第一卷），北京大学出版社1993年版，第314页。

④ 《学部官报》第五十二期，载北京大学校史研究室编《北京大学史料》（第一卷），北京大学出版社1993年版，第311页。

曾分别被赏给译科进士和文科进士。学部在《奏请赏给服部宇之吉文科进士片》中称，由于服部宇之吉"异常出力"，但以前已经得了二等第二宝星，"实属无可再加"。"查山西大学堂译书院英国文学博士窦乐安，由臣部奏请奖给译科进士，奉旨允准在案。"因此，"兹服部宇之吉原系日本文学博士，谨援照山西成案奖以文科进士，以示优异之处"。① 三是赏品级虚衔。如光绪二十四年六月二十二日《为孙家鼐奏大学堂大概情形谕》写道，据"孙家鼐面奏请加鼓励"，"至派充西学总教习丁韪良，著赏给二品顶戴，以示殊荣"。② 山西大学堂外籍教员或西斋教员"果系认真教诲，著有成效者……择优褒奖"，"赏给虚衔，以昭激励"。如，西斋总理李提摩太赐头品顶戴二等双龙宝星三代正一品，总教习敦崇礼赐一品顶戴，苏慧廉赐二品顶戴，副总教习毕善功赐二品顶戴，文学教员燕瑞博赐三品顶戴。

4. 教师的聘任标准与官员类似，强调德与才

"才"不仅仅是有学问，能学贯中西，还指要通达政体，洞明世事。以总教习的选拔为例，《总理衙门奏拟京师大学堂章程》对总教习的标准是"必择中国通人，学贯中西，能见其大者为总教习"（第五章聘用教习例第一节）。上谕要求"至总教习，总司功课，尤须选择学贯中外之士"③。孙家鼐认为大学堂总教习的标准就是"人品端正，学问优长"，"学贯中外，通达政体，居心立品，又为众所翕望"。④ 他推荐许景澄为大学堂总教习是因为他"学问渊通，出使外洋多年，情形熟悉，若以充教习之任，必能众望允符"⑤。张百熙认为总教习"必得德望具备品学兼优之人，方足以膺此选"⑥。张百熙专折推选前直隶冀州知州吴汝纶为大学

---

① 《学部官报》第九十六期，宣统元年第二十册，载北京大学校史研究室编《北京大学史料》（第一卷），北京大学出版社1993年版，第313页。

② 《德宗实录》卷四二二，《谕折汇存》卷十七（光绪二十四年），载北京大学校史研究室编《北京大学史料》（第一卷），北京大学出版社1993年版，第48页。

③ 《光绪二十四年五月十五日派孙家鼐管理大学堂事物谕》，载北京大学校史研究室编《北京大学史料》（第一卷），北京大学出版社1993年版，第60页。

④ 《孙家鼐为大学堂总教习事请旨遵行疏》（光绪二十四年五月二十九日），载北京大学校史研究室编《北京大学史料》（第一卷），北京大学出版社1993年版，第305页。

⑤ 同上。

⑥ 《张百熙奏举吴汝纶为大学堂总教习折》（光绪二十七年），载北京大学校史研究室编《北京大学史料》（第一卷），北京大学出版社1993年版，第305页。

堂总教习是因为他"学问纯粹，时事洞明，淹贯古今，详悉中外"。吴汝纶是桐城派著名领袖，是旧学方面的权威，他和严复是好友，严复翻译的书籍都请他审阅，从这一点也可以看出他对新学也很有研究。加上吴汝纶多年主持保定莲池书院，被称为"海内大师"，"以之充大学堂总教习，洵无愧色"①。用现在的话说，是既有理论知识，又有实践经验，不是书呆子。

分教习的选拔标准则是"宜取品学兼优通晓中外者"② 及"不得染嗜好"。"不得染嗜好"带有时代气息，即不能吸鸦片。当时规定："师生员役均禁嗜好。凡从事学堂之员绅，及各科学教员，必审择精力强健，办事切实耐烦，不染嗜好者，方于教育有裨。查洋药为鸩毒之尤，各省学堂均应悬为厉禁。无论官师学生及服役之人，有犯此者，立行斥退，万不可稍从宽假。"③

以上所述主要分析了大学堂内部各项人事安排都参照官员管理制度来进行，实际上，不只大学堂内部，大学堂的首席长官管学大臣的安排也是参照清朝的官制来设置的。清朝的官制规定重要机关长官满汉官员分列。主要是为了满汉制衡。如清朝国子监祭酒就是满汉各一人，大学堂管学大臣也是如此。张百熙做管学大臣时，由于京师大学堂"负时谤"，时人对大学堂毁誉不‥，"言官奏称本朝定制，部官人率满汉相维，请更设满大臣主教事，乃增命荣庆为管学大臣"。所以当时张百熙与荣庆同为管学大臣。"值张之洞入觐，命改定学章，及还镇，复命孙家鼐为管学大臣。"④ 因此，在光绪二十九年至光绪三十二年，学务大臣（即管学大臣）有三位，孙家鼐（文渊阁大学士）、张百熙（户部尚书）、荣庆（学部尚书、协办大学士）。所有这些制度安排都使草创时期的高校人事弥漫着浓厚的官僚气。

---

① 《张百熙奏举吴汝纶为大学堂总教习折》（光绪二十七年），载北京大学校史研究室编《北京大学史料》（第一卷），北京大学出版社 1993 年版，第 305 页。

② 《总理衙门奏拟京师大学堂章程》第一章第二节，载北京大学校史研究室编《北京大学史料》（第一卷），北京大学出版社 1993 年版，第 84 页。

③ 光绪二十九年十一月二十六日（1904 年 1 月 13 日）张百熙、荣庆、张之洞等人奏《奏定学堂章程·学务纲要》（癸卯学制），http://www.eyjx.com/eyjx/1/ReadNews.asp? NewsID = 4658，2010 年 6 月 8 日。

④ 《清史稿》卷四百四十三，载北京大学校史研究室编《北京大学史料》（第一卷），北京大学出版社 1993 年版，第 70 页。

三　半殖民性

草创时期中国高校人事制度的半殖民性主要表现在两个方面：一是国家教育主权不能完全独立；二是高校的基本人事权如教师任用权受到外国干涉。

晚清时期，由于国势衰败，列强侵华，国家教育主权不能完全独立。如外国传教士在中国设立的教会大学一不向中国政府备案，二不与中国公立大学确立相同的办学宗旨及设置相同的专业课程，满清政府也无权过问，唯一的应对之策就是宣布不承认教会大学存在，政府的懦弱行为也反映了当时中国半殖民化的现状。

在当时半殖民地的中国，不仅国家教育主权不能独立，就是高校基本的教师聘任自主权都受到列强干涉。这种干涉主要表现在对大学堂外籍教员如西总教习和洋教习的遴选聘用上，这也是当时中国半殖民主义性质在中国高校人事问题上的反映。如孙家鼐聘任丁韪良为西学总教习就受到了意大利、德国等驻华使节的质疑和干涉。1898 年 8 月 9 日，孙家鼐在《奏筹办大学堂大概情形折》中奏报："请将丁韪良充大学堂西总教习。"[1] 并当面请求皇上赏给丁韪良二品顶戴。光绪帝当即批准。9 月 23 日，意大利驻华公使专门给总署发来"照会"质问："此人前次误派同文馆，因其无能，则同文馆创设多年，至今并无成效之势。兹又闻此人管理新设大学堂……北京洋人无不甚诧，因何中国专派斯人管理大学堂。其人虽庄严恭敬，而实无一能，何能管理大皇帝专心关系之事？"意大利和德国对大学堂章程中规定的请分教习的事情也加以抗议。意大利照会要求大学堂要增设意大利文教习，"据该大学堂章程，各国言语教习，并未载义国言语。义国之言，诸国中之最古最佳者也。至延请义师一事，贵国最易托出洋钦差聘请"[2]。德国海使照会认为德文分教习人数太少，强调"天下各国学校，德国为首，他国不能并论"[3]，对大学堂之拟设英义分教习

①　萧超然、沙健孙、周承恩、梁柱：《北京大学校史 1898—1949》，上海教育出版社 1981 年版，第 48 页。

②　《照录义萨署使来照会》，北京大学综合档案·全宗一·卷 4，载北京大学校史研究室编《北京大学史料》（第一卷），北京大学出版社 1993 年版，第 322 页。

③　《照录德国海使来照会》，北京大学综合档案·全宗一·卷 4，载北京大学校史研究室编《北京大学史料》（第一卷），北京大学出版社 1993 年版，第 323 页。

十二人，德文分教习一人表示抗议。并提出"须聘请德国德文教习者三，专门教习二"。总理衙门给孙家鼐施压要求按照意大利、德国的照会要求办理，虽然孙家鼐顶住了压力，回复："查本大臣办理大学堂，皆遵照贵衙门原奏章程，期于中外交涉语言文字相通而已，非必各国皆有教习也。且中外交涉者，共十余国。若各国皆荐教习，贵衙门何以应之？"① "查中国开设大学堂，乃中国内政，与通商事体不同，岂能比较一律。德国、意国大臣，似不应干涉。"② 但是德国、意大利对大学堂人事上这种细枝末节事情上的干预及总理衙门的软弱态度都是当时中国半殖民性的一个缩影。

四　重"洋"轻"中"与重"中"轻"洋"

高校人事制度中的重"洋"轻"中"主要表现在大学堂教学安排上倚重洋人。大学堂"重要"功课如专门学的教学要以洋教习为主，中国人只是作为助手或教一些时人认为不太重要的科目如历史、地理等，同时教师薪酬向洋人倾斜。重"中"轻"洋"则表现在大学堂的管理要以中国人为主，对洋人是一种提防心理。这也是"中学为体，西学为用"在高校人事安排上的一种反映，总的意思是要将洋教习的学问为我所用，这样就要给洋教习好的待遇，但是信任的还是中国人。

（一）重"洋"轻"中"

一是教同一门功课，洋教习为正、中国人为副；且洋教习工资高、中国人工资低。如"英文分教习十二人，英人、华人各六；日文分教习二人，日本人、华人各一；俄德法文分教习各一人，或用彼国人，或用华人"，也就是各国语言教育课程都有华人教师，但是中国人是副手且工资比洋教师低很多。

二是给知识分等，教专门学的洋人（"专门学十种分教习各一人，皆

---

①《孙家鼐为意国大使荐教习事咨复总理衙门》（光绪二十四年八月初九日），北京大学综合档案·全宗一·卷4，载北京大学校史研究室编《北京大学史料》（第一卷），北京大学出版社1993年版，第325页。

②《孙家鼐拟拒德、意自荐教习咨复总理衙门》（光绪二十四年七月初十日），北京大学综合档案·全宗一·卷4，载北京大学校史研究室编《北京大学史料》（第一卷），北京大学出版社1993年版，第324页。

用欧美洲人") 比教普通学的中国人 ("设溥通学分教习十人，皆华人"①) 工资高。也就是工资标准以所授科目和国籍来定：新科目、洋教习工资高；中国传统的科目、中国教师工资低。这种制度设置隐含的就是中国人在文化教育方面自认不足，认为就科学知识的掌握和讲授而论，中国人不仅本土人才少，而且水平比洋人和日本人差，要向外求学，以"西学为用"，也要用西人掌握的知识来为我所用，给洋人工资高是为了用洋人。所以在大学堂的三个章程中都体现了视洋学历高于本土学历；择聘教师时外国教员优先，华人仅为暂时充选；以洋教员为正，华人教员为副这样一些扬外抑中的取向。

从表1—4可以看出：同是分教习，专门学教习（都是洋人）的薪水（300两）是普通学教习（都是中国人）薪水（50两）的5倍。当时专门学分教习和总教习工资一样高，且远高于当时大学堂的管理人员总办（100两）和提调（50两）。由此也可以看出当时大学堂章程设计者心中知识是有贵贱之分的，掌握不同知识的人也就相应地具有不同的价值。这种对"洋知识"的重视反映了当时中国人以夷人掌握的知识为尊的心态。

表1—4　　　　　　　　　京师大学堂教职员薪俸　　　　　　单位：两

职务	总教习	专门学分教习	普通学分教习头班	普通学分教习二班	西文分教习二班	总办	提调	供事誊录
每月薪水	300	300	50	30	50	100	50	4

资料来源：据《总理衙门奏拟京师大学堂章程》第七章第二节资格整理。

注：1898—1900年戊戌大学、京师大学堂经费从户部存放华俄道胜银行的五百万两银子的利息中支付。每年有利息21.2万两，全数拨给大学堂作常年经费。②

表1—4反映的是当时大学堂设计人员心目中的知识分等。宣统二年的薪饷册也表明了这种以知识分等定教师薪水档次的设计在现实中确实是得到了执行。如表1—5所示，当时对知识的排序是：英、法、日文地位

① 《总理衙门奏拟京师大学堂章程》第一章第三节，载北京大学校史研究室编《北京大学史料》（第一卷），北京大学出版社1993年版，第84页。
② 北京大学校史研究室编：《北京大学史料》（第一卷），北京大学出版社1993年版，第12页。

最高（100 两），国文其次（90 两），再依序是算学（70 两），格致、图画、马术（60 两），历史、地理（50 两）。宣统三年的薪饷册可以看出，教同一门功课"税科"，专门教员薪水（洋人，285.88 两或 258.5 两）几乎是华员助教（147.94 两）的两倍。

当时大学堂教师薪酬优厚，这也在一定程度上体现了清廷不惜重金，急于"师夷长技"的心理。大学堂刚筹办时，孙家鼐就奏请"专门西教习薪水宜从厚也"①。总理衙门也奏请"中国官制向患禄薄"，要让大学堂教职员"实事求是"，"使有以自养，然后可责以实心任事"，就必须"厚其薪俸"。② 吴汝纶当年给他儿子的书信中也谈到当时有人嫉妒大学堂教师薪酬高"大学教职皆自聘，又薪金优厚，忌嫉者众，蜚语浸闻"③。教师薪酬高从表 1—5、表 1—6、表 1—7、表 1—8 也可以看出来，且不说西教习，就是中国教师，跟当时一般工作人员比工资也算是高的。表 1—5、表 1—6 显示，在宣统二年，教员中工资最低的历史、地理教员（50 两）也远比当时的牟夫薪水高，是夫役（3 两）的 16.7 倍，医兵（4.2 两）的 11.9 倍，号兵（4.5 两）的 11.1 倍，枪匠（6.6 两）的 7.6 倍，差牟（8 两）的 6.2 倍。表 1—7、表 1—8 显示，在宣统三年，洋总办的工资（1013.54 两）是洋总办公馆门役（5 两）的 200 多倍。

表 1—5　　　　　　　　　京师大学堂教职员薪俸　　　　　　　　　单位：两

职务	总办	监督	提调	国文历史地理	德、英、法、日文教员	算学格致教员	图画	马术	队长	医官	文案	庶务委员	司事	司书兼刷印
每月薪水	—	180	—	90、50	100	70、60、50	60、50	60	80、70	80、60	50、40	40	30、24、20	12

资料来源：根据《宣统二年正月大学堂员生牟夫等薪饷草册》整理。

① 《奏筹办大学堂大概情形折》，载北京大学校史研究室编《北京大学史料》（第一卷），北京大学出版社 1993 年版，第 48 页。

② 《总理衙门奏拟京师大学堂章程》第七章第二节，载北京大学校史研究室编《北京大学史料》（第一卷），北京大学出版社 1993 年版，第 81 页。

③ 徐伟民：《吴汝纶未允任京师大学堂总教习考》，《安庆师范学院学报》（社会科学版）2006 年第 9 期。

表1—6　　　　　　　　　　　京师大学堂差役工食　　　　　　　　　单位：两

职务	差牟	号兵	枪匠	医兵	夫役
每月工食	8	4.5	6.6	4.2	3

资料来源：根据《宣统二年正月大学堂员生牟夫等薪饷草册》整理。①

表1—7　　　　　　　　　　京师大学堂教职员薪俸　　　　　　　　　单位：两

职务	总办	洋总办兼洋教习	提调	税科专门教员	法语科教员	税科华员助教	国文正副教员	体操教员	司书
每月薪水	180	1013.54	13.5	285.88（或258.5）	50	147.94	80、60	60	16

资料来源：根据《全堂员司薪水夫役工食银两清册（摘录）》（宣统三年十月初六日）整理。

表1—8　　　　　　　　　　京师大学堂差役工食　　　　　　　　　单位：两

职务	堂役	厨役	洋总办公馆门役
每月工食	5（或3.6）	18	5

资料来源：根据《全堂员司薪水夫役工食银两清册（摘录）》（宣统三年十月初六日）整理。②

　　以上是对京师大学堂的分析。据笔者查到的三江师范学堂的材料也印证了以上观点。张之洞为管学大臣时在金陵设三江师范学堂，请东京近卫公爵、长冈子爵代为物色日籍教师，聘"性情恳勤端笃、于教育有实历"的"师范教员12人，内以一人为教头，薪从优；余11人听其调度，薪酌减"。③延聘的"日本高等师范教习12人，专司讲授教育学及理化学、图画学各科，并选派举、贡、廪、增出身之中学教习50人，分授修身、历史、地理、文学、算学、体操各科"④。三江对日本教习的待遇相当优渥。

---

　　①　北京大学校史研究室编：《北京大学史料》（第一卷），北京大学出版社1993年版，第319—320页。

　　②　同上书，第320—321页。

　　③　《致东京近卫公爵、长冈子爵请为三江师范学堂聘日籍教员》（1903年1月18日、2月5日），载陈山榜编《张之洞教育文存》，人民教育出版社2008年版，第419页。

　　④　陈山榜编：《张之洞教育文存》，人民教育出版社2008年版，第422页。

总教习月薪 400 元，教育、法制、经济、农博、理化与生理卫生等学科的教习则月薪 300 元，通译 250 元，手工、图画教习 200 元。另外每人还提供往返川资 600 元，聘期任满回国时加发两月薪水。与日本教习比，三江的中国教习月薪就很低了，前两批招聘的 50 人月薪一般为 50 元，后来续招的预备教习"暂无薪资"①。

（二）重"中"轻"洋"

主要是学堂管理人员重"中"轻"洋"。清廷给洋教习工资高，并不表示清廷就真正信赖洋人。清廷对洋人是抱着一种既要为我所用，又要为我所制的提防心理，这从要用中国人做总教习来节制洋人，不能让洋教习参与管理，禁止洋人传教这些条款可以看出来。

1. 总教习"必择中国通人"

因为"学堂功课，既中西并重，华人容有兼通西学者，西人必无兼通中学者"。加上如果以西人为总教习，"各学堂于中学不免偏枯"，且"英法俄德诸文并用，无论聘任何国之人，皆不能节制他种文字之教习，专门诸学亦然"。所以，只有选中国通人为总教习才能"崇体制而收实效"②。孙家鼐在聘请丁韪良做西学总教习时上奏："查原奏有中总教习无西总教习。立法之意，原欲以中学统西学。"解释为什么要设西总教习是因为"惟是聘用西人，其学问太浅者与人才无所裨益；其学问较深者，又不甘于小就。即如丁韪良，曾在总理衙门充总教习多年，今若任为分教习，则彼不愿"。所以，"臣拟用丁韪良为总教习，专理西学，仍与订明权限，其非所应办之事概不与闻"③。这说明清政府对外国人任总教习有戒备心理。摄政王持同样的观点，摄政王"对于分科大学之组织异常注重，屡与张中堂筹商，聘请各科专门教习，总以中国人为最宜"④。

2. 对外国教员的一些限制性条款

当时请外国教习的原因是因为"教员乏人……势不能不聘用西师"。

---

①　《大公报》（光绪三十年正月二十三日）。

②　《总理衙门奏拟京师大学堂章程》第五章"聘用教习例"，载北京大学校史研究室编《北京大学史料》（第一卷），北京大学出版社 1993 年版，第 84 页。

③　《孙家鼐奏覆筹办大学堂情形折》（光绪二十四年六月二十二日），载北京大学校史研究室编《北京大学史料》（第一卷），北京大学出版社 1993 年版。

④　《慎选分科大学之各科专门教习》（宣统元年），载北京大学校史研究室编《北京大学史料》（第一卷），北京大学出版社 1993 年版，第 309 页。

所以"与外人交涉以合同为主，合同既定之后，彼此办事即应按照合同办理"①。在合同中对外国教员加以限制。一是"外国教员不得讲宗教"。"如所聘西师系教士出身，须于合同内订明，凡讲授科学，不得借词宣讲，涉及宗教之语，违者应即辞退。"二是"外国教员宜定权限"。"各省中学堂以上，有聘用外国教员者，均应于合同内订明须受本学堂总办、监督节制。除所教讲堂本科功课外，其余学堂事务，概由总办、监督主持，该教员勿庸越俎干预。"②

五　对草创时期高校人事制度的总体评价

在中国高校草创时期，人事制度显示出了从旧的官学向现代大学转型的特征。

（一）教职员名称逐渐从封建学官称呼向现代转变

一是教师名称的变化：从教习（学官名）到教员（现代对教师的称呼）。《奏拟》和《钦定》两个大学堂章程中，教师的名称都是教习，即"总教习、副总教习、分教习、教习"。教习是学官名，是在翰林院庶常馆给庶吉士（选入翰林院的进士）上课的人，由满、汉大臣各一人担任，小教习则选侍讲、侍读以下官担任。官学中也有设教习的。清末兴办学堂，其教师也沿称为教习。到《奏定学堂章程》时，教师的名称就是"教员、正教员、副教员"，教员管理员章规定"正教员分主各分科大学所设之专门讲席，教授学艺，指导研究；副教员助正教员教授学生，并指导实验"。

二是职员名称逐步具备现代气息，如负责学堂总事务的人员由总办变为"大学堂"监督，藏书楼提调变为图书馆经理官，支应提调变为会计官等。

（二）管理人员分工逐步与现代大学靠近

首先是类似现代大学校长职务的大学堂总监督开始出现。在前两个章程中，都是管学大臣分管以总教习为首的教师和以总办为首的职员。到

① 《学部为聘请外国教员事咨民政部》（光绪三十四年七月初二日），中国第一历史档案馆一五〇九卷658。

② 光绪二十九年十一月二十六日（1903年1月13日）张百熙、荣庆、张之洞等人奏《奏定学堂章程·学务纲要》（癸卯学制），http://www.eyjx.com/eyjx/1/ReadNews.asp? NewsID = 4658，2010年6月8日。

《奏定学堂章程》时，学务大臣直接管理大学堂总监督，由大学堂总监督代替学务大臣来全权管理各分科大学各类人员和各类经理官。其次是职员分工由粗到细，代表现代学术管理的职员开始出现，如"分科大学监督"及"庶务、斋务、教务"提调，名称中逐渐体现出大学的特性和大学中事务的分工。"庶务、斋务、教务"三大提调的设立，基本上与现代大学"总务、后勤、教务"相对应。同时，文案、杂务、会计等不再单独设提调，设为"文案官、会计官、杂务官"并归入庶务提调、斋务提调管辖之下，这种组织架构已基本具备现代大学人事分工的雏形。教师管理专官"教务提调"的设立与最先的《奏拟学堂章程》中总教习直接受管学大臣节制相比又更接近现代大学的人事分工。

（三）教员参与大学堂民主管理思想开始萌芽

大学堂内部也开始出现民主管理思想的萌芽。教员参与大学堂管理有两种形式，一是由教员兼任各项管理职位。如《奏定学堂章程大学堂章程》①教员管理员章规定"监学官、检查官、卫生官、天文台经理官、植物园经理官、动物园经理官、演习经理官、医院经理官、图书馆经理官，除检查官外都由正教员或副教员兼任"。二是大学堂内部设立有教员参与的"会议所"形式的议事机构，如《奏定大学堂章程》第五章规定："堂内设会议所……由总监督邀集分科监督、教务提调、正副教员、各监学共同核议。""各分科大学亦设教员、监学会议所……由分科大学监督邀集教务提调、正副教员、各监学公同核议。"这说明，普通教习对大学堂内部事务有参议权。这种民主风气在受美国大学办学模式影响的北洋大学更为明显，《天津大学堂新订各规则》规定，"学务有当改良者，集总教习监督教习于研究室，提议互相质疑，折衷贵，当意有不同，各抒己见，毋偏拘，毋执拗，惟其当"②。这些民主议事的规定，直接反映了清末大学的移植痕迹。

（四）教员聘用标准从虚到实，从标准模糊到逐渐讲究学历

高校的草创期因为人才缺乏，学堂兴办之初对教习的标准是"品学

---

① 北京大学校史研究室编：《北京大学史料》（第一卷），北京大学出版社1993年版。

② 朱有瓛：《中国近代学制史料·第二辑》（上册），华东师范大学出版社1987年版，第965页。

兼优通晓中外"①，或"学业精深，堪任某科教习之责②"，或"有各科程度相当之华员"③ 等模糊性概念。当时选教习主要是"以得人为主"。只要被选人员能不像"教习庶吉士、国子监祭酒等之虚应故事……不论官阶，不论年齿……或由总理衙门大臣保荐人才任此职者，请旨擢用"④。"毋论官费自费及有无职官，咨保来京，由学部考验奏奖后充该堂教习。"⑤ 到后来《奏定任用教员章程》（光绪二十九年十一月）中对正教员副教员就有了学历要求，大学堂分科正教员"以将来通儒院研究毕业，及游学外洋大学院毕业得有毕业文凭者充选"。副教员"以将来大学堂分科毕业考列优等，及游学外洋得有大学堂毕业"。⑥

（五）对洋教习的合同管理条款完备，是大学聘任制的先声

清末对洋教习采用合同管理。由于各省聘用外国教员合同"宽严不同，未能一律"，学部即颁定统一的合同格式，通行全国。学部颁定的聘用外国教员合同共十九条。对外国教员合同内任职年限、教课时间、薪水、病假、事假、辞职、来回川资、辞退、续聘及如"因公受伤致成残废或病故"的抚恤等都做了详细的规定。并规定教员要专任，"不得营利别图他业，不得私自授课他处学生"。且"教员不论是否传教士，不得传教"。⑦ 与洋教习订的这些合同条款即中国大学教师聘任的最初形式。

清末大学在模仿学习国外大学的过程中，并没有接受国外的"大学自治""学术自由"的思想，相反，清末大学加强了对大学师生的思想控制，如《钦定学堂章程》明文规定"所有学堂人等，自教习、总办、提

---

① 《总理衙门奏拟京师大学堂章程》第一章第二节，载北京大学校史研究室编《北京大学史料》（第一卷），北京大学出版社 1993 年版，第 84 页。

② 《慎选分科大学之各科专门教习》（宣统元年），载北京大学校史研究室编《北京大学史料》（第一卷），北京大学出版社 1993 年版，第 309 页。

③ 《奏定任用教员章程》（光绪二十九年十一月），载北京大学校史研究室编《北京大学史料》（第一卷），北京大学出版社 1993 年版，第 316 页。

④ 《总理衙门奏拟京师大学堂章程》第一章第二节，载北京大学校史研究室编《北京大学史料》（第一卷），北京大学出版社 1993 年版，第 84 页。

⑤ 《慎选分科大学之各科专门教习》（宣统元年），载北京大学校史研究室编《北京大学史料》（第一卷），北京大学出版社 1993 年版，第 309 页。

⑥ 《大清教育新法令》第八册第十编，载北京大学校史研究室编《北京大学史料》（第一卷），北京大学出版社 1993 年版，第 316 页。

⑦ 中国第一历史档案馆·一五〇九·卷658，北京大学校史研究室编《北京大学史料》（第一卷），北京大学出版社 1993 年版，第 327 页。

调、学生诸人，有明倡异说，干犯国宪，及与名教纲常显相违背者，查有实据，轻则斥退，重则究办"①。这种大学实质上是封建官学的一种改良，主要是在封建官学基础上生硬嫁接国外大学的一些做法，如设立民主议事的"会议所"等，其高度集权、官僚化、半殖民性的本质并没有改变。尽管如此，清末大学还是一个高等教育机构，大学人事还是体现了西方大学的一些特性，如总教习、教习、任用既不凭权势，也不凭财富，而是凭知识水平和道德修养；设有专门负责教学的总教习和管理教师的教务提调职位等。

第二节　民国时期的高校人事制度(1912—1949 年)

清末的大学在学制、课程设置等方面受日本的影响深，打上了模仿日本的印记，但是在人事管理上却主要是封建官学的那一套制度，带有浓厚的封建性、官僚性、等级性、半殖民性，同时在对外国教师的管理中也开始引进了聘任制、合同管理这种新的用人方式。民国时期，由于国家政体发生根本转变，国家各项管理制度也发生了质的变化，作为国家管理制度一部分的高校人事制度，也随之相应地产生了一系列变化，逐渐脱去晚清时期的官僚性、等级性，呈现出高校人事制度特有的注重学术、注重民主的特点。在对各国人事制度如大学院制、董事会制、终身教授制、评议会、校务会议的借鉴与实验中，按照中国的实际有所取舍。民国时期是中国高校人事制度的奠基与基本成型时期。由于当时教育界的精英能够放眼世界并与国际接轨，当时的人事制度设计基本上能够关照高校作为一个学术组织及高校教师作为"学术人"的特性。本节主要以民国时期颁布的各项大学法令为依据，兼顾史实中与高校人事设置有关的资料来进行论述。

一　集权与民主

民国时期可以说是集权与民主并重。一方面，教育部是全国最高教育行政机关，对全国高校实行集中统一管理，并且高校内部权力集中于校

---

① 朱有瓛：《中国近代学制史料·第二辑》（上册），华东师范大学出版社 1987 年版，第 753 页。

长。另一方面，在高校的组织形式、高校具体事务的管理上都采用民主的方式，推行民主治校。

（一）"集权"

1. 国家层面的集权

国家层面的教育行政管理与清末一脉相承，依然是集权制的形式。这种集权管理的表现，一是在中央有一个明确的管理全国教育的机构教育部。在收回教育权运动之后，除了隶属外务部的俄文、法政等学校，一般来说，不管公立还是私立高校（教会学校一般都算入私立），一般都隶属教育部①。1927 年中华民国定都南京后，在蔡元培主持下曾模仿法国以大学院代替教育部的职能，试图给高等教育的集权化、官僚化管理加入民主化、学术化成分，但大学院制度改革实行一年多后即以蔡元培辞职宣告失败。1928 年 12 月民国政府颁布《教育部组织法》，再次确定教育部为全国学术、文化及教育行政事务的最高机关。也就是说，在民国的大多数时期，中央一级都设有教育部专管全国教育。教育部相当于晚清学部，与晚清稍有不同的是，全国教育行政的最高长官教育部长或教育总长不再兼任国家最高学府的校长。集权管理的另一个表现是法治化管理，民国政府颁布的大量教育法规对所有的高校都有约束力。民国时期非常重视教育立法，尤其是 1927 年之后，建立了一套非常完备的教育法律体系。这些法规不仅数量多，如 1930 年至 1945 年短短的 15 年，就颁布高等教育法规335 项，平均一年至少颁布 20 项法律。而且稳定性强，如 1929 年颁布的《大学规程》实行了 45 年，到 1974 年才进行修订。这一是对西方政治制度学习的结果，二是对之前教育"放任"的纠偏，主要是为了对教育进行集中统一的管理。

民国时期的集权管理需要说明的一个重要特征就是政府意图集权，但是无力集权。这不能算是严格意义上的集权。政府对教育的集权管理倾向在 1927 年国民政府定都南京后更为明显。但是由于内忧外患，民国政府一直无暇管理教育，教育部下发的各项规定和政府颁布的各项法规，各校在执行时都灵活处理，因此高校人事制度也各有特色。也就是说，中央集

---

① 《私立大学规程令》（1913 年 1 月 16 日）教育部令第三号第二条："私立大学呈请教育总长认可，代表人对于该校应负完全责任……代表人如有变更呈请教育总长认可。"这表明教育部对私立大学有管辖权。

权在民国时期只是具备形式，实质上中央控制不是很严。以教授会制度为例，20 世纪 20 年代北京大学与东南大学在教授会的机构设置及权力划分上即大为不同。再如高校薪酬，1927 年《国立京师大学校职员薪俸规程》仅在南京中央大学、广州中山大学等直属大学区实行，而其他高等学府如国立清华、北京大学和私立南开大学则按照各自学校的经济状况参照制定各自的薪俸标准。

2. 高校层面的校长集权

校长集权一方面表现在法规规定，校长是各项权力机构如评议会、校务会议、教授会、行政会议、教务会议的议长或主席（见表 1—9），这说明经历了民主程序之后的决定权依然在校长手上。另一方面表现在法律或大学章程明文规定，校长在教职员聘任中的绝对权力，教职员聘任权基本上集中于校长（见表 1—10、表 1—11），这些法规条款见之于 1917 年之后民国各个时期颁布的重大教育法令中。虽然当时实行教授治校，各学校设立聘任委员会，但是最后的人事权还是集中于校长。这些规章制度的实施在史料中得到了确认，我们可以举出很多例子。值得一提的是有些高校规定人员聘任最后需得到评议会同意，1934 年和 1948 年的法律也规定由院长商请校长来聘任，说明校长的人事聘任权有分权和下移的趋势。

表 1—9　　　　　　　　校长为各类合议制组织的议长或主席

会议名称	以校长为议长或主席	法规名称
评议会	大学校长可随时齐集评议会，自为议长	1912 年《大学令》第十六条，1917 年《修正大学令》
	评议会以院长为主席，院长缺席由代理人为主席	1923 年《国立自治学院章程》第十条
校务会议	校务会议开会时以校长为主席	1927 年《国立京师大学校组织总纲》第十条大学组织法，第十五条《大学法》《专科学校法》
教授会	教授会会议，以校长或其代表人为主席	1922 年《国立东南大学与南高师教授会章程》第二条
	教授会开会时，以校长为主席，校长因故缺席时，由总务处主任代理之	1926 年《国立东南大学组织大纲》修正稿，教授会第二十八条

续表

会议名称	以校长为议长或主席	法规名称
行政会议	行政会议以校长为主席，校长缺席则以总务处主任代理之	《国立东南大学组织大纲》修正稿，第四十四条
	大学设行政会议，以校长为主席	1948 年《大学法》第二十一条
教务会议	国立京师大学校设教务会议，会议时以校长为主席	1927 年《国立京师大学校组织总纲》第十一条

表 1—10　　　　　　　　　　职员聘任权集中于校长

内容	法规名称
图书馆主任、庶务主任、校医均由校长聘任，事务员均由校长延用之	1917 年《国立大学职员任用及薪俸规程令》第四、五条
总务长、教务长由院长在教授中聘任之	1923 年《国立自治学院章程》第十六、十八、十九、二十三条
设注册、文书、会计、庶务、图书、仪器及其他各课，置主任及事务员若干……由学长（此处学长实际上是当时北京各个学校的校长）延用之	1927 年《国立京师大学校组织总纲》第七、十四条
大学总务处主任、各科主任、各系主任由校长于教授中聘任之，总务处所辖各部主任，职员若干，由校长延聘之	1926 年《国立东南大学组织大纲修正稿》第十一、十三、十四、十五条
专科学校和大学的职员及事务员，由校长任用之	1929 年《专科学校组织法》第七条及 1929 年《大学组织法》第十九条
大学、专科学校的教务长、训导长、总务长、图书馆馆长、校长室秘书均由校长聘任之；教务、训导、总务各处下设各组馆主任，由各处主管人商请校长任用之；各组馆及附设各机构职员若干人，由校长任用之	1948 年《大学法》第十三、十四、十五、十六、十八条及 1948 年《专科学校法》第八、九、十、十一、十二条

表 1—11　　　　　　　　　　　　教员聘任权集中于校长

内容	法规及大学规程
正教授、教授、讲师、外国教员均由校长聘任，助教均由校长延用之	1917 年《国立大学职员任用及薪俸规程令》第四、五条
本学院教授，由院长得评议会之同意聘任，在评议会未成立前，由院长聘任之。特别讲师、讲师、助教由院长聘任	《国立自治学院章程》第七条
国立大学校正教授、教授由校长延聘之	1924 年《国立大学校条例令》第十二条
正教授、教授、讲师、教员、助理，由校长聘任之	1926 年《国立东南大学组织大纲修正稿》第十六条
教授由本科部学长商承校长聘任之，各科部遇必要时得商承校长延请讲师及助教	1927 年《国立京师大学校组织总纲》第九条
专科学校专、兼任教员，均由校长聘任之	1929 年《专科学校组织法》第六条
大学各学院教授、副教授、讲师、助教，由院长商请校长聘任之	1934 年修正的《大学组织法》第十三条
大学教授、副教授、讲师、助教，由院长系主任商请校长聘任之	1948 年《大学法》第十二条
专科学校教员，由校长聘任之	1948 年《专科学校法》第七条
导师由校（院）长聘请专任教师充任之	1944 年《专科以上学校导师制实施办法》第二条①

（二）民主

民国高校人事管理上的"民主化"是与"去等级化"联系在一起的。

---

① 教育部编：《教育法令》（1946 年 5 月），第 194 页，载宋恩荣、章威编《中华民国教育法规选编（1912—1949）》，江苏教育出版社 2010 年版，第 429 页。

去等级化的另一层意思即民主化，民主化的另一层意思实际上也是去等级化。在这里一是为了行文的方便分开论述，二是只有在各类人员之间去除了等级大家才能在平等的基础上处理问题，实际上去等级化与民主化有种古文中"互文"的意思。

1. 去等级化

去等级化并不是说高校没有等级之分，而是强调高校各类人员之间基本地位的平等，主要表现在教职员关系、师生关系的平等上。这也与民国时期"民主""共和"的大气候息息相关。民国高校去等级化的目的之一是为了清除掉旧学府等级森严的"官学"气味。首先是教职员之间的去等级化。以北大为例，蔡元培作为校长即以平等的态度对待校吏。顾颉刚就回忆，旧北大沿袭前清京师大学堂的衙门形式，校长、舍监、主任等视校役如奴隶。蔡元培到校后，"每天出入校门，校警向他行礼，他也脱帽鞠躬，使得这班服从惯了的仆人看了吐出舌头来"。[①] 其次是师生之间的去等级化。旧北大"学生有事和学校接洽，须写呈文，校长批了，揭在牌上"，仿佛一座官府。蔡元培当即出一布告："此后学生对于校长应用公函，不得再用呈文。"[②] 大学校长中不只蔡元培以身作则在学校营造师生员工平等的气氛，其他校长这类的事例也很多。梁漱溟就曾回忆蒋梦麟平等对待学生，"记得同学朱谦之曾反对学校考试，向校当局申明自己不参加考试。蒋梦麟代校长有书面答覆张贴出来……我还清楚记得张贴出来的答覆上面，竟称他'谦之先生'。这位校长先生又未免太客气了吧！"[③]

2. 民主化

这里所谈的高校人事制度的民主化主要从组织机构设置及组织议事规则、人员组成上的民主表现来谈，没有涉及高校具体的人事管理如教师选聘、评价等工作中的民主表现。

（1）教育行政机构设置的民主化。教育行政组织机构在制度设计上体现出民主化，主要是各级教育行政机构都下设各类委员会来处理政

---

① 余毅（即顾颉刚）：《悼蔡元培先生》，《责善半月刊》1940年3月16日。

② 同上。

③ 梁漱溟：《我到北大任教的经过》，载钟叔河、朱纯编《过去的大学》，长江文艺出版社2005年版，第45—46页。

务，如在教育部设专门委员会，省教育厅设立教育参议会或教育委员会，县教育局设董事会。委员会的组织形式为采用合议制的民主决策方式提供了组织基础。以教育部的教育研究委员会为例，教育研究委员大都是教育研究领域内的知名专家，当时规定委员总数为 25—40 人，并规定国内学者 20—32 人，在华的外国学者 5—8 人。这种制度安排保证了"兼听则明"，委员的专家身份及委员来源的多种类保证了教育行政决策来自于基层，国内、国外学者从不同的视角不同的立场提出的意见更能保证决策的民主性、开放性与科学性。

与此同时，又在各级教育行政机构设置独立行使职权的视学，以监督与分权制衡，并在体制外培育民间教育组织如各种教育学会来为政府提供咨询。可以说当时教育行政的各类制度安排都体现了"民治"和教育民主的理念。这是与清末集权专制的制度安排迥异的。但是大学院和大学区制改革的失败，也告诉我们在集权传统深远的中国推行民主化是一个缓慢艰难的过程。

（2）学校组织机构设置的民主化。学校组织机构在制度设计上的民主化表现主要是高校大多设置评议会或者校务会议、教授会、系务会议等，提倡教授参与学校管理、推行民主治校的理念。

民国时期的大学法令大都规定大学要设评议会（见表 1—12）、校务会议（见表 1—13）、教授会、行政会议（见表 1—14）等综合议事的机构，提倡民主议事，教授参与学校管理。整个民国时期高校基本上都是这种管理架构，西南联大时也是如此。"按照国民党政府 1943 年颁布的《大学组织法》，西南联合大学仍设有校务会议和教授会。"① 一般的设想是评议会制定规则，行政会议与教授会执行规则，取意立法、执法分开，在大的组织架构上有分权制衡的意思。同时在评议会、校务会议、教授会、行政会议及管理行政事务的各种委员会如聘任委员会、预算委员会等推行合议制、成员民主选举产生、在微观人事组织内推行民主决策、民主治校。这样高校在制度设计上从上到下都体现了民主治校的理念。

---

① 萧超然、梁柱等：《北京大学校史（1898—1949）》（增订本），北京大学出版社 1988 年版，第 322 页。

表 1—12　　　　　　　　　　　　大学法规中评议会设置条款

组成人员	审议事项	法规
各科学长及各科教授互选若干人	处理教育总长和大学校长咨询事件、制定学校内部规则、处理学科及学生的事情（各学科之设置及废止、讲座之种类或学科课程、审查大学院生成绩及请授学位者之合格与否，学生试验和风纪） 凡关于高等教育事项，评议会如有意见，得建议于教育总长	1912 年《大学令》第十六、十七条 1917 年《修正大学令》第十四、十五条
院长、总务长、教务长为当然会员，由全体教职员互选六人充之	除了制定院内各项规则外，还包括预算之编制和本学院行政上兴革事项	1923 年《国立自治学院章程》第九、十四条
国立大学校评议会的组成人员与《大学令》和《修正大学令》同	评议学校内部组织及各项章程暨其他重要事项	1924 年《国立大学校条例令》第十四条
校长、总务处主任、各科主任、教授会推选五人、科教授会各推选一人	全局工作（议决本校教育方针、审订本校通则、议决本校其他对内对外重要事项）、提议科与系之变更、议决行政各部之增设、废止或变更、议决本校训育事项、议决重要之建筑及设备事项、审查经费出纳事项包括学科、行政、训育、建筑等事务	1926 年《国立东南大学组织大纲修正稿》第十九、二十二条

表1—13　　　　　　　　　　大学法规中校务会议设置条款

组成人员	审议事项	法规
校长及学长是组织者	议定关于全校之重要事务	1927年《国立京师大学校组织总纲》第十条
	各科部的教育计划、组织、预算、教授之聘任及公共事项，还包括其他有关全校之重要事项，且规定校务会议议定事项关系重大者，应呈请教育部核定	《国立京师大学校校务会议规程》
全体教授、副教授所选出之代表若干人及校长、各学院院长、各学系主任。并特别规定，校务会议校长得延聘专家列席，但其人数不得超过全体人数五分之一	校长交议事项、大学预算、学院学系之设立及废止、教务训导及总务上之重要事项如大学课程、大学内部各种规则、学生试验、训育事项等	1929年《专科学校组织法》第五条，1929年《大学组织法》第十五条
校长、教务长、训导长、总务长、各学院院长、各学系主任及教授代表且规定教授代表之人绝不得超过前项其他人员之一倍，亦不得少于前项其他人员之总数	同上	1948年《大学法》第十九、二十条，1948年《专科学校法》第十三、十四条

　　资料来源：根据宋恩荣、章咸编《中华民国教育法规选编（1912—1949）》（江苏教育出版社2010年版）各教育法规整理。

　　从大学法规中的各种条款来分析，可以看到高校内部这种机构设置的民主化还有如下特点：

　　一是民主的限定范围时大时小。即同样的一个组织，在哪些人（教授还是职员）中实行民主，各个时期的规定和做法都不同。以评议会与校务会议（见表1—12、表1—13）为例，将1912年《大学令》评议会和1929年《大学组织法》和《专科学校组织法》的校务会议设置条款进行对比，会发现：从主席、组成人员及校务会议要议决的事项来看，校务会议基本上是一个相当于评议会的议事机构，校务会议行使的职能基本等同于评议会。也就是说，1927年是个大致界限，关于大学要设置评议会的条款基本上见于1927年之前，1927年之后则以校务会议代替了评议会。这不是一个简单的名称替换。将评议会和校务会议的组成人员进行对比，我们发现校务会议增加了教务长、总务长、训导长等行政人员，评议会中的教授比例比校务会议要高。这也是教授与行政人员之间的分权问题。民国时期的总体趋势是行政人员逐步集权，教授民主管理学校的权力逐步减少。

二是政府对"教授治校"态度的犹豫不决。民国时期人事制度最重要的特点之一就是在高校设置教授会。"教授治校"可以说是民国时期高校人事制度的最大特点，也最能反映民国时期民主治校的理念。但是从民国时期几个关键性的大学法规来看，政府对教授会的设置态度很矛盾，总体态度是并不主张设置教授会，这从各时期大学法令时而规定设教授会，时而又不规定设教授会可以看出。如 1912 年《大学令》最先规定"大学各科各设教授会"。到 1917 年《修正大学令》则取消了教授会设置条款。1924 年《国立大学校条例令》又规定国立大学校要成立教授会，并细分为三级：科级、学系级、大学校级。此后 1929 年《专科学校组织法》《大学组织法》，1948 年《大学法》《专科学校法》都未见关于教授会的条款。教授会权力范围也是忽大忽小，如 1924 年教授会的工作主要是管与课程有关的事情，与《大学令》相比，教授会审议事项范围大大缩小。这也在某种程度上反映了政府希望教授"治学"而不是"治校"的一种态度。

三是评议会、教授会、校务会议权力范围界限不清。一般规定评议会是最高权力机构，但是有些高校评议会议定的事情要教授会同意，看起来该校教授会又是一个比评议会地位更高的机构。如《国立东南大学组织大纲修正稿》第二十四条就规定："评议会遇有不能解决之重要问题，得提出于教授会议决之。"

四是高校内部，校、院、系各级行政事务都采合议制决定，主要是设立各类委员会或会议（见表1—14）。各类委员会按照事务性质来设置，如招聘就设聘任委员会。以 1919 年冬北京大学为例，当时常设行政委员会有 11 个，分别是组织、预算、审计、聘任、入学考试、图书、仪器、庶务、出版、学生自治、新生指导委员会，全由教授充当委员，管理全校该类事务。[①] 还有一种做法是采用会议形式来处理行政事务。如表1—14所示，在学校成立行政会议、教务会议、院务会议、处务会议、系务会

---

① 高平叔：《北京大学的蔡元培时代》，《北京大学学报》（哲学社会科学版）1998 年第 2 期。

议、科务会议。以会议形式管理各级事务也是一种民主管理的表现，是对清末以来"校内事务只是校长一人独断，连学长也没有与闻"的校内事务专制管理的一种反动。

表1—14　　　　　　　大学各类合议制组织设置条款

名称	组成人员	职责	法律章程
行政会议	校长、总务处主任、各科部主任	规划全校行政各部事务、审查行政各部事务、执行评议会及教授会之议决案、执行临时发生之各种事务	1926年《国立东南大学组织大纲修正稿》第四十二、四十三条
	校长、教务长、训导长、总务长及各学院院长	协助校长处理有关校务执行事项	1948年《大学法》第二十一条
教务会议（大学设、教务处设、系设）	教务处设教务会议，以全体教员为会员	每月一次，由教务长召集，遇有必要时得召集临时会议	1923年《国立自治学院章程》
	各科、各学系及大学院之主任	审议学则及关于全校教学、训育事项	1924年《国立大学校条例令》第十六条
	校长、学长及各科之主任教授	审议关于全校之学则及教学训育事项	1927年《国立京师大学校组织总纲》第十一条
	大学设教务会议，以教务长、各学院院长及各学系主任	讨论教务上重要事项	1948年《大学法》第二十二条
	教务主任、科主任及任主要科目之专任教员	讨论教务上重要事项	1948年《专科学校法》第十五条
	各学系设系教务会议、系主任及本系教授、副教授、讲师	计划本系学术设备事项	1929年《大学组织法》第十八条

续表

名称	组成人员	职责	法律章程
院务会议（大学各学院设）	院长、各学系主任及本院教授、副教授代表	讨论本院学术设备及其他有关院务事项	1948年《大学法》第二十三条
	院长、系主任及事务主任	计划本院学术设备事项，审议本院一切进行事宜	1929年《大学组织法》第十八条
科务会议	科主任、本科专任教员	讨论本科教学设备研究及其他事项	1948年《专科学校法》第十六条
系务会议	系主任、本系教授副教授、讲师	讨论本系教学研究及其他有关系务要项	1948年《大学法》第二十三条
处务会议（大学、专科学校各处分设）	各处主管人及各组馆主任	讨论各处主管重要事项	1948年《大学法》第二十四条，《专科学校法》第十七条

（3）组织人员产生办法和议事规则的民主化。如评议员、教授会代表、系主任、院长的产生都是民主选举，在选举及议事上讲究民主程序，要经过提议、附议、投票决定等程序。

二　"去官僚化"与"学术化"

民国时期，"去官僚化"与"学术化"是当时高等教育人事制度设计的大方向。"去官僚化"的同时就强调"学术化"。蔡元培1927年发起的大学院区制改革就是力图在中央和地方教育行政机关加入民主和学术的因素，改掉与高等教育的学术气质不合的官僚气。"去官僚化"在学校层次的表现主要是高校教职员工包括校长的去官僚化，即校长、教职员不能定位为官员，不能由官员兼任；"学术化"的表现就是高校教师的选聘、评价、晋升、奖励都强调学术水平。

（一）高校教职员的去"官僚化"

高校教职员的"去官僚化"主要指教职员不能是官员，且最好不由官员兼任。

表现之一是高校校长的去官僚化。首先，高校校长中有很大一个群体不是政府官员。高校校长有官员品级的只有公立大学的校长，私立高校校长是董事会聘任①②，不是政府官员。

其次，公立大学校长虽是官员，但是与行政官僚有区别，不是纯粹意义上的政府官僚。民国时期很多有关大学的法规中都规定"大学设校长一人，总辖大学全部事务"③④⑤。当时公立高校校长有三种产生办法：一由大总统任命⑥。这主要是指民国初期的国立大学校长，如严复、章士钊、马良、何燏时任北京大学校长就是由"临时大总统令"任命的⑦，蔡元培任北京大学校长也是"大总统令"任命。⑧ 二由教育总长、教育部长任命或聘任⑨⑩⑪⑫。三"由教务会投票选举"。选举出校长后再呈请教育部聘任⑬。

---

①　1948 年《大学法》第八、九条，《教育部公报》第 20 卷第 1 期；宋恩荣、章威编《中华民国教育法规选编（1912—1949）》，江苏教育出版社 2010 年版，第 432 页。

②　1948 年《专科学校法》第五条，《教育部公报》第 20 卷第 1 期；宋恩荣、章威编《中华民国教育法规选编（1912—1949）》，江苏教育出版社 2010 年版，第 2—3 页。

③　1912 年《大学令》第十二条，《教育杂志》第 4 卷第 10 号；宋恩荣、章威编《中华民国教育法规选编（1912—1949）》，江苏教育出版社 2010 年版，第 403 页。

④　1917 年《修正大学令》第十一条，北洋政府教育部档案，载中国第二历史档案馆编《中华民国史档案资料汇编·第三辑·教育》，江苏古籍出版社 1991 年版，第 168、169 页。

⑤　1948 年《大学法》第八、九条，载宋恩荣、章威编《中华民国教育法规选编（1912—1949）》，江苏教育出版社 2010 年版，第 432 页。

⑥　1917 年《国立大学职员任用及薪俸规程令》第二、三条，北洋政府教育部档案，载中国第二历史档案馆编《中华民国史档案资料汇编·第三辑·教育》，江苏古籍出版社 1991 年版，第 165—167 页。

⑦　1912 年、1913 年"临时大总统令"，载王学珍、郭建荣主编《北京大学史料》（第二卷 1912—1937），北京大学出版社 2000 年版，第 235—237 页。

⑧　民国五年（1916 年）十二月二十六日"大总统令"，载王学珍、郭建荣主编《北京大学史料》（第二卷 1912—1937），北京大学出版社 2000 年版，第 243 页。

⑨　1924 年《国立大学校条例令》第十一条，北洋政府教育部档案，载中国第二历史档案馆编《中华民国史档案资料汇编·第三辑·教育》，江苏古籍出版社 1991 年版，第 175 页。

⑩　1927 年《国立京师大学校组织总纲》第七、八条，载中国第二历史档案馆编《中华民国史档案资料汇编·第三辑·教育》，江苏古籍出版社 1991 年版，第 220 页。

⑪　1929 年《专科学校组织法》第四条，载宋恩荣、章威编《中华民国教育法规选编（1912—1949）》，江苏教育出版社 2010 年版，第 405 页。

⑫　1948 年《专科学校法》第五条，《教育部公报》第 20 卷第 1 期。

⑬　1926 年《国立东南大学组织大纲修正稿》第九条，中央大学档案，载中国第二历史档案馆编《中华民国史档案资料汇编·第三辑·教育》，江苏古籍出版社 1991 年版，第 251—256 页。

一般来说，公立大学校长算是政府特任或简任官员[①]。在这些大学校长中，北京大学校长级别最高，是特任官[②③]。一般大学校长是简任官。他们拿官员薪俸，但是没规定任期，不是纯粹的官僚。

再次，当时的著名大学校长如蔡元培等都不认为大学校长是官员，社会上也持有同样的理念。蔡元培认为校长不是做官，他曾于1919年6月15日发表《不肯再任北大校长的宣言》，表示"我绝对不能再作那政府任命的校长：为了北京大学校长是简任职，是半官僚性质……我是个痛恶官僚的人，能甘心仰这些官僚的鼻息么？"[④]蔡元培对校长不是做官的表白并不是惺惺作态，确实是他内心的认定。沈尹默就认为"蔡先生是旧中国一个道地的知识分子，对政治不感兴趣，无权位欲"[⑤]。罗家伦也评论"蔡先生自己又不承认做大学校长是做官，于是决定前往（去做北京大学校长）"[⑥]。

最后，政府明令规定公私立大学校长都不能由官吏兼充。这是民国时期官方民间流行并认可的观念。在北洋政府时期，教育部就规定，国立、公立各学校"校长、教员，有以行政、司法各官兼充者……查明更换毋稍迁就"。其私立各学校校长"如有现任官吏，应遵令更推非官吏之校长主任校务"。并规定如果私立大学"因关系校中历史"，一定要由官吏"沿用校长名称并不常川驻校宅"，就要"饬知该校一律改名总理，使不相混淆"[⑦]。第六次全国教育会联合会大会也于1920年呈文，指出"以现

---

①　1929年《大学组织法》第九、十条，载宋恩荣、章威编《中华民国教育法规选编（1912—1949）》，江苏教育出版社2010年版，第418页。

②　北京大学校长先简任，后改特任。如民国六年教育部就函送简任状一张给北京大学校长蔡元培。教育部公函，载王学珍、郭建荣主编《北京大学史料》（第二卷1912—1937），北京大学出版社2000年版，第243页。

③　1924年，"教育总长易培基欲提高教育界之地位，拟将北京大学校长一席改为特任职"，其他各学校则不易更改，因为"设立年限不及北大之久"，"且均系单科（北大则包括文、理、法三科，规模较大）"，所以一般公立大学校长都是简任。《北大校长改特任职》，《晨报》1924年11月20日，载王学珍、郭建荣主编《北京大学史料》（第二卷1912—1937），北京大学出版社2000年版，第7页。

④　高平叔编：《蔡元培全集》（3），中华书局1984年版，第297—298页。

⑤　沈尹默：《我和北大》，载钟叔河、朱纯编《过去的大学》，长江文艺出版社2005年版，第28—32页。

⑥　罗家伦：《蔡元培先生与北大》，载钟叔河、朱纯编《过去的大学》，长江文艺出版社2005年版，第48—54页。

⑦　《大总统关于官吏不得兼充学校校长及限制兼任教员办法批令》（1915年12月）委字一百二十五号，北洋政府财政部档案，载中国第二历史档案馆编《中华民国史档案资料汇编·第三辑·教育》，江苏古籍出版社1991年版，第73—74页。

任行政人员，或以候补官僚充当"校长，弊端是"非兼顾不遑，难求整顿，即别思升迁，暂行托足，以致敷衍塞责校务废弛"。并要求教育部"通令各省区，此后任用校长，应注重相当资格，不得以官吏兼充，以杜流弊而期教育发展"。① 同时说明参政院参政兼任校长是允许的，因为"惟参政院参政为咨询机关，虽系简任人员，与行政性质究有区别，即听其兼任，于事实并无妨碍"②。所以在当时，官吏要当校长必须先辞掉官职。如京师国立法政专门学校校长由法制局参事饶孟任接充后，他就要辞去参事职位。

高校的去官僚化表现之二是教师职员的去官僚化。与晚清高校教师职员属于国家官员不同，民国时期高校教师都是聘任制，不是政府官员。高校职员大都由教授兼任，也不是官员。政府明令规定教员不得由官吏兼充，因为这样会败坏学风。"在校长利用兼任之官吏以敷衍人情；在学生亦欢迎官吏之教员，以为毕业后终南捷径。由授教者言之，是谓无责任心，由受教者言之，是谓有虚荣心。"同时，"其教员临时缺席者，所在多有，全级学生同时停课"，致使"本职职务，教授时间两有妨碍"。③ 政府为什么要明令禁止官员兼任高校教师，主要是当时高校衙门气太盛。以北京大学为例，被称作"官僚养成所"的北京大学在清末是个官僚气十足的机构，民国之后也没有什么大的改变，与现代意义上的注重学术研究的大学在性质上相去甚远。"初办时所收学生都是京官，都被称为老爷，而监督及教员都被称为'中堂'或'大人'。"④ 罗家伦就回忆当时北大很多学生是"仕而优则学"，本身就是官员，因此"上课时，学生的听差，进房屈一膝打拆，口称'请大人上课'。除译学馆学生较洋化而外，

---

① 《关于任用校长注重相当资格家呈》（1920 年 10 月 20 日—11 月 21 日），载中国第二历史档案馆编《中华民国史档案资料汇编·第三辑·教育》，江苏古籍出版社 1991 年版，第 715 页。

② 《大总统关于官吏不得兼充学校校长及限制兼任教员办法批令》（1915 年 12 月）委字一百二十五号，北洋政府财政部档案，载中国第二历史档案馆编《中华民国史档案资料汇编·第三辑·教育》，江苏古籍出版社 1991 年版，第 73—74 页。

③ 同上。

④ 蔡元培：《我在北京大学的经历》，载钟叔河、朱纯编《过去的大学》，长江文艺出版社 2005 年版，第 1 页。

仕学馆和以后的进士馆则官气弥漫"①。顾颉刚也回忆，"1913 年我考入北大预科时，学校像个衙门，没有多少学术气氛。有的教师不学无术，一心只想当官；有的教师本身就是北洋政府的官僚，学问不大，架子却不小"②。

（二）教职员的"学术化"

首先是教职员名称的学术化，一改过去监督、提调等官僚称谓，而改为校长、教务长、总务长等具有现代大学气息的名称。

其次是教师选聘、晋升、评价、薪酬、发展上以学术水平为最重要的标准。

1. 教师选聘以"学诣"为主

用蔡元培的话说就是，"广延积学与热心的教员，认真教授，以提起学生研究学问的兴会"③。蔡元培的这种教师观得到了梅贻琦等著名大学校长的认同。这种主要强调学术水平的教师选聘观主要表现在：

一不论教师自身的政治信仰与党派。"在校讲授，以无背于第一种之主张（思想自由，兼容并包）为界限。其在校外之言动，悉听自由，本校从不过问，亦不能代负责任。譬如复辟主义，民国所排斥也；本校教员中，有拖长辫而持复辟论者，以其所授为英国文学，则听之。筹安会之发起人，清议所指为罪人也。本校教员中有其人，以其所授为古代文学，与政治无涉，则听之。"④ 这也就是梅贻琦所说："昔日之所谓新旧，今之所谓左右，其在学校应均予以自由探讨之机会。"⑤ 认为这才是"昔日北大之所以为北大，而将来清华之为清华"的根本。

二不论教师自身的品德是否与中国传统的师德相违背。在"经师"与"人师"不能两全时，重"经师"。蔡元培认为："嫖、赌、娶妾等事，本校进德会所戒也。教员中间有喜作侧艳之诗词，以纳妾、狎妓为韵事，以赌为消遣者。苟其功课不荒，并不诱学生而与之堕落，则姑听之。"⑥

① 罗家伦：《蔡元培先生与北大》，载钟叔河、朱纯编《过去的大学》，长江文艺出版社 2005 年版，第 48—54 页。

② 顾颉刚：《蔡元培先生与五四运动》，http：//www.chinanews.com/cul/news/2009/04 - 29/1669342.shtml，2012 年 3 月 7 日。

③ 蔡元培：《我在教育界的经验》，载《蔡元培自述》，人民日报出版社 2011 年版。

④ 蔡元培：《答林琴南君函》，载高平叔编《蔡元培全集》（3），中华书局 1984 年版，第 275 页。

⑤ 黄延复、王小宁整理：《梅贻琦日记 1941—1946》，清华大学出版社 2001 年版，第 144 页。

⑥ 高平叔编：《蔡元培教育论著选》，人民教育出版社 1991 年版，第 186 页。

原因就是："夫人才至为难得，若求全责备，则学校殆难成立。且公私之间，自有天然界限。"①

三不论教师学历与资历，有真才实学即可。从1913年《私立大学规程令》②和1927年《大学教员资格条例》、1940年《大学及独立学院教员资格审查暂行规程》③中的教师资格标准，可以看出当时教师评价标准中对学术水平的重视。当时对教师各个等级的评定，对没有规定学历与工作经历的人，只要具备相应的学术研究水平或有著述都可以。如1913年规定"有精深之著述经中央学会评定者"可任私立大学教员。1927年规定"凡于学术有特别研究而无学位者，经大学之评议会议决，可充大学助教、讲师"。这种对学问的强调中还有一个重要特点就是对国学研究的重视。如1927年规定"于国学上有研究（可评助教）、有贡献（可评讲师）、有特殊之贡献（可评副教授）"。1940年规定"对于国学有特殊研究及专门著作者"（可评讲师）。"在学术上有特殊贡献"而没有规定的学历，经教育部学术审议委员会出席委员四分之三以上之表决，得任教授或副教授。像这种重视能力不问学历资历的例子在民国时期很多，比较脍炙人口的有梁漱溟、钱穆。梁漱溟以一篇论文被聘为北大教师，"蔡先生之知我，是因看到那年（一九一六年）六、七、八月上海《东方杂志》上连载我写的《究元决疑论》一篇长文"④。钱穆没有上过大学也没有出过国，之前的工作经历也只是中学教师，他能被北京大学史学系聘为副教授，最重要的原因是他的著作《刘向歆父子年谱》得到了胡适等人的看重。

2. 教师晋升必备的"硬件"，且随着时间的推移有越来越重视学术研究的趋势

如1917年《国立大学职员任用及薪俸规程令》明文规定正教授、教授（相当于现在的副教授）、助教晋级考察标准之一就是"著述及发明"。1927年，教师晋升只要具备前一等次资格并"满一年以上之教务"就可

---

① 高平叔编：《蔡元培全集》（3），中华书局1984年版，第271页。
② 北洋政府教育部档案，载中国第二历史档案馆编《中华民国史档案资料汇编·第三辑·教育》，江苏古籍出版社1991年版，第142页。
③ 国民政府教育部档案，载中国第二历史档案馆编《中华民国史档案资料汇编·第三辑·教育》，江苏古籍出版社1991年版，第717页。
④ 梁漱溟：《我到北大任教的经过》，载钟叔河、朱纯编《过去的大学》，长江文艺出版社2005年版，第45—46页。

以晋升，也就是对教学有要求。到了 1940 年，要晋升不仅间隔时间更长，而且对学术上有要求，要求有"有价值之著作"或继续研究的经历。如助教升讲师要"任助教四年以上"，或"任高级中学或其同等学校教员五年以上"，讲师升副教授、副教授升教授都要"任三年"。以上的这些升等都强调要"有专门著作""有价值之著作"。以副教授为例，在 1927 年只要有博士学位或任讲师一年都可以参评副教授，而在 1940 年，则有博士学位的人要有"有价值之著作"或"继续研究或执行专门职业四年以上者，对于所习学科有特殊成绩，在学术上有相当贡献者"。这表明 1940 年比 1927 年对教师的评价更注重学术研究。对学术研究重视还有一个表现：教师晋升时如有学术研究经历也可以放宽对学历的限制，如助教的一般规定是大学毕业，但是如果是"专科学校或同等学校毕业，曾在学术机关研究或服务二年以上"也可以做助教。

3. 教师评价侧重学术水平

主要是根据教师的学术能力来确定相应的职衔，按学术水平对教师分级分档。民国时期高校教师除了有一般的正式教研职级，还有其他一些类别，如 20 世纪 30 年代中华教育文化基金会（以下简称"中基会"）认定的"研究教授"[①]、教育部认定的"部聘教授"[②] 及 1948 年选举出的中央研究院院士三类。研究教授、部聘教授、中央研究院院士在时人眼中比高校一般教授等次更高，威望更大。评选标准主要是学术水平，如"研究教授"的入选标准是"对所治学术有所贡献，见于著述为标准"。北大文学院最初聘请的第一批五位"研究教授"是周作人（外文）、刘半农（中文）、陈受颐（史学）、徐志摩（外文）、汤用彤（哲学）。[③] 部聘教授选拔标准除了要求资历"在国立大学或独立学院任教十年以上"和教学

---

　　① 1930 年，蒋梦麟被任命为北大校长，为了帮助蒋梦麟改革北大，胡适与傅斯年与中华教育文化基金会董事顾临详谈，初步拟定了《北京大学与中华教育文化基金董事会合作研究特款办法》。1931 年，由蔡元培主持，中华教育文化基金会在上海召开第五次常会，决定由中基会与北京大学每年各出 20 万元（以五年为期）作为合作特别款项联合设置"研究教授"职位，类似今天的"讲座教授"。

　　② 民国时期部聘教授指由国家教育部直接聘任的教授。一般用来特指国民政府在大陆时期遴选的两批。教育部部聘教授是当时中国教育界的最高荣誉。有人称之为"教授中的教授"。由各大学各行各业的教授对本行投票推选，得票最多者当选。

　　③ 王学珍、郭建荣主编：《北京大学史料》（第二卷 1912—1937），北京大学出版社 2000 年版，第 1363 页。

"确有成绩声誉卓著"外，主要是要求"对于所任学科有专门著作且有特殊贡献"。[①] 部聘教授名额不多，两批也只有 44 人，1941 年第一批 29 人，1943 年第二批 15 人，当选人员如柳诒徵、陈寅恪、汤用彤、冯友兰、孟宪承、徐悲鸿、周鲠生、苏步青、饶毓泰、吴有训、曾昭抡、常导直等都是真正具有学术水平的大家。1948 年选举的中央研究院院士则是最高的学术荣誉，只有顶尖学者才能当选。除了以上述三类荣誉学衔表示对学术水平高的人的礼遇与尊敬外，其他如教育部"学术审议委员会"的聘任委员、中央研究院评议会的评议员也是只有学术威望高的人才能当选。

4. 教师薪酬待遇上考虑到各类人员的研究费用，对学术水平高的人倾斜

民国时期教师薪酬有两个重要特点，一是对国立专科以上学校各个级别的专任教师都安排了学术研究补助，并且所有教师的学术研究补助都由教育部呈行政院另拨专款单列发放，专款专用，只能用于"购置图书仪器文具"[②]。这种专款专用、单列发放学术研究补助的做法，一方面可以强化教师心中学术研究的地位，使每个教师都将学术研究作为自己的分内之事；另一方面便于增强高校学术研究气氛，最终是提高了学术研究在高校的地位。

二是教师薪酬向学术水平高的人倾斜。除了上述每位教师都有的专项研究补助级别高的教师补助更高外，有些学术水平高的教授还有其他补助来源。如中基会的研究补助。中基会的补助一是面向"研究教授"，有"研究教授"职衔的人不仅年薪比一般教师高，其年薪"自四千八百元至九千元不等，此外每一教授应有一千五百元以内之设备费"。这是 1930 年的标准。到 1944 年，中基会对在西南联大设立的 50 名讲座教授，每人每月给予研究补助金一万元[③]。二是对有著作发表的大学和研究机关的教授和研究员，中基会 1943 年审定发给"特别研究补助金"。此外，还有教育部的研究补助。如 1948 年，教育部为补助各大学

---

① 《教育部设置部聘教授办法》（1941 年 6 月 3 日行政院通过），载教育部编《教育法令》，中华书局 1947 年版，第 158 页。

② 《国立专科以上学校教员支给学术研究补助费暂行办法》（1943 年），载宋恩荣、章威编《中华民国教育法规选编（1912—1949）》，江苏教育出版社 2010 年版，第 427 页。

③ 王学珍、郭建荣主编：《北京大学史料》（第三卷 1337—1945），北京大学出版社 2000 年版，第 360—362 页。

研究所的指导教授及研究生，颁布了《大学研究所特种研究补助办法》①。

这种强调学术水平的教师评价标准在现在看来是平常之事，但是在刚刚经历了清末"官师合一"，教师即学官，教师即官僚的民国时期，这种对学术的强调是对高校衙门气、官僚气的一个很大纠偏和抵制。

5. 教师发展上强调提升学术水平

民国时期注重教师发展的重要举措之一是实行学术休假。教育部1917年《国立大学职员任用及薪俸规程令》第十三条规定："凡校长、学长、教授每连续任职五年以上，得赴外国考查一次，以一年为限，除仍支原薪外，并酌支往返川资。"1940年《大学及独立学院教员聘任待遇暂行规程》第十五条规定："教授连续在校服务七年成绩卓著，得离校考察或研究半年或一年。离校期内仍领原薪，但不得担任其他有给职务。"在各大学，如北京大学、清华大学等都可以看到有关学术休假的规定。一般的做法是教授、副教授在同一大学连续工作五年或七年可享受一年的带薪休假，休假地点可在国内也可在国外，休假需提交研究计划，在国外做研究的人可报销来回路费。也就是说学术休假完毕必须要有学术研究成果上报。很多人都享受过学术休假。如北大的沈尹默就谈道，"当时北大章程规定教授任满7年，可以出国进修一年。我在评议会提出要去法国，胡适反对，说国文教员不必去法国。我说去日本。评议会通过了。蒋梦麟不放，到1921年才答应月薪照发外，另给我40元一月，到日本去了一年"②。清华的冯友兰回忆："我在1933年暑假，又出国了。照清华的办法，教授任职满五年，可以申请出国休假一年，清华发给他相当于一个留学生的费用和来往路费。我于1928年到清华，到1933年满了五年，可以享受这个权利。"③

教师发展的另外一个举措是教员出国讲学或合作研究。教育部规定专科以上学校教员，应国外大学或学术机关之约出国讲学或研究，讲学人员资格是除了"任审查合格教授或副教授五年以上"，还要有"专门著述，

①　王学珍、郭建荣主编：《北京大学史料》（第四卷1946—1948），北京大学出版社2000年版，第583页。

②　沈尹默：《我和北大》，载钟叔河、朱纯编《过去的大学》，长江文艺出版社2005年版，第28—32页。

③　冯友兰：《冯友兰自述》，中国人民大学出版社2004年版，第86页。

在学术上有重要贡献者"①。

三　教育主权独立与"重洋轻中"

与清末相比，民国时期教育主权逐步独立。但是在高校人事中仍然表现出严重的"重洋轻中"现象，这表明民国时期学术发展并没有摆脱半殖民性和依附性的地位，学术没有真正的独立。

（一）教育主权逐步独立

晚清时期，政府腐败无能，对于外国教会在中国办的学校无力也不敢管，很多教会学校在国外注册，在人事管理上自成体系，不属政府管理，这种状况持续到民国。如金陵大学就在美国纽约立案，学生可同时得到纽约大学的文凭，可升入美国研究院。② 20 世纪 20 年代，中国民族主义高涨，在民众"收回教育权"的压力下，民国政府颁布政策，要求教会学校在中国注册，教会学校的校长要是中国人，至此，国家的教育主权在形式上才算是得到了独立和统一。但是民初还是有一段时期，民国外交部和教育部不能维持主权独立，并对外国的干涉要作出妥协与退让的。以蔡元培掌北大时对外国教员的解聘为例，"那时候各科都有几个外国教员，都是托中国驻外使馆或外国驻华使馆介绍的，学问未必都好……我们斟酌了一下，辞退几人，都按着合同上的条件办的"。就算是按合同办事，英国公使馆也出面干涉，这种干涉没有得逞，主要是蔡元培顶住了压力。"本校辞退克教员，系按照合同第九条办理，毫无不合。""有一英国教习竟要求英国驻华公使朱尔典来同我谈判，我不答应，朱尔典出去后，说：'蔡元培是不要做校长的了'，我也一笑置之。"③ 其实当时英国公使馆向中国外交部提出抗议，外交部和教育部曾多次来函，指责北大处置不当。外交部和教育部这种对外国干涉的让步说明：民国政府初建时期，由于中国当时国势赢弱，教育主权并没有得到完全意义上的独立。

（二）"重洋轻中"现象依然存在

民国时期可以说是中国主动并虔诚向外国学习的时期之一。清末八国

---

① 《专科以上学校教员应约出国讲学或研究办法》（教育部公布，1945 年 11 月 15 日），载教育部编《教育法令》，中华书局 1947 年版，第 160 页。

② 陈裕光：《回忆金陵大学》，载钟叔河、朱纯编《过去的大学》，长江文艺出版社 2005 年版，第 3 页。

③ 高平叔编：《蔡元培全集》（6），中华书局 1984 年版，第 351 页。

联军的入侵，使一向以天朝自居的中国人意识到了自己的落后，开始了"师夷长技以制夷"的洋务运动。这场向外国学习的运动到民国时期发展到顶峰的表现就是"全盘西化"。"全盘西化"在高教领域表现得非常明显，不只是教会学校全部按照国外做法办学，就是一般的大学都盛行请洋教师、用洋教材，以英语为教学用语，并且连学校建筑都模仿外国，更甚的是体育用具、学校建筑材料等都全部从国外运来。如陈裕光回忆金陵大学1910年扩充校舍"全部工程由美国芝加哥一家公司设计承包，建筑材料除屋顶的琉璃瓦和基本土木外，都从国外进口"[①]。当时高校的"崇洋"从英语的重要地位也可以看出来。沈尹默回忆："当时教英文后来当预科学长的徐敬候，一开口就是我们西国如何。在教务会议上都讲英语，大家都跟着讲。一直到蔡（元培）长校，才有所改变。1928年女师大风潮，杨荫榆被赶，许寿裳去当校长，就职演说都用英语讲，听说是练习了几天几夜，上台去还是结结巴巴，好像不用英语，就不足以压服学生。五四运动后快十年了尚且如此。"[②] 另外，当时高校洋教师数量多，素质差的外国人也可以在中国的高校谋到教职，这也说明了中国高校崇洋的程度。对民国时期高校"洋化"的描述在某些老大学的校史及民国时期著名人物的回忆录中比比皆是，如茅盾就回忆："1913年考北大……教授以洋人居多。""教法文的人不懂英语，……听说这个人是法国退伍的兵，是法国驻京使馆硬荐给预科主任沈步洲的。"[③] 罗家伦也认为，"以前外国人到中国来教书的，大都以此为传教等项工作的副业，所以很是平庸，而无第一流的学者肯来讲学"[④]。当然，也有中国的有识之士对这种崇洋的风气极为不满，陈汉章就是其中之一。"陈汉章教本国历史，自编讲义，从先秦诸子讲起，把外国的声、光、化、电之学，考证为我先秦诸子中都有之，而先秦诸子中以墨子居多。……说他这样做，意在打破现今普遍的崇拜西

① 陈裕光：《回忆金陵大学》，载钟叔河、朱纯编《过去的大学》，长江文艺出版社2005年版，第33页。

② 沈尹默：《我和北大》，载钟叔河、朱纯编《过去的大学》，长江文艺出版社2005年版，第28—32页。

③ 茅盾：《报考北大前后》，载钟叔河、朱纯编《过去的大学》，长江文艺出版社2005年版，第44页。

④ 罗家伦：《蔡元培先生与北大》，载钟叔河、朱纯编《过去的大学》，长江文艺出版社2005年版，第48—54页。

洋妄自菲薄的颓风。他说代校长胡仁源（留美）就是这样的人物。"①

　　除了学习外国建立评议会、教授会、校务会议等组织，高校人事制度在教职员选聘、评价、晋升、薪酬上都表现出"重洋轻中"。主要的表现是重视洋文凭、轻视中国文凭，用今天的话说就是"重海龟，轻土鳖"。

　　以教职员选聘来说，当时挟国外大学文凭者不仅好找工作，有的在国外还没毕业就已经有国内大学来联系了，而且有的一回国就给以教授、副教授或校长、院长等职位，这是国内大学毕业的人所望尘莫及的。这种例子俯拾皆是。如傅斯年就在 1932 年先后发表《教育崩溃之原因》和《教育改革中几个具体事件》《改革高等教育中几个问题》等文章批评当时"刚从欧美或日本回国的留学生或外国大学毕业生，一回国就被聘为副教授或者教授乃至大学校长"的问题，并提出质疑"哪有刚在大学就学或刚读完大学课程的学生，就可充大学校长或教授之理"②。1941 年，《大公报》也发表《论留学政策与学术独立》，对当时"凭留学资格即可取得大学教授资格"的状况发表评论。

　　这种重洋轻中也体现在教师薪酬的高低上。民国时期高校在教师薪酬上表现出的崇洋与清末的高校又不一样。清末的高校一是教同样的科目，只要是洋人（不论学术水平高低），工资就比华人高；二是"西学科目"的教师比国学或"中学"的教师工资高，在所教科目上人为的分出高下，重西学轻中学。民国时期这种崇洋的程度略有减轻。以洋化程度很重的清华学校 1920 年的薪酬改革为例，当时清华薪酬改革的重点有二，一是降低美籍教员的待遇（美籍教员薪酬就算是降低了仍然比一般中国教师高），并同时强调美籍教员以学术水平分等定薪酬。规定美籍教员若有欧美著名大学博士学位或外国大学专任讲师之经历（这里暂且以高学历文凭和工作经验等同于学术水平的提升，其实这之间没有必然的联系），各可增加年薪 400 元；二是提升留学生待遇，即提升拿国外文凭的中国人待遇，"留学生的起薪，每三年加薪和最高薪级，都是国内大学毕业生的两倍"。对中国教师以是否留学生来分等定薪就是明显的重洋轻中。因为如果是学术水平决定薪酬，这次薪酬改革暗含两种假设，一是中国教师中留

　　① 茅盾：《报考北大前后》，载钟叔河、朱纯编《过去的大学》，长江文艺出版社 2005 年版，第 44 页。
　　② 欧阳哲生主编：《傅斯年全集》（第 5 卷），湖南教育出版社 2003 年版。

学生比未留学者学术水平高，所以薪酬高；二是同样学位的教师洋人比中国人水平高。

四　具有外部竞争性的教师薪酬

薪酬的竞争性分为外部竞争性与内部竞争性。以教师为例，如果他所得薪酬比其他行业和他大致相同学历、资历的人高，说明高校教师薪酬具有较强的外部竞争性；如果其所得薪酬比同行业和他大致相同学历、资历的人高，则其薪酬具有较强的内部竞争性。

（一）传闻中的"贫困"教授

一般都认为民国时期高校教师薪酬较高。虽然各种版本、各种类型的传记、逸事中都提到民国时期那些著名的教师如何生活窘迫。这些事迹中最耳熟能详的就是那些著名学者们如何"贫贱不能移"的故事，主要是西南联大时期，如联大校长梅贻琦夫人卖"得胜糕"补贴家用，朱自清一年四季穿着那件赶马人穿的袍子，闻一多以给别人刻图章来赚取一点生活费用等，总而言之就是联大时期教授们大都贫困至极，很多知名学者都要靠做"有辱斯文"之事来求生存。这些事例按照各类人的回忆录来考证确实也基本属实。还有一类教授贫困的事迹发生在20世纪20年代国立八大高校联合索薪时期，如北大教授周作人回忆录中就提到当时他要"同时拉几架马车"，意思是同时在几个学校兼课，因为当时学校大多欠薪，同时在多个学校代课才能保证家用。但是这只是民国时期特殊的时间段内存在的问题。联大时期是由于战乱和物价飞涨造成社会大乱，整个社会都处于贫困状况；20世纪20年代则是因为军阀混战，政局不稳，教育经费不足造成各个高校处于停办的边缘。

（二）具有竞争性的教师薪酬

从整个民国时期与其他行业相比，并作今昔对比来看，民国高校教职员的待遇是很好的。

1. 与国外大学相比

民国时期高校教师薪酬跟国外大学大致不相上下。民国时期的留学生大多学成归国，这一方面是因为当时民族处于危亡时期，中国人血统中流传的"天下兴亡、匹夫有责"的民族精神，使大部分中国留学生要报效祖国，因而回国；还有一个很重要的原因是，当时留学生在国内大都能找到比国外待遇不差的工作。如将20世纪30年代中国大学的助教收入和当时中国留学生在美国哈佛大学进修收入相比，两者基本持平。按照当时《国立京师大学校职员薪俸规程》的规定，当时大学第一级助教月收入可达 120 圆。而 1938 年 7 月周一良在给北平谭其骧的信中说："持宇（邓嗣禹，1937 年赴美国）最后为外人治清史，年酬 600 圆，兼领哈佛燕京资金 500 圆，尚须为《亚洲学报》任译事，年得 250 圆，生活当无可虑。"①从周一良信中可以算出，邓嗣禹一年收入共 1350 圆，平均每月还不到 120 圆，这说明他在美国的收入还没有在中国大学当教师高。

2. 与国内同时期其他行业相比

与国内同时期其他行业相比，民国时期高校教师薪酬极具竞争性。这在很多文献中都可以看到。1918 年，按照北大《修正讲师支薪规则》，讲师每小时本科 5 元，预科 4 元。据当时的一项社会调查，北京工人家庭中，男主人月均收入 9.8 元，妻子、子女月均收入 5.2 元。②也就是说，北大讲师 2 个小时的代课收入能相当于当时一个男性工人的月收入。靳希斌的研究表示：与其他行业相比，高校教师待遇是很好的。他的论据是高校教师最高工资与开滦煤矿矿工最高工资，在"1927 年这个比例是 47:1，1940 年是 10.7:1，1935 年没有这个数据对比，但是 1935 年，清华大学教师最高工资是工人最高工资的 10 倍"。总的来说，与其他行业相比，高校教师薪酬是极有竞争性的，而这种竞争性在 1927 年左右最明显。③高校教师薪酬高在名人的书信往来中也可以找到佐证，如胡适刚归国时，在给其母亲的信中就谈到他对薪酬极为满意。从曾任北大代理校长的李书华的回忆录中可以看到当时教职员对薪酬是比较满意的。他的描绘更细致——20 世纪 20 年代"北京生活便宜，一个小家庭的费用，每月大洋几十元就可以维持。如每月用一百元，就是很好的生活"。因为当时的 100 元可以做很多事情，"可以租一所四合院的房子，约有房屋二十余间，租金每月不过二三十元，每间房平均每月租金约大洋一元。可以雇一个厨子、一个男仆或女仆，一个人力车的车夫；每日饭菜钱在一元之内，便可以吃的很好。"④而按照 1927 年《大学教员资格条例》所附大学教员薪俸

---

① 陈明远：《文化人的经济生活》，陕西人民出版社 2010 年版，第 145 页。

② 陈平原编：《北大旧事》，生活·读书·新知三联书店 1998 年版，第 99 页。

③ 参见《大学教师与工人收入对比》，载靳希斌《从滞后到超前：20 世纪人力资本学说·教育经济学》，山东教育出版社 1995 年版，第 455 页。

④ 陈平原编：《北大旧事》，生活·读书·新知三联书店 1998 年版，第 99 页。

表来看，当时的月薪是教授 400—600 元，副教授 260—400 元，讲师 160—260 元，助教 100—160 元，如按照李书华所说的 100 元标准，助教都可以过很好的生活了。

3. 从今昔对比中也可以看到民国时期高校教师薪酬的优厚

就以上述李书华的回忆中论及的图景，当时的教授们凭一个人的收入就不仅可以养活全家，还可以雇厨子、车夫、男女仆人，这在今天是不可想象的。

高校教师薪酬优厚的原因与当时的国情有关。民国时期国力衰败，"教育救国"的观念深入人心，整个社会有一种重视教育的气氛。当时的一些政府官员也很重视教育，如曾任教育总长的陆一麟就上呈当时的大总统要优待教员，因为"一国学术之进步必优待教员之地位，而其道始尊"①。并为了让那些"目前东西各国游学毕业专科"的人安心教书，不要想去做官，提出要让"其所得当不弱于官吏，无庸别筹生计"，这也是考虑到了教师薪酬的外部竞争性，以提高教师待遇来防止教师流失。

五　教职员的自由流动

教职员的自由流动在这里作为一个问题被单独提出来，主要是基于现在高校教职员流动难。民国时期高校教职员流动性很强，一个教师先后在四五所高校工作过是常事。如鲁迅就曾先后在北京大学、厦门大学、中山大学任教。原齐鲁大学校长刘世传的女儿回忆父亲在东北大学任教，因为与张学良的亲信闹得不愉快想离开东北大学，消息一传出去，马上就有七所大学发来聘书。②教职员流动性强一是因为民国时期高校教职员都采用聘任制、合同化管理，教师与校方签订合同，合同到期就可以自由来去；二是民国时期人才缺乏，高校许多专业的用人都有很大缺口，教师处于卖方市场。

六　对民国时期高校人事制度的总体评价

毋庸置疑，民国时期是中国高校各项制度的奠基时期。高校各项制度

---

① 《大总统关于官吏不得兼充学校校长及限制兼任教员办法批令》（1915 年 12 月）委字一百二十五号，北洋政府财政部档案，载中国第二历史档案馆编《中华民国史档案资料汇编·第三辑·教育》，江苏古籍出版社 1991 年版，第 73—74 页。

② 刘贞模：《我的父亲：原齐鲁大学校长刘世传》，《蓬莱文史资料》2010 年第 3 期。

在民国逐步与世界大学接轨并正规化。这种接轨与正规化有两个表现：一是学校组织机构如评议会、教授会、教务处、总务处等基本定型；二是关于高校教师管理的一系列制度如教职员名称、教职员学术等级、教员任用、评价、晋升、薪酬、福利等各项制度基本完备。当然，伴随着这种接轨与正规化的是中国高校对外国的借鉴和模仿，可以说，中国高校各项人事制度的建立是与向国外的学习同步进行的。民国时期高校借鉴模仿的对象主要是欧美，除了学校科类设置、学制等向西方学习外，人事制度也有很多借鉴，如大学院区制改革主要是学习法国，评议会、教授会等机构设置主要是学习德国，校务会议、董事会制度则主要是学习美国，这些都使中国高校人事制度深深打上了德国、美国印记。总之，民国时期，高校人事制度初步定型。

（一）学校组织机构基本定型

民国时期基本上确立了中国高校的组织框架，如高校的校、院、系三级组织，校务会议、教授会、行政会议、教务会议、系务会议、学术委员会、教务处、总务处、私立学校的董事会组织等一直延续至今。

（二）关于教师管理的一系列制度基本正规化

1. 高校教职员名称、教师学术等级现代化

民国时期教职员职级、名称逐步现代化。1912年1月民国成立后，教育部颁布《普通教育暂行办法》，规定学堂一律改称学校，监督及堂长一律改称校长。蔡元培主掌教育部时将京师大学堂总监督改称大学校校长、分科大学监督改称分科大学学长。后来教务提调、庶务提调又改称教务长、总务长，学长改称院长、系主任，教习改称教员。高校职员的含义也发生了变化。以前职员统指教职员。如1917年、1927年的法规中规定高校职员是"校长、学长、正教授、预科教授、助教、讲师、外国教员、图书馆主任、庶务主任、校医、事务员"（1917年《国立大学职员任用及薪俸规程令》[①]和1927年《国立京师大学校职员薪俸规程》第一条）。后来，教员逐步从职员中分离出来，职员范围缩小，专指行政人员。

高校教师学术职称的名称与等级逐步走向正规和统一（见图1—6）。

---

①　北洋政府教育部档案，载中国第二历史档案馆编《中华民国史档案资料汇编·第三辑·教育》，江苏古籍出版社1991年版，第165—167页。

这个正规统一的界限基本上可认为是 1927 年的《大学教员资格条例》①，该条例规定高校教师分为"教授、副教授、讲师、助教"四等。1927 年之前的各项法令所规定的大学教师学术等级各不相同，教师的学术职称也没有统一。以讲师为例，在 1912 年是指各大学的"兼任教师"，强调的是教师的非专任身份，不是指一个学术职级。这也是鲁迅等学术大家当时在北京大学身份只是"讲师"的原因，因为他当时是教育部佥事，按照当时的规定，他只能在大学做兼任教师。1927 年之后，讲师才成为正式的学术职级，成为一个在教授、副教授之后的学术等级。这种教师学术职级分为四等的做法也沿用至今。

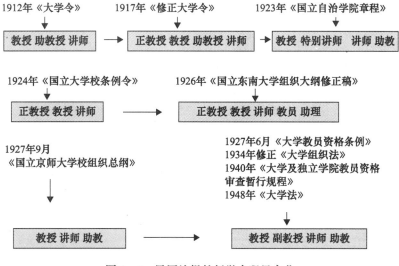

图 1—6 民国法规教师学术职级变化

2. 高校教职员资格、晋升逐步形成制度

如表 1—15 所示，高校各级教员资格在民国时期已经大致从学历、资历、工作经历、学术研究成果等作了详细的规定，这也为迄今为止的中国高校教师选聘标准制定了基本框架。

总的来说，与清末相比，教师延聘的标准从含糊的"相当之人"到

---

① 也有学者论证 1926 年广州国民政府颁布的《国民政府对于大学教授资格条例之规定》，应该被视作近代中国国立大学教师评履机制迈向近代化的一个起点，同时也是近代中国大学教师聘任政策形成之标志。这里不作讨论。

到严明资格要求。从表1—15中可以看出，一是对教员资格的要求越来越规范。将1913年与1927年、1940年相对比，在1913年，对私立大学教员的要求或是学历，或是著作，有其一就可。并在难得合适人选时，只要是"相当之人"都可以充教员。且当时教员没有分出资格等次，如教授、副教授等。到1927年直至1940年，就对各等次的教员（助教、讲师、副教授、教授）分别从学历、工作经历、学术成果作了详细的规定，并对特别情况，如"没有学历而对国学有研究或对某学科有研究的人的资格等别"作了考虑。二是总的趋势是教师资格在学历和工作资历上要求越来越严格。与1940年对比，1927年对教师的学历、工作资历要求更简单，1927年的教师更容易获得高的职称。从学历来看，以博士学位为例，在1927年，有博士学位就能做副教授，而在1940年，则有博士学位的人有可能只能从讲师做起。工作年限上，在1927年，助教升讲师、讲师升副教授只要1年，副教授升教授要2年；在1940年，助教升讲师要4年，讲师升副教授、副教授升教授都要3—4年。没有学历而对国学有研究或对某学科有研究的人的资格等别决定，1927年，可以做助教、讲师（本校评议会就能决定）和副教授，到1940年，这类人可以做讲师、副教授和教授（副教授、教授必须经教育部学术审议委员会出席委员四分之三以上之表决通过）。三是对教师资格的考虑越来越周到细致。1940年纳入高校教师队伍的人范围更广。"曾在学术机关研究或服务人员"和"高级中学或其同等学校教员"都可以以一定的工作经历来评大学教师职称。同时，1940年，对曾经有教师职称的人，采用"老人老办法"，这就不仅考虑到了教师以前的职称，也注意到了与新规则"必须具备比现职务低一级的资格之一"的接轨。

表1—15   教员资格表

职务名称	资格	法律
私立大学教员	大学毕业；或有精深之著述经中央学会评定者；一时难得合格者时，得延聘相当之人充之	1913年教育部令第三号《私立大学规程令》① 第八条

---

① 北洋政府教育部档案，载中国第二历史档案馆编《中华民国史档案资料汇编·第三辑·教育》，江苏古籍出版社1991年版，第142页。

续表

职务名称	资格	法律
助教	国内外大学毕业，得有学士学位，且有相当成绩；或于国学上有研究者；（凡于学术有特别研究而无学位者，经大学之评议会议决，可充大学助教）	1927 年《大学教员资格条例》第三百一十一条
讲师	国内外大学毕业，得有硕士学位，且有相当成绩；或助教完满一年以上之教务，且有特别成绩者；或于国学上有贡献者（凡于学术有特别研究而无学位者，经大学之评议会议决，可充大学讲师）	
副教授	外国大学研究院研究若干年，得有博士学位，且有相当成绩者；或讲师满一年以上之教务，且有特别成绩者；或于国学上有特殊之贡献者	
教授	副教授完满二年以上之教务，且有特别成绩者	
助教	国内外大学毕业，得有学士学位且成绩优良者；或专科学校或同等学校毕业，曾在学术机关研究或服务二年以上且有成绩者	1940 年教育部公布《大学及独立学院教员资格审查暂行规程》① 第三百一十六条
讲师	一、在国内外或研究院所研究得有硕士或博士学位或同等学历证书且成绩优良者；二、任助教四年以上，且有成绩，并有专门著作者；三、曾任高级中学或其同等学校教员五年以上，对所授学科确有研究，并有专门著作者；四、对国学有特殊研究及专门著作者	
副教授	一、在国内外大学或研究院所研究得有博士学位或同等学历证书且成绩优良，并有有价值之著作者；二、任讲师三年以上且有成绩，并有专门著作者；三、具有讲师第一款资格继续研究或执行专门职业四年以上者，对所习学科有特殊成绩，在学术上有相当贡献者	
教授	一、任副教授三年以上且有成绩，并有重要之著作者；二、具有副教授第一款资格，继续研究或执行专科职业四年以上，有创作或发明，在学术上有重要贡献者。三、凡在学术上有特殊贡献而其资格不合于本规程第五条或第六条之规定者，经教育部学术审议委员会出席委员四分之三以上之表决，得任教授或副教授。前项表决用无记名投票法	

① 国民政府教育部档案，载中国第二历史档案馆编《中华民国史档案资料汇编·第五辑·第二编财经》，江苏古籍出版社 1991 年版，第 717 页。

职务名称	资格	法律
助教、讲师、副教授、教授、（考虑延续性，老人老办法）	本规则公布以前，曾任大学及独立学院教员者，其资格审查标准规定：一、具有副教授规定资格之一，曾任教授或同等级之教务一年以上者，得为教授；二、具有讲师规定资格之一，曾任副教授或同等级之教务一年以上者，得为副教授；三、具有助教规定资格之一，曾任讲师或同等级之教务一年以上者，得为讲师；四、曾任助教一年以上者，得为助教	1940 年教育部公布《大学及独立学院教员资格审查暂行规程》

3. 高校教职员薪酬、退休、抚恤等福利制度逐渐形成

民国时期，高校教职员逐步形成按照学术职级、工作年限划分的薪酬、退休、抚恤等制度。这也是迄今为止实施的高校薪酬及退休、抚恤等制度的蓝本。关于薪酬制度的法规主要有 1917 年《国立大学职员任用及薪俸规程令》①、1927 年《大学教员资格条例》② 和《国立京师大学校职员薪俸规程》③、1940 年《大学及独立学院教员聘任待遇暂行规程》四个法规。教师薪酬主要是先按职级分等（如教授、副教授、讲师、助教），再在同一职级里分出档次，如 1940 年教授分九级，助教、讲师、副教授都是七级制。关于退休制度的法规主要有 1917 年《国立大学职员任用及薪俸规程令》和 1944 年《学校教职员退休条例》④，退休待遇分一次性支付和按年支付，主要以每个人在职的工资数作为基准，并结合退休年龄（60 岁或 65 岁）、工龄和身体状况分别给予不同百分比的退休金额。1944 年还规定："已满 65 岁如尚堪任职务者，学校得依事实之需要，报请主管教育行政机关延长之。"关于抚恤的法规主要是 1944 年《学校教职员抚恤条例》⑤，教职员遗族抚恤分病故、因公死亡、正常死亡三类，分一次性抚恤和分年抚恤，主要考虑服务年资，并对抚恤的对象及抚恤金领受

---

① 宋恩荣、章威编：《中华民国教育法规选编（1912—1949）》，江苏教育出版社 2010 年版，第 165—167 页。

② 同上书，第 220 页。

③ 同上书，第 224 页。

④ 教育部编：《教育法令》，中华书局 1947 年版，第 64 页。

⑤ 宋恩荣、章威编：《中华民国教育法规选编（1912—1949）》，江苏教育出版社 2010 年版，第 709—711 页。

权的丧失做了规定。大学这种教职员死后对其遗族的抚恤可以追溯到闵希豪森时期的哥廷根大学，在哥廷根大学的创办时期，闵希豪森不仅努力提高教师待遇，甚至为教授的遗孀和遗孤发放抚恤金。① 这种对遗族的抚恤史料中可以看到很多，如李大钊去世后其夫人赵纫兰在丈夫死后五年向胡适写信求情，以延长和增加抚恤金②；徐志摩去世后，北大每月支付其遗孀陆小曼 250 元大洋生活费③。

4. 教职员专兼任制度初步形成

教职员的专任制度可以说是民国时期高校教职员管理制度正规化最重要的表现之一，是值得一书的。一是强调校长要"专任"。正如 1920 年第六次全国教育会联合会大会《关于任用校长注重相当资格家呈》④ 所说的"校长为一校之中枢，与学务之兴废，植材之良苀，胥有密切之关系。不独学识与经验并重，且须专司其事"。为此，1915 年《大总统关于官吏不得兼充学校校长及限制兼任教员办法批令》、1948 年《大学法》和《专科学校法》都强调"不管公立私立，大学、独立学院、专科学校的校长院长……不得兼任他职"。

二是强调教员"专任、兼任"要严格区分。首先是政府下文，1915 年《大总统关于官吏不得兼充学校校长及限制兼任教员办法批令》规定："教员向有专任、兼任之分，兼任教员系按钟点计算，所费较省，在校中为节约经费起见，亦具苦心。而一校之中，兼任多于专任，究非良法。"学科必需之教员遇缺乏时又不得不遴员兼任。1927 年《大学教员资格条例》《国立京师大学校职员薪俸规程》及 1940 年《大学及独立学院教员聘任待遇暂行规程》都规定"大学教员以专任为原则"，并规定专兼任教员的区分以是否达到每周授课时间"九时或十二时"，"授课钟点不足九时或十二时者，应按照讲师支薪"。规定教师在校外兼课最多不能超过四小时，在校内其他科部兼课最多不能超过八小时。这些规定也见之于各大学的规章制度中。许多知名校长如蔡元培、罗家伦等都在任期内推动了教师的专任化，有些学校还因为校长要求教师专任引起风潮，因为该项政策

① 贺国庆：《外国高等教育史》，人民教育出版社 2003 年版，第 137 页。

② 耿云志：《胡适年谱》，四川人民出版社 1989 年版，第 231 页。

③ 白吉庵：《胡适传》，红旗出版社 2009 年版，第 307 页。

④ 中国第二历史档案馆编：《中华民国史档案资料汇编·第三辑·教育》，江苏古籍出版社 1991 年版，第 715 页。

影响了某些教师的利益，教师就唆使学生反对校长。可以说，强调教师专任并建立起专任、兼任制度是民国时期高校教师管理中的一件大事。虽然教育部规定大学不得聘请行政、司法各官吏充当教员，但是由于当时"少数教员（指在高校兼课的官吏）所辖学科在国内几如凤毛麟角"，为学校之必需，所以很多大学还是要请官员兼课，如鲁迅是教育部佥事时在北大兼课。这样教育部只能作出变通，准许少数"教授勤恳，生徒翕服及为学科所必需者"暂时兼课，"俟东西洋毕业回国之人足敷各科教员之选，再行停止（官吏兼课）"。并限制这些兼课的"行政、司法各官吏"必须"在办公时间之外"兼课，并要报"本管长官认可"和报教育部。①

三是高校职员除校长外一般都是教授兼任。这与民国时期提倡教授治校有关，一般教务长、总务长、系主任都是从教授中产生，由教授兼任。兼任行政职务的职员在教学时间和薪酬上都另有规定。如1940年《大学及独立学院教员聘任待遇暂行规程》规定："担任行政事务……经学校允许，得酌量减少授课时间。"1927年《国立京师大学校职员薪俸规程》第十、十一条规定，"教授兼任系主任者，得加给四十元以内之津贴。助教及事务员兼任课主任者，得加二十元之津贴"。

5. 教师奖励、聘任、审查都形成制度

1916年《教育部公布奖章条例呈》②、1940年《大学及独立学院教员聘任待遇暂行规程》③《大学及独立学院教员资格审查暂行规程施行细则》④《教员服务奖励规则》⑤等法规的颁布表示民国时期教师的奖励制度逐渐规范。教师聘任从每年送聘书或送一次聘书（基本上是无限期聘任）或"请教授、去教授全不以理由，不合学生或校长之意即可去之"，到规定"在教员聘约有效期间，除违反聘约之规定外，非有重大事故经呈准教育部者，学校不得解除教员之聘约"。这些表明教师聘任制度也建

---

　　① 《大总统关于官吏不得兼充学校校长及限制兼任教员办法批令》（1915年12月）委字一百二十五号，北洋政府财政部档案，载中国第二历史档案馆编《中华民国史档案资料汇编·第三辑·教育》，江苏古籍出版社1991年版，第73—74页。

　　② 北洋政府教育部档案，载中国第二历史档案馆编《中华民国史档案资料汇编·第三辑·教育》，江苏古籍出版社1991年版，第77—78页。

　　③ 宋恩荣、章咸编：《中华民国教育法规选编（1912—1949）》，江苏教育出版社2010年版，第691页。

　　④ 同上书，第705页。

　　⑤ 同上书，第689页。

立起来了。[①] 教员全由教育部审查表示政府对高校教师控制加强。

总而言之，民国时期是中国高校人事制度的奠基时期，高校人事制度的大多数制度都能在民国时期找到起点，高校人事制度的基本框架在民国时期已经建立。

第三节　新中国高校人事制度（1949 年至今）

20 世纪上半叶，现代大学人事制度得以建立和基本定型。20 世纪下半叶新中国的成立，伴随意识形态和社会政治的激烈变动，教育制度一再重建，教育政策不断调整，人事制度的变化也提供了一个相当特殊的个案。

与民国时期相比，新中国高校人事制度呈现出完全不同的特点。民国时期高校人事制度中的许多制度如教师的学术分级、按学术分级对应相应的工资级别、校务委员会及高校大致的组织架构（如校务委员会下设教务、总务、庶务三处）、退休抚恤制度等得到了继承，但是教授会、评议会等最具民国特色的制度被废除。随着人民民主政权的建立，新的政权对各项制度包括高校人事制度进行了重构。新中国成立后，中国高校人事制度的一个最大特点是高校人事制度属于事业单位人事制度系统。

新中国高校人事制度以 1985 年为界表现出明显的时间分界。在 1985 年改革之前，体现出鲜明的计划性、集权性、固定管理、身份管理等特点。1985 年改革之后，上述特点都呈现出一定的变化。如计划管理向弹性管理过渡、集权向分权过渡、固定管理向灵活管理过渡，身份管理向岗位管理过渡等。本节以 1985 年为一个大致分界，来论述新中国高校人事制度的特点。

一　1949 年到 1985 年的高校人事制度

新中国成立后，新成立的人民政府对旧式高等教育进行了接管和公立化改造，高等学校全部变成公立，并同时成为新中国的事业单位。在对旧式高等学校进行接管改造的同时，民国时期模仿西方而建立的大学人事制

---

① 宋恩荣、章威编：《中华民国教育法规选编（1912—1949）》，江苏教育出版社 2010 年版，第 691 页。

度如校务委员会、教师职称等级制度等也延续下来。但在 1952 年政府提倡"以俄为师"之后，高等学校成为中国共产党进行意识形态斗争的场所，高校的评议会、教授会等反映"资产阶级意识形态"的民主议事机构也不再存在。由于高校在国家各类机构中的定位就是事业单位，从此高校按照事业单位的人事制度来进行管理，也就是说，此时的高等学校没有自身特色明显的人事制度，与文化、卫生等其他事业单位共享同一种类的人事制度。与新中国的其他事业单位一样，高校人事制度在此期间表现出明显的集权、计划、固定、统一、政治性强等特点。

(一) 集权

高校人事的集权管理指高校人事一切权力，包括人权、财权，编制权集中于上。中国高校人事制度的集权，有三层意思：一是中央地方的权力划分，是国家集权还是地方分权，虽然权力几度收放，且一再强调"统一领导、分级管理"，但是到 1985 年时的基本格局还是"条条""块块"并存，且高等学校的重点力量即办学水平高的大学都在"条条"管理中，以条条为主，权力基本集中于中央。有研究者指出中国高校中央集权、部门办学制度是受苏联影响，也有研究者认为不完全是苏联影响的原因，只能说苏联做法与中国旧体制中的集权及部门办学有暗合之处，这是中国采用苏联做法的主要原因。二是教育行政部门与高校的权力划分，权力集中于教育行政管理部门，高校办学自主权小。从 1953 年政务院颁布的《关于修订高等学校领导关系的决定》中对高等教育部的权力规定可以看出，办学权力完全集中于上，该文件规定高等教育部"对高等学校的教学工作实行统一集中领导"，并规定高等教育部"颁发的有关全国高等学校人事制度……全国高等学校均应执行"。三是学校内部的权力划分。学校权力集中于校级职能部门，院系等基层权力小。这种权力划分与高等学校"底部沉重"的组织属性不符。院、系的责、权、利关系不对等，权力小而责任大。

1985 年之前高校集权管理的一个重要特点是通过党和政府发布的各项政策而不是运用法律法规来规范全国高校的工作。这与民国时期及世界其他国家的一般做法不一样，是极具新中国特色的。

(二) 计划

与计划经济相适应，高等学校的人事制度也具有明显的计划性。作为"计划经济最后一个堡垒"的高校，从国家规划学校发展的计划，如 20

世纪 60 年代的"重点大学"计划到当今的"985 工程""211 工程",到重点学科、重点实验室、精品课程计划等,国家的计划无处不在。

计划在高校人事上的一般体现为数量计划,如各高校教职工总量计划(表现为编制名额或预算总额)、教职工各级职称比例、各学科梯队中各类人员的比例,工资调整晋升面的比例额度(按职工人数的某一个百分比定晋升人数)、职称晋升规定的比例,各级、各类学校教师学历比例(如教师中博士比例)、奖励(从国家大的奖项报奖到学校评先进等)、教师发展(如教师出国进修做访问学者)等,所有这些都由上级部门规定。

这些各种各样的数量计划中最重要的是各高校的教职工编制总数。教职工编制总数是各高校其他数量计划如预算总额等的基础。而教职工编制的基础又是各个高校的学生数。以校级领导配备为例,国家教委 1987 年《关于高等学校各级领导干部任免的实施办法》规定:"高等学校党委正副书记和正副校长的职数一般为 5 至 7 人(正副书记 2 至 3 人,正副校长 3 至 4 人),在校学生不满 3000 人的一般不超过 5 人,学生在 10000 人左右的为 9 人,学生达 15000 人的可配备 10 人。"教职工的定编标准与此类似,区别是一般用"师生比"来计算。这种计划不仅表现在对校级领导现任成员的配备上,就是对后续的发展也做好了计划,如在配备高等学校领导班子时,要注意班子成员的知识、性别、党派、年龄结构(见表 1—16)比例,使班子成员"能力、特长互补,专业、学科合理搭配",为保持政治上的团结还要选用"女干部和党外干部","领导班子的年龄形成梯次结构,以保持领导班子的相对稳定性、工作的连续性和新老干部顺利交替"。

表 1—16　　　　　　　高校校、处级领导配备标准

	知识结构(文化程度)	性别结构和党派结构	年龄结构
校级领导班子	大学毕业或具有大学文化程度的占 80% 以上,教授副教授职称占 1/3 左右	要注意选拔符合四化条件的妇女干部和非党干部	校级领导平均年龄 55 岁左右,年龄 50 岁以下的应占 1/3 左右。3—5 名 40—50 岁的优秀中青年干部列入校院级领导干部的后备名单

	知识结构（文化程度）	性别结构和党派结构	年龄结构
处系领导班子	绝大多数应大学毕业或具有大学文化程度，教学科研部门领导和系主任应具有教授、副教授职称		平均年龄50岁左右，45岁以下的应占1/3

资料来源：根据1983年3月20日中宣发文〔1983〕16号（83）教党字046号《关于高等学校领导班子调整工作的几点意见》整理。

（三）固定

高校人事的固定管理是与将高校作为一种事业单位和将高校教职工分成各类身份（干部、工人等）进行管理联系在一起的。

管理上的固定一是各高校之间人员基本不流动，各高校教职工基本上固定在一个高校内部。在1985年之前，这种从开始上班直至退休都在同一个高校工作的情况是常规，除了解决两地分居或工作有特殊需要很少有人会换单位。

二是高校内部各类人员身份固定的。这种人员身份固定的一个表现就是不同类（干部类、工人类）人员一旦拥有某种身份基本上终身拥有。按照国家的政策，有一定学历的人基本上都是干部，学历低或参加工作时非学生毕业或部队军人转业的人大都是工人。高校的教师、行政干部基本属于干部身份，后勤及校办产业的很多人是工人。干部基本上一直是干部，几乎不可能变成工人身份；工人除非碰到特殊情况争取到了很少的转干指标（名聘用干部，曾经一度这种聘用干部指标可以交一定数额的金钱来买到），一般基本上终身都是工人。工人又分大集体工人、全民所有制工人等，相对于全民所有制工人，大集体工人地位又低一些。曾有某高校骨干数学教师就要求学校将其配偶由大集体工人转为全民所有制聘用干部，否则就要调到另一学校，因为另一个学校能解决他配偶转为聘用干部的问题。为挽留该教师，学校1993年就函报省人事厅干部录用处，申请特批该骨干数学教师配偶为全民所有制聘用干部。[①] 在这个骨干教师对学校提的要求中，其配偶实行了两个转变，由大集体变为全民所有，由工人变为聘用干

_____

① 这是笔者访谈的一所大学档案馆的档案。

部。这样划分的干部、工人各有一个晋升系统，互不交叉，互相平行，有一个大致的对应，如某档次的工人相当于某档次的干部，但是一般来说，大致相同档次的工人和干部比起来，在地位和工资标准上都略逊一筹。如工人的晋升阶梯是初级工、中级工、高级工循次晋升，但是同为初级、中级职称，初级工、中级工和助教、讲师比起来，工资级别低些，而且工人要晋升到相同的初级、中级职称，有可能比教师晋升助教、讲师要求更高的年资等。也就是说，工人晋升同等级别的职称要比教师更难，薪水还低。同时，很少有人初级职称是初级工，而中级职称是讲师的，这两个系列基本上不交叉。其次同类身份的人又按照各自的职业和专业划分不同的晋升系列，这些系列之间也不交叉。如同属干部身份的高校教师和高校财务处会计，高校教师按助教、讲师、副教授、教授阶梯晋升，但是会计的晋升阶梯则是助理会计师、会计师等，助教和助理会计师都属于初级职称，而讲师对应会计师为中级，再上一级则是副高、高级职称的对应。

三是高校各类人员基本不能解聘，人员大致是固定的。高校内部人员虽然分类并固定管理，且有些在待遇上稍有差别，但是作为单位人，不管是国家干部还是工人，其政治地位是平等的，都是单位的主人，都"吃国家饭"，都有退休、劳保、医疗等各种待遇，只不过走的系列不一样。教师和职员基本上都是有正式编制的人。正式编制表示只要不犯重大过错，基本上不会下岗，并且工资由国家财政拨款。后勤人员大多是合同工，也有有正式编制的，合同工名义上是合同期内才是单位人员，实际上也是固定工，不会下岗，只是身份待遇与有正式编制的人稍有不同，都属于学校的正式人员，也不能解聘。

这种将人员按干部、工人身份类别及同类身份的人又按从事职业及专业来固定管理，并不是高校人事制度特有的，基本上是事业单位人事制度共有的特点。

（四）行政化

高校人事制度的"行政化"为大多数人所诟病，这个行政化的根子在新中国成立初期将高校定位为事业单位、将教职员定位为干部，以及高校各项制度按照"全国一盘棋"的原则来进行安排时就埋下了伏笔。

行政化的首要表现其实是政治化，主要是强调要坚持"党的领导"，这是中国特色的高校人事制度。即国家、地方教育行政主管部门、校、院、系都按照党委、行政双系列来并行配备，这种行政、党委的"双塔"

结构从上到下一以贯之。党委系统是共产党政治与学术的结合，是共产党直接进行学校管理，其重要的组织功能之一就是管理组织与人事工作。在计划经济时期、集权管理时代，"党管人才"发挥了"调动一切力量办大事"的特点，显示出了极大的优越性。但是这种"全国一盘棋"的安排没有考虑到高校学术组织的特殊性。这种政治性在人事制度上最重要的特点就是"党管干部"。人事权集中于党委，从中央到校级、院级、系级，"支部建在连上"，党委书记原则上都是一把手，负责各级人事上的管理。高校层面党委和校长之间的关系经过多次调整，党委领导与校长负责之间确立的是"党委领导下的校长负责制"。

新中国成立初期校长基本上都是党员干部，纯粹意义上的无党派学者充当校长的很少。政治化在高校微观管理中的表现就是一切都要强调政治方向正确，高扬的意识形态主题和政治目标经常是高校人事制度的主旋律。[①] 以高校校长的选拔为例，中宣部〔1983〕16 号文件《关于高等学校领导班子调整工作的几点意见》规定校级领导的遴选标准是"革命化、年轻化、知识化、专业化"，"革命化"的政治标准排第一。领导班子要"又红又专"即"政治上、业务上强有力"。并规定"有派性不改，投机取巧，政治品质不好，资产阶级自由化倾向严重，又无认真自我批评的人不能重用"。这种"又红又专"，并强调"红"前"专"后的用人标准是当时全国人事的用人标准，作为高等院校的教职员工也不例外，如教师评价、晋升、教职工考核等第一条就强调要政治方向正确。学术评价政治化就是强调政治正确的一个突出表现。教职工薪酬分配也受到政治影响，表现是"文化大革命"时期，把"阶级斗争为纲"贯彻到分配领域，按阶级路线分配、按政治形态分配。奖励制度被停止实行，强调政治挂帅，将奖金改为附加工资。在以上所有有关教职工的管理中，教职工的政治表现都被当作第一要考虑的问题，实行政治表现一票否决制。高校教职工退休也和其他社会行业一样，分离休和退休，在新中国成立（1949 年 10 月 1 日）前参加革命工作的教职工按离休计算，离休的人意味着比退休人员有更好的待遇，更好的保障。

政治性在人事制度中表现很多，其中最突出的是高校人事的各项制度

---

① 崔杰、张鸣铎、刘剑红：《我国高校教师职务评聘制度的历史沿革》，《师资培训研究》1999 年第 1 期（总第 23 期）。

都按照党和政府的有关政策来执行。中国教育最为重要的几次转变都是在中共中央的政策指引下完成的，如 1985 年《中共中央关于教育体制改革的决定》就是其中重要的一个文件。

行政化的第二个表现是高校作为学术组织，被赋予了一定的级别，相应的其校长、书记、校、院、系的管理人员都对应一定的行政级别，并且每一级别的管理人员其任免部门不一样（见表 1—17）。并规定高校有行政级别的人员可以与行政系统交流，这使得高校与整个国家的行政系统进行了对接，高校行政系统成为国家行政权力在高校的延伸，国家的行政权力能够渗透到高校的最基层。所以有些书记、校长就是纯粹的政府官员，有任期，也有品级，以前高校校长是副厅和厅级，后来出现副部级校长。

行政化最为严重的是，高校的各种学术职称，教授、副教授等都被大家认为是对应处级、副处级的一个称谓。

表 1—17　　　　　　　　　高校校、处级领导任免部门

职务	任免部门
高等学校党委正副书记和正副校长	按干部管理权限由学校干部主管部门审批或报中央、国务院审批，并送国家教委备案
党的纪律检查委员会的书记（专职）、研究生院院长（一般由校长或副校长兼任）	由学校报主管部门审批
研究生院副院长、秘书长或教务长、总务长、校长助理、党委组织部长、人事处处长、财务处处长、审计处（室）处长（主任）、总会计师	由学校征得主管部门同意后决定，并报主管部门备案
纪律检查委员会副书记（相当校党委部长一级）	由学校任免，报主管部门备案
院长（一般是教授或副教授）、正副处（部）长、系主任（所长）和党总支正副书记	由学校决定

资料来源：根据国家教委 1987 年 3 月 17 日〔87〕教干字 005 号文《关于高等学校各级领导干部任免的实施办法》整理。

与上面的制度安排相对应，教育行政部门与高校、高校与教职工之间的关系就成了一种行政关系。教师任命、晋升上体现了这种关系。当时普遍实行的大中专毕业生分配制度也适用于高校，高校的新教师由国家统一

分配。高校教师本应该是一个强调学术水平，并有严格准入制度的行业，但是在行政任命时代，并没有严格按学术水平来选拔教师，教师的任命由一些行政领导说了算。如 1954—1956 年由于职称与工资紧密联系，因此技术职务有严格的数量限制，一般由干部部门考核，行政领导或党委任命，校务委员会（由校长、副校长、党委书记、教务长、总务长、系主任、若干教授和其他必要人员组成）对教师职务的任命发挥着关键性的作用。是比较典型的技术职务任命制，和行政职务任命制相类似。教职工的级别、工资都与行政接轨，教师薪酬也与行政系列相对应，并以行政工资为参照。教职工奖惩也表现出这种行政化的性质。例如教职工犯错，教职工是中共党员的首先党内警告或处分，不是党员的也按行政警告、记过、记大过、开除公职等行政管理方式来处理。① 同样，高校的各种资源都以行政方式而不以学术逻辑来分配。

（五）低水平上的全能福利与平均分配

自新中国成立到 1985 年，高校薪酬制度的特点之一是全能福利，即国家的福利政策涉及范围广泛，基本上"从摇篮到坟墓"，总之，职工生活上涉及的方方面面，从吃到住，从生到病到死，全部由国家统管并统一分配。以新中国成立初期实施的供给制为例，自新中国成立到 1952 年，学校中大部分人员实行供给制。所谓供给制就是一种根据当时国家财政经济状况和个人生活必需，对工作人员免费供给生活必需品的一种分配制度。② 供给制主要分为三等，大、中、小灶，分灶的标准是职务级别和参加革命的年限，即职级和年资。这个时候的高等学校跟任何国家机关组织一样享受同样的待遇。高校适用的政策是政务院先后于 1950 年 6 月和 9月颁发的《关于各级人民政府供给制工作人员小、中灶伙食待遇标准的规定》《全国各级人民政府 1950 年度暂行供给标准》。实施供给制是战时根据地政策的延续，有浓厚的共产主义情怀，是低水平上的"按需分配"。这种供给制政策对日后国家的工资、福利政策有深远的影响。之后实施统一的货币工资政策，教职员工资中的书报费、烤火费、降温费、肉食补贴、粮贴就是这种国家无微不至关心的反映。

高校薪酬制度的另一个特点是平均分配。也就是通俗意义上的"吃

---

① 笔者在一所大学档案馆查到的档案资料。

② 曾湘泉、赵立军：《我国高校工资制度的历史沿革》，《中国高教研究》2004 年（增刊）。

大锅饭"。1955 年 8 月国务院发布了《关于国家机关工作人员全部实行工资制和改行货币工资制的命令》。从此，高校工资从供给制、工资分制度变为实行货币工资标准，建立职务等级工资制。高校工资制度实行分类管理，行政、教学、教学辅助人员分别执行各自的工资标准①。这种工资制度的特点是标准统一、"一刀切管理"，虽然也考虑到地区差别及艰苦行业，但是同地区、行业的同职务级别、资历的人收入一样，没考虑到个体劳动差异，也没考虑到个体努力程度、工作投入及工作绩效。这种高校工资政策基本上 30 年未变，一直实施到 1985 年。这种工资或津贴的平均主义发放，使"品位分类""身份工资"的特征依然或多或少地留存在现行工资制度中。其间高校虽然也实行过奖励制度，但是奖金一直占高校教职工总收入的比例很低，而且覆盖面也很小，不能改变平均分配的基本格局。如 1958 年至 1965 年，高等学校中只是部分人员实行了奖励工资。1958 年和 1959 年实行年终发给职工跃进奖，但是马上又取消了。就是在引入绩效考核的工资制度改革探索阶段（1977—1984 年），按照 1979 年11 月财政部《关于文教科研卫生事业单位、行政机关"预算包干"试行办法》，高等学校全面实行增收节支奖，全年发放的奖金也一般控制在一个月基本工资以内，这是个很小的数额。

　　1985 年之前高校薪酬制度还有一个重要特点就是教师收入水平偏低。与其他行业相比，高校薪酬毫无竞争性，并且在 20 世纪 80 年代还一度出现"脑体倒挂"现象。主要的原因一是高校多年来缺乏正常的晋级增资机制，如与高校教师工资挂钩的职称制度一直时断时续，这使高校教师一直职称偏低，因此工资也偏低。如教师职务等级审定和晋升工作在1949—1953 年、1966—1976 年、1983—1985 年基本没有开展。并且在1957 年"反右"后，还降低了大学教师的起薪，由 62 元降为 56 元，这就更使高校教师职薪不符。在开展职称晋升的 1954—1957 年，当时高等教育部陆续发布的一些高校教师评聘的文件②，都是针对一部分人而不是对全体。这使有些轮到晋级的人，因为当时不给这部分人晋级又错过了时

---

　　① 李碧虹、谭诗如：《论大学教师薪酬制度的现状及优化》，《大学教育科学》2009 年第 2 期。

　　② 《关于教师升等及干部管理问题》（1954 年）、《高等学校教学研究指导组各级教师职责暂行规定》（1955 年）、《关于修订教师升等问题的补充通知》（1955 年）、《关于高等学校教师升等问题的几项补充通知》（1956 年）。

机。1977—1982 恢复职称晋升，但是又规定"由于国家经济困难"，职称不能与工资完全挂钩①。虽然 1977 年、1979 年两次为教师增加工资，但 20 世纪 80 年代初的调查显示，仍有 82.5％的教授、副教授，53.9％的讲师没有达到最低工资标准。二是高校一直作为事业单位管理，高校教职工薪酬参照行政系列，作为非营利性部门，固定的工资收入一直是高校教师收入的主体，就算是实行奖励制度，奖金也一直低于生产企业。

二　1985 年之后的高校人事制度

1985 年《中共中央关于教育体制改革的决定》拉开了高等教育改革的序幕，高校人事制度慢慢在变革之中呈现出新的特点。如管理体制由集权向分权过渡；教师由固定管理向流动过渡；薪酬从统一到弹性，从强调平等到强调差异；随着后勤社会化、退休、医疗社会化，高校的单位制度特点慢慢淡化；人事代理、职员制度的试点实行给高校的身份管理、行政化管理带来一些突破等。

（一）从集权到分权

回溯高校人事制度的发展，1985 年之后中国高校人事制度的整体趋势是分权。这种分权表现在三个方面：一是宏观人事管理，中央与地方教育行政两级管理、以地方为主的局面已基本形成。1985 年至 1998 年可以说是对这种分权做法的倡议阶段。期间中共中央、国务院陆续发了五个重要文件②，这些文件都强调国家教育行政权力要下放地方，"统一领导、分级管理"要强化分级，强调以地方为主。但是这基本上只能说是一种提倡，真正的实行还是在 20 世纪 90 年代。20 世纪 90 年代国务院机构改革，拆了中央部门的"庙"，中央部门办学体制即"条块分割"的"条条"管理才真正得以革除。国务院先后颁布了三个文件③，并以"共建、

---

① 《关于高等学校恢复和提升教师职务问题的请示报告》（1978 年）、《高等学校教师职责及考核的暂行规定》（1979 年）、《关于当前执行〈国务院关于高等学校教师职务名称及其确定与提升办法的暂行规定〉的实施意见》（1982 年）。

② 《中共中央关于教育体制改革的决定》（1985 年）、《高等教育管理职责暂行规定》（1986 年）、《关于加快改革和积极发展普通高等教育的意见》（1993 年）、《中国教育改革和发展纲要》（1993 年）、《关于深化高等教育体制改革的若干意见》（1995 年）。

③ 《关于调整撤并部门所属学校管理体制的决定》（1998 年）、《关于调整五个军工总公司所属学校管理体制的实施意见》（1999 年）、《关于进一步调整国务院部门（单位）所属学校管理体制和布局结构的决定》（1999 年）。

调整、合作、合并"八字方针为指导，对原机械、煤炭、冶金工业部、铁道部等部门，原兵器、航空、航天、船舶、核工业等五大军工总公司所属的院校进行了调整。并规定"专科高校设置审批权下放给省、自治区、直辖市人民政府，发展高等职业教育和大部分高等专科教育的权力以及责任交给省级人民政府"。调整之后的格局是：在全国 1018 所普通高等学校中，有 12% 的高校是中央部门管理，其余均以地方政府管理为主。至此，高校管理权的下放成为真正的现实。

二是政府与高校关系，高校在教师聘任、职称评审、薪酬分配上已基本自主。学校人事权已基本下放，国家只是总量控制，主要是控制人员编制总数、预算总额及各级职称总数等。如国家教委教职改办〔1998〕1 号文件，就规定了高校的正高、副高、中级人数。教师晋升、聘任、薪酬分配具体如何操作，这些权力都属于高校。以高校职称评审为例，以前教授、副教授评审是国家、省教育行政机关控制，后来国家教委连续颁布七个文件①将高校教师、实验、工程技术，图书资料，出版系列的高、中级职务任职资格评审权下放给学校，其中具有教授评审权的高等学校，1986 年下放 32 所，1988 年下放 48 所；具有副教授评审权的高等学校，1986 年下放 9 所，1988 年下放 60 所。卫生部卫人技发〔92〕142 号文件又将会计、卫生技术系列中级职务任职资格评审权下放给某些高校。随着高校教师聘任制、薪酬分配制度改革的实行，以及大中专毕业生国家停止分配工作，高校新教职工的聘任权、分配权基本上下放给了所有的高校。

三是高校内部人事权力逐渐转向院系，尤其是在研究型高校，新进教师的聘任权基本上掌握在院系而不是像以前由校级人事部门说了算。薪酬分配上高校也对各院系实行总量包干，许多学校院系在分配上也有了一定的自主权。这种高校内部的分权趋向，研究型高校比教学型高校更显著。

（二）从固定到流动

随着单位制度的逐渐松动和高校教师聘任制、人事代理等制度的实行，高校教职工逐渐从以前的固定管理变为慢慢实行流动。以前让教职工固定在一个单位的制度在改革中逐渐发生变化，如户口制度改革使城市户口逐渐失去了附加其上的利益，住房制度改革、养老、医疗社会化使单位

---

① 　这七个文件编号为教师管审字 032 号〔86〕，教职称字 006 号、050 号、100 号〔87〕，教职称字 003 号、034 号〔88〕。

与单位人之间的关系逐渐松绑，这为高校教职工自由流动提供了一定的条件。同时，随着高校毕业生与用人单位"双向选择制度"的实行，从1952年开始实行的大中专毕业生统一分配制度停止实施，这使高校教职工不再由上级任命；聘任制改革、人事代理等制度使高校新进人员实行合同管理，新进人员的流动管理完全成为了可能。聘任制改革改身份管理为岗位管理，尤其是某些高校实行"非升即走"的教师晋升政策，虽然在现实中该政策是人们所说的"雷声大、雨点小"，但是这种政策的试点也看出了之后高校发展的趋向，教师的流动管理可以说是必然趋势。

（三）从行政化到契约化

高校的行政化被公众认为是高校一切负功能的渊薮。行政化与政治化是有区别的。

自从温家宝总理提出高校要去行政化以来，高校的去行政化成为大家探讨的最热门的话题之一。实际上，高校的"去行政化"一直都在提倡与实行。如一再强调的调整政府与高校关系，要从政府转变管理方式入手，政府应由全能型政府向有限政府转变，政府对高校要从具体的管理变为宏观管理，从当"运动员"变为当"裁判员"，要将高校本来就应该拥有的办学自主权还给高校。总而言之，"去行政化"的目的就是使高校不再成为政府的一个下属行政机关，从而改变高校的国家行政机构属性和高校教师的国家干部身份，使政府与高校、高校与教师不再是行政依附关系而是平等人事主体，是一种契约关系。

与上述"去行政化"相呼应的就是高校教育职员制度改革试点和教师聘任制改革、后勤社会化改革。教育职员制度改革目的是要改变过去高校管理人员的国家官僚身份，使定位在管理上的高校行政部门人员不再与国家行政级别对接，变为定位在服务上的教育职员。教育职员不再具备行政级别，而是另定一套晋级制度。使高校教师与高校之间的行政隶属关系变为建立在合同上的平等契约关系。

近年来实行的高校内部管理体制改革，使高校教师评价、晋升、薪酬分配中对学术的考虑比重加大。虽然行政管理的色彩依然很浓，如教师评价有变为量化评价的危险，但是高校人事制度学术的色彩逐渐加深，"去行政化"成为改革的目标和方向。

（四）薪酬从统一到弹性，从平均分配到绩效分配

高校薪酬制度改革可以说是高校人事制度改革中真正具有实质性的改

革之一。1985 年之后的高校内部人事制度改革，社会反响最大的就是聘任制和薪酬制度改革，薪酬制度改革又比聘任制改革幅度更大，对高校教职工生活影响更深，也是高校整个人事制度改革中最具有高等学校特点的一项改革。高校薪酬制度改革在 1985 年和 1993 年国家两次工资制度改革中，都是按照事业单位工资制度改革进行的，并没有照顾高校自身的特色，转折点是 1995 年和 1999 年国家教委两个关于高等学校分配制度改革文件的实行①，高校以岗位津贴为标志的分配改革开始启动。因为实行岗位津贴制度，以及"要将教职工的工资收入与岗位职责、工作业绩、实际贡献以及知识、技术、成果转化中产生的社会效益和经济效益等直接挂钩，向优秀人才和关键岗位倾斜"②，高校建立了具有自身特点的收入体系。并且由于实行了岗位津贴和课时、科研酬金制度，高校教职工收入水平与其他行业相比大为上升，高校教职工成为高收入群体。同时，由于"效率优先，兼顾公平"原则的实行，高校教师之间工资收入差别加剧，如工科与文科教师的收入比已远远超过了国外三倍的水平。这种薪酬改革在提高教师收入、强调工作绩效的同时，也因为它的来源多样化遭受到社会各界对"教师工资"是"计件"工资、薪酬改革使教师"物化"的批评。但总的来说，薪酬改革使高校教师社会地位大为上升，这与"知识社会""尊重知识、尊重人才"的价值取向是一致的，是值得肯定的。

（五）人才计划盛行

综观高校人事制度的发展进程，虽然改革是高校人事制度的主旋律，但是高校人事制度的计划性几乎没有什么改变，还有变本加厉之意。所以很多人说"高校是计划经济最后一个堡垒"。计划在高校人事上的最新体现就是各种各样的人才计划和工程，如国家级的"长江学者和创新团队计划""百千万人才工程""新世纪优秀人才计划"等，以及各地方及各高校五花八门的如"楚天学者计划""芙蓉学者计划"等，这些人才计划的实质就是国家计划性的重点扶持、培养和资助一部分学者，使之成为学科领军人物或该学科骨干。可以说，各种各样的人才计划几乎将高校各类、各层次、各个年龄段的优秀教师和研究人员囊括进去，使这些人成为

---

① 教人〔1995〕30 号《国家教委直属高等学校工资总额动态包干管理暂行办法》、教人〔1999〕16 号《关于当前深化高等学校人事分配制度改革的若干意见》。

② 《〈关于深化高等学校人事制度改革的实施意见〉的通知》人发〔2000〕59 号。

国家整个科研计划的一部分。以"百千万人才工程"为例，首先是主管部门（省人事厅或国家教委人事厅）制定一个总的名额指标，然后，主管部门又按照一定的标准给各高校一定的指标，各高校再按分得的名额指标数上报。如某校 1996 年"省百千万人才工程"获得省人事厅分给的 20 个名额，同年"国家级百千万人才工程"国家教委人事厅分给 4 个名额，① 也就是说，各学校有几个人入选各个"工程"都是上级主管部门规定好了的，各高校只是按照上级的要求办事就行了，能有几个人做"人才"是上级主管部门决定的。学校各种各样的计划、工程的操作方式都与此类似。从这个意义上说，人事制度上的计划性和集权性是统一在一起的，计划成功的先决条件是权力集中，只有集中的权力才能制定全国各高校都实行的计划，也才能让计划落实到位。在各种各样强有力的计划中，大学自主发展空间很小，高校还是只能作为上级计划的落实、执行机关，校长也只是教育行政机关在高校派出的权力代行者。伴随计划管理的一个重要特点就是标准"划一"，导向单一，这也是中国高校"千校一面"的源头。但是从现阶段的发展趋势来看，这种计划发展毫无遏制的势头，所以，在未来中国，如何建立以自由竞争为原则的"非计划"是中国高校人事制度面对的一个问题。闫光才就曾以"人才不是计划出来的"为题发文呼吁，"建立自由竞争的人才胜出制度"，可能更能达到出现更多"高层次人才"的目标。这就需要教育行政部门在计划制订上"不作为"，以"无为"政策来达到"有为"的目的。

（六）人事制度中的"重洋轻中"与人才外流

随着中国改革开放门户打开之后，中国学生出国留学人员逐渐增多。留学国家由 1985 年之前的留学苏联或东欧社会主义国家，转向美国、加拿大、澳大利亚及欧洲等发达国家。在 20 世纪 90 年代国家制定的吸引留学生回国政策"长江学者计划""千人计划"等政策的推动下，各高校也制定了吸引留学生回国的政策。这些人事政策中表现出明显的"重洋现象"，如安家费、科研启动费等提供比本土人才明显优厚的条件，这些被称作"引来女婿、气走儿子"的政策在中国各高校盛行，且都见之于各高校的人才招聘计划中。有人对某大学 2004 年以百万年薪面向全球招聘院长作出的评论是，"100 万年薪招聘，完全是玩游戏；自己人都留不住

---

① 笔者访谈的一所高校档案的馆藏档案。

（还到处挖人）。"[①] 有人谈到他同系两个同学迥然不同的遭遇，"一个同学去援藏 5 年、吃尽苦头回校任教授，月薪 5 千元；而另一个同学留美后被月薪 5 万元聘回"。援藏同学抱怨"他留美同学教课没我好，带研究生没我多，干活没我多，但是拿钱是我的十倍"。[②]

随着中国国势强盛，近年国家出台很多留学项目鼓励高校教师出国研修。在有些研究型高校中，有些高校"将出国留学一年"当作教师职称晋升的必备条件之一。鼓励高校教师出国研修政策的本意是使高校教师更新知识、提高科研水平，结果却出现许多高校教师滞留国外不归。以笔者调查的某高校为例，1997 年该校第 8 次校务会议讨论决定："对 1991 年 12 月 31 日以前出国的 378 名长期出国逾期未归人员作不保留公职处理"；2000 年清查，对 239 名长期出国逾期未归人员作不保留公职处理。2004 年对 161 名逾期未归人员作不保留公职处理。仅这三次清查，人员总数就高达 778 人，这是个惊人的数字。为什么在国家大力吸引留学人员回国的政策下还有如此多的本土教师流失，这是个引人深思的问题。

三　对新中国高校人事制度的总体评价

新中国高校人事制度总的来说有三个鲜明的特点，一是定位为事业单位的高校一直没有独立的人事制度；二是受苏联宏观高校管理体制影响深，同时，根据地时期的人事管理制度即单位模式是其基本特征；三是高校人事制度深受国家"知识分子政策"影响。

第一，定位为事业单位的高校一直没有独立的人事制度。1985 年中国的高校改革启动，但是在 1993 年之前，整个中国各类单位的人事制度依然是高度统一，充分体现了"全国一盘棋"的制度安排。全国企业、事业单位、国家机关人事制度类似，在职称、薪酬体系上都能够互相比照并相通。随着 1993 年公务员制度改革，国家机关有了自己独立的人事制度，到之后的国企改革，企业单位人事制度也自立门户，这样，事业单位人事制度才单独存在。中国高校一直被归入事业单位，中国高校的人事在职务晋升、薪酬晋级等都与卫生、文化系统等事业单位共用一个标准。虽

---

① 《武大落寞的 2009：从高架桥之争到"解聘门"》，http://hb. qq. com/a/20100105/004620_ 4. htm。

② 同上。

然一直在提倡改革事业单位人事制度，文、教、卫各类单位人事应该分类管理，但是迄今没有实施。一直到现在，中国高校没有自己独立的人事制度。

第二，新中国高校人事制度的国际影响前期主要来自苏联，后期主要是美国。苏联的影响主要是在高校宏观管理体制上，即模仿苏联进行院系调整后形成的部门管理高校体制。除了教研室制度、工作量制度是取法苏联，在高校微观人事管理上苏联的影响不大。近几年高校的人事制度受美国的影响很深，尤其是 2004 年北京大学推行"非升即走"等人事制度，被社会各界认作是以美国人事制度为蓝本。高校在教师聘任制改革中的一些做法如公开招聘、将新进教师聘任权主要划归院系、有些高校成立教授会等都被认为是受美国的影响。总的来说，新中国高校人事制度主要发源于中国共产党根据地时期的人事管理，苏联、美国只是在微观人事制度上有一些影响，没有改变中国高校单位管理模式这个主要特征。单位制度使政府对高校实行集权、计划、固定、全能福利与平均分配的管理，近年来随着市场化进程的加深和改革的深入，这种管理模式有所变化，但是变化不大。

第三，中国的知识分子政策一直影响着高校的人事制度。高校是知识分子云集的地方，国家知识分子政策的变化直接影响着高校教职工的政治经济地位。一是对高校教师身份的影响。新中国成立初期，党的知识分子政策是"团结改造、教育利用"。新中国对旧大学原有教师采取包下来的政策，对失业的教师进行救济，并招聘失业的知识分子，同时，将私立大学和民间报刊等一切具有民间形态的科学文化机构进行公立化改造，使作为"自由职业者"的知识分子完全没有生存空间，而不得不接受安排，进入各"单位"，成为国家体制的一部分。按周恩来 1956 年《关于知识分子问题的报告》就是让知识分子"绝大部分成为国家工作人员"，这样，高校教师就从民国时期体制外的自由职业者，几乎全部变为固定在体制内"各个单位"的国家工作人员。教师的自由流动成为过去。

二是对教师薪酬收入的影响。在十一届三中全会后邓小平提出"尊重知识、尊重人才"之前，中国共产党对知识分子的政策基本上是贬低性的。知识分子被看作需要监督改造的对象，要"一批二看，一批二用、一批二养"，如 20 世纪 70 年代初的高校教师就要分期、分批到农村、工厂、部队接受"再教育"①。这种将高校教师贬低为比农民、工人、军人"政治觉悟低"的做法，最终在教师薪酬收入上的反映就是后来的"脑体倒挂"。② 据 1987 年国家统计局对国民经济 12 个行业的统计，"教育、文化、艺术和广播电视事业"职工月平均工资为 113.5 元，比 12 个行业的平均月薪低 10.2 元，是倒数第二。③ 后来邓小平为知识分子正名，知识分子"绝大多数已经是工人阶级和劳动人民自己的知识分子……他们与体力劳动者的区别，只是社会分工的不同"④。加上国家"科教兴国"战略实施，知识社会中高校教师地位才发生了质的变化。与此相适应，高校的内部分配制度改革使高校教师一跃成为社会上的高收入群体，高校教职员社会地位大为提高。

①　孙绵涛:《教育政策学》，武汉工业大学出版社 1997 年版。

②　中国社会科学院社会学所:《"社会发展与社会指标"课题组研究报告》，《北京青年报》1992 年 9 月 10 日。

③　禹厚棋:《经费的增长还不能适应教育事业的发展》，《光明日报》1989 年 9 月 14 日。

④　《邓小平文选》（第二卷），人民出版社 1994 年版，第 46—86 页。

第 三 章

外生性变量在中国高校
人事制度变迁中的作用

第一节　国际环境在中国高校人事制度变迁中的作用

中国具有现代意义的大学并不是自然生长出来的，而是在列强辱华时清政府被逼进行的教育改革的产物，是清政府为了扭转颓势而进行的一种向西方学习的应急性选择，是舶来品。用蔡元培的话来说是"吾国今日之大学，乃直取欧洲大学之制而模仿之，并不自古之太学演化成也。"[①]梅贻琦也曾在《大学一解》中说到中国大学的起源"今日中国之大学教育，溯其源流，实自西洋移植而来"。[②] 中国的大学既然是从西方借鉴而来，那么它的人事制度也会或多或少受着国外大学的影响。加上从清末以来，中国高校的发展逻辑都是应对社会的需要而不是其自身演化的结果，所以，中国高校的人事制度从制度起源到制度的每一次大的变迁，都是外力作用的结果。这种外力作用的制度变迁，使中国高校人事制度的变迁路径缺乏规律，在改朝换代时，高校人事制度会因为政权变更、政府倾向不同而发生制度断裂。由于中国高等教育的落后状态及各时期主动地向外国学习，使得外国高校人事制度成为影响中国高校人事制度变迁的最重要的因素之一。这里所说的国际环境即指国外大学的人事制度。

由于中国大学是舶来品，制度嫁接和移植也便成为中国高校人事制度变迁的一个明显的特点。中国高校人事制度不仅在宏观人事管理制度上移植外国，如新中国时期模仿苏联建立部门管理体制，而且在高校微观设置

---

①　中国蔡元培研究会编：《蔡元培全集》（第5卷），浙江教育出版社1997年版，第504页。

②　杨东平主编：《大学精神》，文汇出版社2003年版，第45页。

上如高校的校、院、系三级或校、系两级设置，及高校教师的职称分等都基本上是对国外高校人事制度的直接嫁接及移植。同时，这种对外国人事制度的移植还带有明显的分期特点。一般认为，大致在某一个时期，中国大学也会着重学习某一个国家的大学制度。1911 年以前，日本是中国高等教育最重要的仿效对象。1911 年至 1927 年，中国又倾向于模仿欧洲大学的模式，尤其是德国和法国。后来，中国大学又对美国模式发生了兴趣，此后，由于中国高等教育政策受到了由"国际联盟"（League of Nations）委派的欧洲高级知识代表团的影响，又再次转向仿效欧洲。[①] 1949 年之后，中国又全面学苏，苏联对中国高等教育人事制度在宏观体制和微观管理上都有大的影响。近年来，受全球化的影响，中国高等教育人事制度的某些改革又模仿美国，如北大的"非升即走"，各个时期的风向标不同，中国大学向国外学习的内容也就不同。

一　清末日本制度的嫁接

中国近代大学教育在起步阶段基本取法日本的大学教育，这一点已得到学术界的广泛认可。当时中国人选择日本为学习对象，是因为甲午中日战争中国失败，很多中国人将日本实力的提高，看成是日本明治维新教育改革学习西方的结果。当时，就算是政界的保守分子，也被日本这种既引进西方制度和技术又同时保留了帝国的威望和儒家文化的至上地位的方式所吸引。中国人羡慕西方列强的坚船利炮及高度发达的科技，中国离日本最近，学习日本最不费财力，加之认为日本学习的是欧美，学习日本也就是学习欧美，使得日本大学成为中国模仿的对象[②]。

中国高等教育对日本的学习可以说基本上是全盘照搬，在学制上完全模仿。"1902 年与 1903 年的教育改革立法，将京师大学堂置于一个现代

---

①　[加拿大]许美德：《中国大学 1895—1995：一个文化冲突的世纪》，许洁英译，教育科学出版社 2000 年版，第 54 页。

②　这种思想在《孙家鼐奏派员赴日考察学务折》（光绪二十四年七月十四日）中可以看出来。"迭次奏定章程，均系参考东西洋各国之制。闻日本创设学校之初，先派博通之士分赴欧美各国，遍加采访，始酌定规制，通国遵行，故能学校如林，人才蔚起。所有学堂法制，虽采取于翻译书中，究不如身历者更为亲切。惟欧美各国，程途辽远，往返需时。日本相距最近，其学校又兼有欧美之长，派员考察，较为迅速。"《戊戌变法档案史料》，载北京大学校史研究室编《北京大学史料》（第一卷），北京大学出版社 1993 年版，第 131 页。

学校制度的顶端。这个学制分为五级：寻常小学堂、高等小学堂、中学堂、高等学堂、大学堂。完全模仿当时日本的教育制度"①。为了学习日本，清政府多次派人去日本考察②，并请日本学者到中国执教③。当时中国的学堂章程④，高等学校的学科⑤、课程设置，教学用品⑥、教学计划⑦、教学管理、办学模式都深受日本的影响。就连房屋式样、学舍间

① Abe Hiroshi, "Borrowing from Japan: Chinese's First Modern Education System", In Rush Hayhoe and MarianneBastid (eds.), *China's Education and the Industrialized World*, Armonk, New York: M. E. Sharpe, 1987: 57－80.

② 《外务部为派员出洋考察学务事咨复大学堂》（光绪二十八年五月初九日）。"现查有大学堂总教习、五品卿衔吴汝纶，提调浙江候补道荣勋，杂务提调、兵部员外郎绍英，堪以派往日本东京等处询问学堂事宜。"北京大学综合档案室·全宗一·卷24，载北京大学校史研究室编《北京大学史料》（第一卷），北京大学出版社1993年版，第132页。

③ 如辞退丁韪良另聘日本学者文学博士服部宇之吉和法学博士岩谷孙藏为教习。萧超然、沙健孙、周承恩、梁柱：《北京大学校史1898—1949》，上海教育出版社1981年版，第15页。

④ 所谓"远法德国，近采日本，以定学制"。第一个大学堂章程系梁启超略取日本学规，参以本国情形草定的。汤志钧：《康有为政论集》，中华书局1981年版，第306、250页。

⑤ 大学堂的分科，"起初以日本的'六科分立制'为蓝本"。杨东平：《艰难的日出——中国现代教育的20世纪》，文汇出版社2003年版，第13页。

分科上，日本帝国大学分法科、工科、农科、文科、理科、医科。学制四年。京师大学堂在这六科之外还设经学科和商科。经学是中国特有的传统学科，张之洞认为是必须开设且被列为众学科之首的。商科是重视实科的表现。除医科和法科为四年外，其他都是三年。课程设置模仿东京帝国大学。北京大学校史研究室编：《北京大学史料》（第一卷），北京大学出版社1993年版，第102页。

⑥ 沈兆祉申报赴日考察学堂情况（光绪二十九年闰五月十二日）。"京师大学堂上海译书分局总办内阁中书先赴东京，谒其外部、文部诸大臣，由其饬知各学堂，后带同翻译逐日往观。在东京、大阪等处，遵照原札，将学校用品详细考察，按目列表。惟名目繁多，各学设备处处不同，殊难斟酌折中期于至当。现在惟将小学堂一种带回翻译，其中学、高等学应用各件尤为繁杂，已托东京著名教育大家代为审定，统俟汇齐翻译成书，再行呈鉴。"北京大学综合档案·全宗一·卷37，载北京大学校史研究室编《北京大学史料》（第一卷），北京大学出版社1993年版，第133页。

⑦ 学部为商科大学监督赴日本考察事咨行驻日大使（宣统二年十二月十九日），大学堂为权量赴日考察事呈学部函。商科监督仍函称："拟于此次年假内，往日本东京实地考察，采取其商科大学及高等商业学校之专供部关于商业实践之各种样本、模型及商品陈列室之新设备，并各种教授之新计划，以为商科逐年规划之预备；查本堂工科何监督（何燏时）、文科孙监督（孙雄）、农科罗监督（罗振玉），均于上年由大部给咨往日本调查有案，此次自应照准。"北京大学校史研究室编：《北京大学史料》（第一卷），北京大学出版社1993年版，第100页。

数，建筑规制①也参考了日本的式样。1902 年和 1903 年的学制改革，很清楚地表明中国整个教育体制都在模仿日本。②许美德认为"在一定程度上，京师大学堂是仿照日本的东京大学而建的"③。这些都表明，中国高等教育的制度起源是制度移植的结果。

与学制等全盘模仿日本做法不同，高等教育人事制度则是在原有官学制度上嫁接日本的做法，实质上是中国封建官学制度的一个变种。一是模仿日本文部省设置学部，进行中央集权管理。山西学政宝熙奏请"设立学部，上师三代建学之深意，近仿日本文部之成规"，很明白地告诉我们当时学部的设置是模仿日本的文部省。《奏定大学堂章程》还规定每门课的教学时间、教师周教学时间，管理可谓事无巨细。二是模仿日本将教师安排成职官，设置学校官员等级。这种将教师安排成官员的做法，与中国封建官学的做法一致。所以出现了《奏定大学堂章程》中比附国子监设置大学堂人员的做法。

京师大学堂的这种封建官学性质还可以从中国特色的"大学堂学生毕业授以出身"等看出来。清政府是在对各国制度都进行考察后才决定模仿日本的。以当时大学堂课本为例，清政府也曾要求驻美大使送美国大学课本回来参照④，是因为美国各大学没有"官定课本"才放弃的。

---

① 《又奏遣派商衍瀛何燏时赴日考察大学制度片》（光绪三十四年）。"分科大学堂现拟开办，兹当图始之时，举凡审定规制，建筑堂舍、厘定学科各事宜极为繁重，亟应派员出洋考察，以资参证。往返日期以两个月为限。"《学部官报》（光绪三十四年八月初一日）第六十四期，载北京大学校史研究室编《北京大学史料》（第一卷），北京大学出版社 1993 年版，第 133 页。

② 我们从 1902 年和 1903 年制定和钦定学校章程是如何以日本为模式建立近代教育体系中可以明确地看到这一点。1902 年《钦定京师大学堂章程》只是提及欧美日本之制，并无直接的比附；1903 年张之洞参与修订的《奏定大学堂章程》可就不一样了，到处都是对"日本"的直接比附。从分科大学的设想，课程译名的比照，到教科书的写作等，都注明日本的做法，足证其《重订学堂章程折》所说的"博考外国各项学堂章程门目，参酌变通，择其宜者用之"，其实主要观摩的是日本。

③ ［加拿大］许美德：《中国大学 1895—1995 年：一个文化冲突的世纪》，许洁英译，教育科学出版社 2000 年版，第 64 页。

④ 《驻美大使为送美国各有关学堂授课章程事咨京师大学堂》（光绪二十八年十一月初一）。"承准贵大臣咨：开办大学堂，（编）（遍）翻西学课本，请向外部商取大中小学堂官定课本全分，速寄来京等因。当经切商美外部，据称：美国学校之制与他国不同。所有学堂均由各处地方官民捐建，随时公举董理。其学堂授课之书，亦是坊间通行本，并无官定课本。至专门之学，则日新月异，其书多繁，其事亦无定，国家并未设官管理等语。附哈瓦特（哈佛）大学堂、可（哥）伦比亚大学堂、耶路（鲁）大学堂、宾西洼（法）尼亚大学堂课程总录等。"北京大学综合档案·全宗一·卷 16，载北京大学校史研究室编《北京大学史料》（第一卷），北京大学出版社 1993 年版，第 132 页。

　　清末三个大学堂中京师大学堂影响最大，所以在清末主要提日本对中国的影响。别的国家对中国高校人事制度影响不大。如山西大学堂是英国人举办的，但是英国高校的人事制度对中国影响甚微。如许美德所说："自鸦片战争以后，英国成了对中国经济影响最大的殖民力量。但与此形成鲜明对比的是，英国对中国教育的影响甚微，尤其是在高等教育方面。"① 王李金的研究表明，清末山西大学堂延聘教习多为英国人，李提摩太先后聘请的西斋总教习都是英国人，现存《山西大学堂西学专斋教职员题名碑》共刻西斋教职员 36 人，其中 42% 为外籍教习，且多为英国人。② 这可以证明，山西大学堂在建立之初是完全"英国风"的。"但随着时间的流逝，它很快地摆脱了这种影响，完全中国化了。到了 20 世纪 20 年代，英国的印记已所剩无几。1902 年和 1903 年颁布的钦定章程中含有高等教育的有关条文，这些条文在多大程度上受到了山西大学模式的影响，仍是一个有待研究的问题。"③ 许美德认为英国在高等教育上对中国没造成什么影响，与英国传教士很少有人受过高等教育有关。这有一定的道理，因为在中国，大家认为清末比较有影响的英国传教士也基本上只有李提摩太一人。

二　民国时期德国、美国、法国制度的移植

　　清末国外大学人事制度对中国高校的影响是制度嫁接，即在中国原有官学制度上嫁接国外的人事制度，底色依然是中国自有的官学制度。到了民国时期，教职员从官员变为自由职业者，中国高校的人事制度则基本上完全"西化"，从机构设置、人员称谓、职级晋升无不学习西方，具有现代意义的大学人事制度在民国开始出现。民国时期，主要有德国、法国、美国的大学人事制度对中国产生影响。其中，德国的影响主要是教授治校制度、教授资格制度、院长选举制度，法国的影响主要是在中国实施的大学院区制改革，美国的影响则是"校长治校"和董事会制度。

---

　　① ［加拿大］许美德：《中国大学 1895—1995：一个文化冲突的世纪》，许洁英译，教育科学出版社 2000 年版，第 55 页。

　　② 王李金：《山西大学堂的"英国风"》，《教育理论与实践》2004 年第 9 期。

　　③ ［加拿大］许美德：《中国大学 1895—1995：一个文化冲突的世纪》，许洁英译，教育科学出版社 2000 年版，第 36—37 页。

（一）德国的影响

德国大学人事制度能在中国高校产生影响，与蔡元培的大力推广是分不开的。一是《大学令》的颁布，使德国大学人事制度理念在全国以法令形式得以强制执行；二是蔡元培按照德国模式在北大实施的改革的成功，给其他高校做出了示范。德国高校人事制度在中国产生的影响有四点：一是教授资格中对学术能力（科研）的强调；二是以教授会、评议会为基础的教授治校制度；三是院长由教授选举制度（主要实施者是清华大学）；四是教师的正教授与助教分类。其中教授治校制度影响最大，成为民国时期高校人事制度的最大特点。德国高校人事中很有特色的编外讲师制度及政府任命教授为公务员制度没有在中国实施。需要说明的是，《大学令》、壬子癸丑学制中大学内部组织为大学—科—讲座，表现出来的是学习日本，实际上这种讲座制度的源头依然是德国。可以说，德国高校人事中注重学术及学术权力的特点，在民国时期成为中国高校的基本底色。这对于中国高校从封建官学转型为现代意义上的大学意义至关重大。《大学令》的各个条款弥漫着浓厚的学术至上的氛围，打上了德国尊崇"不受功利主义影响的纯学术探究"的印记。

蔡元培以德国模式改革北京大学，首先在教授资格上强调学术水平。因为德国大学"教授者，为真研究学问者，为大学问家。而此研究学问者，大学问家，无一不在大学为教师"。"奉职于大学者为教师，又为研究科学之人，而研究科学之人，同时又为有大学程度青年之师。""故德国习尚，指一学者姓名，必询其人居何处大学讲座，苟无此位，人自不加礼貌，果为大学教授，则又必详询其著述，贡献学界之绩之丰啬焉。"[1][2]"在科研方面卓有成就的优秀学者，也总是最好和最有能力的教师。"[3] 也就是说，德国人认为教授肯定是学问家，学问家又必定在某大学，而且教授以学术著作定水平，大学问家肯定是好教师。并强调学与术分开，德国的医学教授不允许从事具体的医疗工作。法学教授、神学教授不兼神职，

---

① 陈洪捷：《蔡元培对德国大学理念的接受——基于译文〈德意志大学之特色〉的讨论》，《北京大学教育评论》2008 年第 7 期。

② 张雁：《西方大学理念在近代中国的传入与影响》，浙江大学出版社 2009 年版，第 95 页。

③ ［德］鲍尔生：《德国教育史》，滕大春、滕大生译，人民教育出版社 1986 年版，第 125 页。

教授们从事纯粹的研究。①

其次，蔡元培以评议会、教授会、行政会议、教务会议、总务处组成主持全校事务的机构。教授会仿德国，总务处仿美国市政制，评议会、行政会议则是北大首创。改革的基本精神是提高知识分子主体意识，以教授为主管理大学。教授集体不仅管理学术事务，而且管理行政事务。因为蔡元培推崇学校职员如行政事务管理者的代表校长、院长由教授选举产生。德国大学教授权力很大，"惟旧时团体之性质，尚有存者，故其自治力，亦未尽，全校职员之选举，属于其权限之类，故学长及评议员部长等，皆自行选举，于教授之任免，尤有非常之势力"②。

最后，蔡元培试图实施校长、院长由教授中间选出。这样做的目的是希望建立一种体制，使教授治校不会因为校长更迭或校长不在学校发生变化。在民国时期中国高校的人事实践中，校长公选并没有实行但是院长由教授公举在清华是付诸实施了。因为德国的做法是在大学校长和教授会之间的分权上，校长权力不大。德国大学校长和各学院院长，每年更迭一次，由教授们从他们中间选出。教授们公选出的校长和院长独立负责大学或学院的学术事务。校长则由神学、法学、医学、哲学四科教授轮流担任。事实上，大学校长只是履行评议会、教授会的决定，并没有真正意义上的管理权。

蔡元培在模仿德国高校人事做法的同时，因为中国的国情也做了一些调整。如德国大学的编外讲师制度并没有在中国推行。编外讲师制度可以说是德国大学遴选新教师、保证学术队伍学术水平的独门"暗器"，但是在当时人才奇缺的中国，这种严格的新教师遴选制度是不可能模仿的。同时，德国大学教授是由政府任命的国家文职人员、国家公务员身份也没有在民国时期实施。德国大学教授对校长没有依附性，因为其工资由政府而不是由学校发放，且教授数量受控制，一定得等哪位教授去世，职位有空缺才能申请。而在民国时期，大学教授是自由职业者，由校长聘请。教授的职位不是像德国那样有保证。1932 年，傅斯年发表《改革高等教育中几个问题》称"今之大学，请教授全不以资格，去教授全不用理由，这真是古今万国未有之奇谈"。并且校长权力很大，可以说是校长专权时

---

① 高桂娟：《现代大学制度演进的文化逻辑》，中国海洋大学出版社 2007 年版。

② ［德］鲍尔生：《德意志大学之特色》，蔡元培译，《教育杂志》1910 年 12 月 11 日。

代。就算是蔡元培时期的北大，也只是教授集体有权，不是像德国单个教授权力大。

（二）美国的影响

中国高校借鉴国外人事制度，从时间上看表现出阶段性。正如傅斯年所说"中国的新教育制度始于庚子年以后，当时的《学堂章程》是抄日本的。民国改元，稍许有些改变，但甚少。直到 1921 年光景，才大改特改，改的方向可以说是模仿美国，更正确些，是受美的影响"①。美国的影响在大学的学科设置上表现为大学从纯学术取向到学术世俗化，可包括各种专门学术，不必如德国别设高等专门学校②。中国还模仿美国大学引入选修制③。美国在人事上的影响主要是：

（1）"校长治校"的实施。高校人事制度从德国影响到美国影响的变化在北京大学表现得最为明显。蔡磊珂认为：从蒋梦麟正式执掌北大实行"校长治校、教授治学"，就标志着德国特色的"教授治校"在北大正式消亡。

（2）董事会制度的引入。董事会制度是美国特色的大学管理体制，即将董事会作为学校的决策咨询机构。民国时期引入董事会很成功的是郭秉文时期的东南大学。中国大学建立董事会的主要目的是向社会募取办学经费，按照郭秉文的说法就是："东大现当创设之际，所需社会之赞助，亦至多且急。参见欧美国家，多设校董会以求社会赞助，东大亦宜行而效之。"④ 当时东南大学董事会的成员主要是于社会事业均极热心的社会名流，"或为耆德硕学，或为教育名家，或为实业巨子"⑤。东南大学董事会达到了组建者的目的，如东南大学图书馆、生物馆的建造都得到了董事会成员的大力赞助。还有校董出资资助教师出国等。当时中国各高校都经费困难，国立北京各高校在 20 世纪 20 年代，都经历过学校欠薪、教师索薪的斗争，东南大学董事会在资金募集上的成功得到其他大学的仿效，寄希望丁经费独立能使教育独立的蔡元培也赞成组建董事会："与北京政府划

①　欧阳哲生主编：《傅斯年全集》（第 5 卷），湖南教育出版社 2003 年版，第 181 页。

②　蔡元培：《教育独立议》，载《蔡孑民先生言行录》，岳麓书社 2010 年版。

③　选课制，即经指导员同意，自由选习达致一定学分的课程。选课制最早开始于德国大学，但在美国大学得到了充分的发展和完善，并且成为美国大学学术自由的重要特征。

④　朱斐主编：《东南大学史》（第 1 卷），东南大学出版社 1991 年版，第 99 页。

⑤　丁益：《南大百年实录》（上卷），南京大学出版社 2002 年版，第 115—116 页。

断直接联系，而别组董事会以经营之"；"大学教授由本校聘请，与北京政府无直接联系，但使经费有着，尽可独立进行"；"校长宜先由各本校教授会公推，再由董事聘请，不复受政府任命，以保独立之尊严，而免受政治之影响"；"若不急筹高等教育独立之良法，势必同归于尽"①。1924年颁布的《国立大学校条例》中也正式提出：国立大学校得设董事会，审议学校进行计划及预算决算暨其他重要事项。在东南大学，校董会与校长并列甚至凌驾于校长之上，评议会，教授会没什么权力。梅光迪说"东大之评议会，为校中最高议事机关，教授中有办事认真者，每当讨论一事，则据事本身之是非，引古证今，往复办难。抑知其事已由当局与其亲信者，在密室中已先定，任尔书状有广长之舌，徒增彼等之背后窃笑耳。"②当局即校董会。这种董事会凌驾于教授会的权力划分，在初建的新型大学东南大学能够实施，因为新学校传统阻力较小，当董事会制度推广到业已形成教授治校制度的北京大学等公立大学时，遭到这些公立大学的一致反对，反对的理由是美国私立大学才设董事会。1929年《大学组织法》将董事会的设立限制于私立大学和私立独立学校，这也标志着公立大学实行董事会制度的彻底失败。尽管如此，董事会制度对整个近代中国大学管理体系的变化产生了影响。

（3）终身教职的试验和推行。蔡元培1922年2月在北大校评议会第五次会议通过并付诸实行的《教员保障案》体现了这种思想。民国时期教师的聘用身份，使教师可以作为自由职业者任意流动。这也是民国时期高校人事制度的一大特色。一个教师任教于几个学校是常事。但是这种教师的频繁流动也使教师队伍不稳，同时也会出现如蔡元培所说的"教授们因为地位之时有摇动"，而"不能专心致意者在耳"。为了避免出现这种情况，蔡元培提出"凡已得续聘书之各系教授之辞退，应由该系教授会开会讨论，经该系教授会五分之四之可决，并得校长之认可，方能办理。如该系教授不及五人，应经全体教授可决。但开会时，本人不得列席"③。要这样做的理由就是聘请教授时，是经过了郑重的程序的，"既须经聘任委员会之通过，主任之赞成，校长之函聘，复有试教一年之规定手

---

① 高平叔：《蔡元培年谱长编》中册，人民教育出版社1996年版，第643—645页。
② 《胡先骕文集》（上卷），江西高校出版社1995年版，第305页。
③ 高平叔编：《蔡元培全集》（4），中华书局1984年版，第152—153页。

续……试教期满，复经续聘，是校中认其能胜任矣。"所以如要辞退教授，也必须"经郑重之手续"。[①] 这种在大学教师中推行终身教职的思想，在 1923 年蔡元培、蒋梦麟筹办杭州大学时制定的《杭州大学章程》中也有体现。《杭州大学章程》将大学的终身教职定在辅教授（即副教授）一级。规定正教授、教授、辅教授都可以"续任无限期"。

（4）助教到教授的美国式等级制度的采纳。德国模式的正教授、助教（《大学令》的规定实际上没有实施，北大实施时就变为正教授、本科教授、预科教授、助教、讲师）教师职称等级制度变为美国模式的教授、副教授、讲师、助教。需要说明的是讲师排在助教之前也是中国做法。美国的序列是教授、副教授、助教。讲师在中国高校刚开始出现时作为一种兼职教师的称呼，到 1927 年左右才进入正式的教师职称系列。

（三）法国的影响

民国时期法国教育行政制度对中国高校人事影响不大，主要是 1927 年大学院区制度在中国推行，但是以失败告终。大学院区制度的主要推行者是蔡元培、李石曾。阿特巴赫曾说过，"蔡元培以德国大学模式改革北大的同时，又在改革中融入了法国大学模式，法国大学由各大学区校长所组成大学院，大学在各大学区内有辅导下级教育机构的任务。1927 年正是在蔡元培对北京大学的改革构想之上，教育部依据这一构想改组为大学院"[②]。蔡元培也说："大学院的组织与教育部大概相同，因李君石曾提议实行大学区制，遂取其名。"推行的背景是"当时国民政府以全力应付军事，对于教育事业尚无具体计划。予与李（石曾）、张（静江）、吴（稚晖）诸先生以教育不可无主管机构，又不愿重蹈北京教育部以官僚支配教育之覆辙，因有设立大学院之主张"[③]。推行大学区制度的目的是建立"超然于政教之外的教育"，以"学者主政"使教育行政去官僚化并不受政潮影响，最终达到教育独立的目的。主要是仿照法国，"分全国为若干大学区，每区立一大学"，"大学事务，都由大学教授所组织的教育委员会主持"，"由各大学校长组织高等教育会议，办理各大学区互相关系的

---

①　蔡元培：《蔡孑民先生言行录》，岳麓书社 2010 年版，第 267 页。

②　[美] 阿特巴赫：《亚洲大学的发展——从依赖到自主》，伍振鷟译，（台湾）师大书苑 1979 年版，第 52 页。

③　蔡元培：《我在教育界的经验》，载《蔡元培自述》，人民日报出版社 2011 年版，第 189—199 页。

事务。"教育部仅为执行机构，用以专门"办理高等教育会议所议决事务之有关系于中央政府者"，它"不得干涉各大学区事务。教育总长必经高等教育会议承认"。① 大学院制度在江苏、浙江、北平试行，由于与中国国情不符，试行一年后即以 1928 年 8 月国民党二届五中全会通过《设立教育部，废止大学院案》宣告失败。

三　新中国高校受苏联的影响

新中国高校受苏联影响很深，在高校人事制度上也不例外。苏联人事制度对中国影响最大的是宏观管理体制，即高等教育的计划集权管理、部门管理体制和大学与科学院系统分立。微观上的影响一是教研室的设置，改变了之前中国的大学基层机构形态；二是私立学校的消亡，使高校教职员身份基本上全部统一为国家工作人员；三是教师发展和评价方式受到影响，教师出国进修基本上只是派往苏联及东欧社会主义国家，教师评价强调教学；四是引入工作量②制度，教师按专业进行分类。模仿苏联人事以失败告终的是学衔制和设置高教部。

（一）　对宏观管理体制的影响

苏联对中国高等教育人事影响最大的是宏观管理体制。1949 年 12 月，新中国成立之后的第一次全国教育工作会议提出"以老解放区教育经验为基础，吸收旧教育有用经验，借助苏联经验，建设新民主主义教育"。实际上在 1949—1952 年的大学接收时期③，"旧教育"基本被全盘否定，向苏联学习成为新中国教育重建的主导原则。

首先是建立与计划经济体制相适应的高度集中统一的高等教育管理体制。其基本特点是教育计划与国民经济计划紧密相连。政务院规定"高等教育部对高等学校的教学工作实行统一集中领导。高等教育部颁发的有关全国高等学校的建设计划、财务计划、财务制度、人事制度、教学计

---

① 蔡元培：《关于大学院组织之谈话》，载高平叔编《蔡元培全集》（4），中华书局 1984 年版，第 178 页。

② 谢雪峰：《从全面学苏到自主选择——中国高等教育与苏联模式》，华中科技大学出版社 2004 年版，第 2 页。

③ 在 1961 年 9 月 15 日发出的《中国共产党中央委员会关于讨论和试行教育部直属高等学校暂行工作条例的指示》中，将新中国成立后 12 年的高等教育分为三个阶段：1949—1951 年的大学接收时期；1952—1957 年的院系调整与教学改革时期；1958—1960 年的教育革命时期。

划、教学大纲、生产实习规程以及其他重要法规、指示或命令，全国高等学校均应执行"①。

其次是建立高等教育的部门管理体制，将全国高校分为部委和地方所属院校。部委院校又分为教育部所属和各行业部门所属，建立起高等教育的"条条"管理系统②。这种"条条"管理体制成为后来高等教育体制改革的主题，直到20世纪90年代末，国务院撤销行业部门并将行业部门院校通过合并、共建等交给地方才解决。

再次是在高校管理中坚持"党的领导"原则。党管干部是老解放区传统，在向苏联学习的高度政治化的氛围中，这种原则在高校推行极为重要，正如谢泳所说，"1952年院系调整的前奏是知识分子的思想改造运动，从这次院系调整看出，新政权确实有分散原国民政府教育体制下自由主义知识分子相对集中的意图"③。这种意识形态的警觉性在向苏联学习的运动中是随时能够看到的。

最后是模仿苏联将高校人事系统与科学院系统分立，高校以教学为主，科学院主管科研，将教学与科研分离。

（二）对微观人事制度的影响

1. 教学研究组的设置

苏联在中国高校组织上的一个重要影响就是教学研究组的设置，这使中国高校大学内部组织系统演变成大学—系—教学研究组。教学研究组，全称教学研究指导组，设置的背景是：全国高校进行以专业设置为中心的教学制度改革，采用苏联的教科书、教学大纲和计划，学习苏联的教学方法。因此也就要引进苏联的教学组织形式。这完全改变了中国高校的基层组织机构。从1950年至1956年的三个文件④中的有关条款可以看出，教

---

① 1953年《关于修订高等学校领导关系的决定》。

② 模仿苏联建立管理体制可以从1950年12月中共中央组织部副部长安子文就干部管理问题向毛泽东、刘少奇写的报告中看出。报告提出拟仿照苏联党委与政府对口设部、实行对口管理的方法，制订干部职务名称表进行干部管理。这个报告实质上已经确定了分部分级管理干部的原则和具体办法。刘少奇批示同意这个报告。中共中央组织部组织局编：《组工文件选编（1949年10月—1952年）》，党建读物出版社1989年版，第286、289页。

③ 谢泳：《中国大学：当传统中断之后》，《同舟共进》2007年第5期。

④ 1950年6月第一次全国高等教育会议通过的《高等学校暂行规程》、1951年5月教育部颁布《华北区高等学校教学研究指导组暂行办法》、1956年5月高等教育部颁布《中华人民共和国高等学校章程草案》。

学研究指导组是按所开课程来命名的，组成人员是同一门课程或性质相近的几门课程的全体教师，包括教授、副教授、讲师、助教和研究生。一般设主任一人，由校长聘任，并报请中央教育部或主管机关备案（政治理论课教研组主任要由上级部门批准）。主任一般由教授担任，特别情况也可由副教授、讲师担任。教学研究组的性质是教学组织，主要任务是研究教学法，指导教师的教学研究活动，指导学生学习和研究生培养等，将教师的所有活动都组织起来。在政府的全力推广之下，到1956年基本上全国高校都成立了教学研究组。期间教学小组与之并存。教学小组成立的目的是组织教师对教学内容进行改革。但是教学小组活动仅限于教学，不能起到一个基础组织的作用。

教学研究组的成立，使所有教师包括苏联专家都组织在自己所担任课程的教学研究组内，这大大改变了教师活动的形式。以前教师的活动特别是教学活动都是自己决定，有了教学研究组后，教师的讲课内容、方法都必须经教学研究组讨论决定，教学成为集体活动。

2. 教职员身份的变化

按照苏联大学体制进行的"院系调整"使中国全部高校都变为公立，中国高校教职员也由民国时期的自由职业者变为新中国事业单位的国家工作人员。教职员的这种身份变化是从1952年开始的。在1952年之前，新中国主要是对原有高校进行接管；到了1952年院系调整时，通过撤销私立高等院校（包括教会大学）校名，将私立高等院校所属系科分别并入有关公立院校，所属教师、行政人员①等全部并入相关的公立高等院校，这样实现了全国高校教职工的再一次人事调配，使高校教职工不再有公立私立之分，全部成为国家的职工。也就是说，"院系调整"不仅在组织上和物质形态上消灭掉了私立高等院校（占以前全国高等学校总数的40%），而且改变了整个高校系统教职员工的身份。

3. 教学工作量制度的实施与失败

苏联模式的一个重要影响是1954年我国高校引入教学工作量制度。实际上，在清末的三个《大学堂章程》及民国时期各个大学的规章制度

---

① 《华东地区高等学校院系调整师资调配的几项规定》：统一调配，并兼顾教师的具体情况和困难。职工、师资的调配，原则上均随院系科调整之。在院系调整期间，未经批准，不得增聘、调聘、解聘及辞职。

中，也见过对教师每周至少要上多少节课的规定。但是明确提出建立教学工作量制度是在新中国学习苏联之后。建立教师工作量制度的目的是"效法"苏联，"加强高等教育工作的计划性，更多地发挥教师的潜力"①，并"逐步实现按劳取酬的工资制度"。② 虽然由于种种原因③，1957 年教学工作量制度停止实施，但是直到现在，很多高校还是或明确或含糊地对高校教师一学期或一学年的教学工作量有个大致的规定。教学工作量概念的引入对高校科学管理有帮助。

4. 教师发展的变化

教师发展的重要形式之一是聘请外国专家讲学或派遣教师出国进修。苏联模式对教师发展的影响有两点：

一是苏联专家的聘请不仅使中国教师全部采用苏联的教学法，也使中国很多高校教师将俄语当作自己的第一外语。中国历史上表现出来的大规模聘请外国教师或专家有两个时期，一是清末由政府出面聘请日本教师，二是新中国成立初期大规模聘请苏联专家。日本教师一般只是聘来讲授某一门课程，而苏联专家不仅上课，还"指导所在校的教学工作，指导修订教学计划、教学大纲，帮助培养教师和研究生"④。苏联专家不仅人数多，仅 1953—1956 年，就聘请 528 人；而且学科覆盖范围广。有工科、理科、财经政法、师范农林、俄语等各类专家。其中，工科专家最多，占专家总数的 42%，俄语第二，占 18.8%。

二是苏联基本成为高校教师出国交流的唯一国家。学苏时期中国基本只与社会主义国家交往。1950—1965 年留苏学生（当时留苏学生工作人员主要是大学教师）占中国海外留学生的 80%，其余的 20% 主要是派遣

---

① 曾昭伦：《实行教师工作量制度是进一步改革高等教育的重要关键》（1954 年 10 月），《人民教育》1955 年第 1 期。

② 1955 年 7 月高等教育部颁布《关于高等学校教学研究指导组各级教师职责的暂行规定》，1955 年高等教育部颁布《高等学校教师教学工作量和工作日实行办法》。

③ 教学工作量制度停止原因说法有三种，一种是教学工作量制度不符合中国的实际（1957 年 6 月高等教育部颁布《关于停止实行教师工作量的通知》）；一种是教授副教授人数太少，助教比例太高，加上当时大学教师政治学习、俄语进修占用时间过多，教学工作时间过少；一种是政治原因，1956 年学苏政策发生变化，毛泽东要求学苏不能一切照搬，机械搬用，以教学为中心的教学工作量制度被认为是轻政治，重业务。

④ 1954 年 10 月高等教育部颁布《关于重点高等学校和专家工作范围的决议》。

到东欧国家如波兰、捷克斯洛伐克、保加利亚等。①

5. 学衔制试图引入工作的失败

学衔制度是苏联做法，类似教师职称等级制度，在中国只是试图引入，并没有实行。教育部曾在 1954 年和 1956 年先后制定三个文件②，并于 1955 年组织"学位、学衔、工程技术专家等级荣誉称号"起草委员会，试图推广学衔制度，但是由于 1957 年"反右"开始，此教师升职工作及教师学衔制度的工作随之停止，这些文件便未实施③。学衔是根据"学术水平、工作能力和工作成就所授予的学术职务称号"，苏联学衔制度的做法是：一是以学术、技术水平为授予和晋升的主要依据；二是没有人数限制；三是一旦被授予，获得者终身享有；四是可以作为确定工资、生活以及政治待遇的依据。特点是强调学位，授予学衔的先决条件是必须要有学位，而职位获得又与学位、学衔密切相关。这种对学位的强调及人数没有限制与中国之前实施的高校教师职称制度略有区别。

在当代中国，美国模式又开始席卷中国高校。典型的例子有 2003 年北京大学人事制度改革，被认为是对美国模式的照搬。

四　国外高校人事制度影响中国高校人事制度的一般规律

实际上，中国高校人事制度受国外大学的影响除了表现出历史性，还表现出共时性。即在同一个时间段，中国高校"采众家之长"，同时受到各国人事制度的共同影响。以民国时期为例，如蔡元培所说，"大学教育应采用欧美之长，孔墨教授之精神"④。1922 年蔡元培在《教育独立议》中说明"分大学区与大学兼办中、小学校的事，用法国制。大学可包括各种专门学术，不必如法、德等国，别设高等专门学校用英国制。大专兼任社会教育，用美国制。大学校长由教授公举，用德国制。大学不设神学科，学校不得宣传教义，与教士不得参与教育，均用法国制，瑞士亦已提

---

① 谢雪峰：《从全面学苏到自主选择——中国高等教育与苏联模式》，华中科技大学出版社 2004 年版，第 75 页。

② 高等教育部 1954 年颁布《中华人民共和国高等学校教师学衔授予暂行办法的草案》，1956 年颁布《高等学校教师学衔条例》《科学研究工作者学衔条例》。

③ 张仁贤：《学校人事管理时务全书》，中国人事出版社 1995 年版，第 252 页。

④ 中国蔡元培研究会编：《蔡元培全集》（第 4 卷），浙江教育出版社 1998 年版，第 65 页。

议。抽教育税用美国制"①。中国学生社编辑赵家壁在其主编的《全国大学图鉴》前言中写道："中国大学教育，就因为办教育者出身的不同，所以有些大学说有欧洲风味的，有些大学简直是整个的美国式的大学。"②也就是说，民国时期，由于学校主政者的背景不同而对各国的学习不一而足，没有一定之规。常导之就认为北京大学始初有欧洲大学的规模，东南大学则以美国 college 为楷模。③

外国高校人事制度能在中国找到生存的土壤，需具备两个条件，一是其能与中国的政治、经济，尤其是文化相适应，即理念相合。如陈洪捷认为尽管德国大学理念与中国主流学术传统有明显的差别，但中国文化传统中有与其相互呼应的因素，如和主流的读书做官观念并行而存在的不求事功，为学问而做学问的观念④；张雁认为美国模式能在中国被接受，是因为美国现代大学理念中奉行的实用主义与中国传统的工具理性主义认识论和实用主义文化相契合。还有一种观点认为，某些制度被中国接受是因为之前中国就有类似的做法，以苏联的部门管理体制为例，中国在唐代就有中央各专职行政机构附设学校的做法，如太医署附设医学，太卜署附设卜筮，太乐署附设音乐、舞蹈、艺术，司天台附设天文、历数、漏刻，太仆寺附设兽医等学校，都有博士、助教及学生。⑤ 日本的职官制度也与中国传统学官制度类似。有些制度如法国的大学区制度、苏联的教师工作量制度在中国无法推行，原因是与中国的传统做法相悖，正如青木昌彦所说"即使能从国外借鉴良好的正式规则，如果本地非正式规则因为惰性而一时难以变化，新借鉴来的正式规则和旧有的非正式规则就势必会产生冲突。其结果是，借鉴来的制度根本就无法执行"⑥。二是有一群接受并能践行该国理念的教育界人士。如民国期间美国模式在中国大行其道，蒋梦麟、胡适、张伯苓、郭秉文、任鸿隽、罗家伦、竺可桢这些著名大学校长的留美背景肯定是原因之一。

中国高校在一定的时期模仿某一个国家，主要是由该国高等教育在世

---

①　中国蔡元培研究会编：《蔡元培全集》（第4卷），浙江教育出版社1998年版，第54页。

②　中国学生社编辑：《全国大学图鉴》，上海良友图书印刷公司1933年版，第1页。

③　常导之：《欧美大学之比较与我国高等教育问题》，《教育杂志》1928年第20卷第8号。

④　陈洪捷：《德国古典大学观及其对中国的影响》，北京大学出版社2006年版，第134页。

⑤　孙培青：《中国教育史》，华东师范大学出版社2006年版，第155页。

⑥　［日］青木昌彦：《比较制度分析》，周黎安译，上海远东出版社2001年版，第341页。

界上的地位决定的。美国模式在民国时期影响中国，与第一次世界大战后美国在国际上的地位上升有关；现代中国模仿美国高校，是对美国的超级大国和高等教育强国地位的肯定。

第二节　政治制度在中国高校人事制度变迁中的作用

政治制度是政体与国体的统一。在此主要谈政体对中国高校人事制度变迁的影响。政体又称政治体制，是政权的组织形式，是关于国家管理形式、机构设置等的具体制度，是政治制度在政治生活过程中的具体化，一般指一个国家政府的组织结构和管理体制及相关法律和制度，包含了一个国家纵向、横向的权力安排方式。纵向的权力安排指中央与地方、整体与局部上的权力关系，也叫作国家结构形式；横向的权力安排指各个国家机关之间的权力关系。高校人事制度是高等教育行政的主体部分。作为国家行政制度的一部分，高校人事制度本身就是政治体制的组成部分，因此，政治体制的变化不可避免地会影响高校人事制度发生变化。调整国家各个机关之间关系的改革如官制改革、机构改革及调整中央与地方、整体与局部关系的集权分权改革都会对高校人事制度产生影响，主要的影响有三点，一是影响高校人事权力的最终归属，二是影响中央级的教育行政机构设置，三是影响中央和地方教育行政机构的权力划分及政府和学校的关系。

一　对高校人事权力最终归属的影响

不同的政体，高校人事权力最终归属不同。清末君主专制政体，高校人事权的最终归属是皇帝。大学堂监督、教职员的任命赏罚最后要通过皇帝批准。由于晚清的半殖民地性质，高校用人权有时候还要受到外国干涉，皇帝的人事决策权又受到外国政府挑战。民国时期，政权更迭实行民主共和，校长任命由大总统或教育部掌握，各校教职员聘任各校自行负责。随着政局变化，政府集权倾向明显，高校各项权利逐渐上收，如教师职称评审要上报教育部备案，教师要通过教育部审查是否合格，并规定各类高校机构设置标准，如规定什么类型的高校可以配备几个副校长等。中华人民共和国时期，实行党的一元化领导，"党管干部"成为基本原则。所谓"党管干部"，就是所有干部都是党的干部，都应该根据他们所担任的职务，分别由中央、各地区和各部门的党委、党组或所在单位的党委负责管理。对干部的任免、提拔、调动、审查和干部问题的处理，都必须由党委集体讨论决定，并按干部管理权限，由主管党组织批准。按照"党管干部"的原则，校长、高校教职员分部分级管理，高校各类人员数量从校长、书记到教师、职员全部用编制控制。

二　对中央级教育行政机构设置的影响

按照各国政体的不同，国家高等教育的管理体制也变得多样化，如法国、意大利在集权政治体制下，建立了比较完备的高等教育管理的政府集权体制；德国的高等教育行政权力则集中在州政府；而在英国，中央政府除负责分配高等教育经费外，对高等教育的其他事务较少干预，高等学校享有比较充分的自主权。政治体制对中国高校人事制度最明显的影响是其变革会影响中央级教育行政机构的存废及更替。中央教育行政机构作为政府中专门管理全国教育与学术事业的行政机构，不仅与政治制度和政权形式结合得非常紧密，而且它的各种职能的发挥，也无不需要以相应的政治制度为基础。晚清最高教育行政机构学部即晚清官制改革的产物。民国时期中央教育行政机构在名称与形式上几经变化，都是受政治体制变化的影响。新中国，模仿苏联设置的高教部、部门条条管理体制的存废，都与中央机构改革关系密切。

（一）晚清官制改革与学部的产生

晚清负责全国教育行政的机构经历了京师大学堂→总理学务大臣→学部的变化。京师大学堂初建时期，规定大学堂是统辖管理新式教育的机构，"节制各省所设之学堂"。后来各省普遍设立学堂，又规定"于京师专设总理学务大臣"（1904年《奏定学堂章程》）。1905年学部的产生则是晚清新政（1901—1911年）中央机构改革的产物。在作为中国政治近代化起点的清末新政中，清政府设置了多个新式机构，如外务部、商部等，学部是其中之一。学部的产生在中国教育史上意义重大，其基本建制、基本职能一直存续到辛亥革命清政府垮台，[①] 民国时期的教育部即脱胎于学部。

---

① 陆发春：《晚清中央新式教育行政管理机构的沿革》，《安徽史学》1996年第3期。

（二）民国官制变化与教育部形式与名称的变化

民国时期全国最高教育行政机构经历了教育部→中国教育行政委员会→大学院→教育部的几次变化，每一次变化都与官制变化有关。民国元年，北洋政府公布了《教育部官制》，将清朝的学部改名为教育部，确立了教育部组织制度。1926年，广东国民政府成立，设立教育行政委员会接替教育部。1927年国民政府定都南京后，国民党中央政治会议通过《国民政府教育行政委员会组织法》，正式成立中央教育行政委员会。但是中央教育行政委员会基本上未真正行使职权，即被中华民国大学院取代。中华民国大学院因为"官制不统一"等原因被质疑。1928年10月，国民政府宣布改组，按照孙中山的《建国大纲》，设司法、立法、行政、考试、监察五院，将教育部列为行政院下面的一个部，并规定"大学院改为教育部，所有前大学院一切事宜，均由教育部办理"。之后，教育部制度一直实行至新中国成立。

（三）新中国机构改革对高教部与教育部的合并与分设的影响

新中国高教部与教育部经历了几次的分设与合并（见表3—1）。这都与中央对高等教育权力的下放与上收有关。后来教育部→教委→教育部的变化也与国务院机构改革息息相关。

表3—1　　　　　　　　高等教育最高教育行政机关变化

时间	合并与分设
1952年11月	中央人民政府委员会第19次会议决定成立高等教育部，高教部与教育部第一次分设
1958年	下放教育权力，高等教育部与教育部合并
1964年7月	中央将下放的高等学校管理权重新回收，高等教育部和教育部再次分设
1966年7月	高等教育部又与教育部合并
1970年6月	教育部被撤销，成立国务院教科组
1975年	恢复教育部
1985年	撤销教育部，设教委
1998年3月	国务院机构改革，国家教育委员会改建为教育部

三　对高校人事制度纵向、横向权力划分的影响

政治体制包含了国家纵向、横向的权力划分方式。这种纵向、横向的

权力划分稍有变动，就会影响到高等教育管理体制，因为高等教育管理体制是指中央和地方行政组织机构的设置、隶属关系和相互间的职权划分，以及政府主管部门和高等学校的关系。

这种影响在清末和民国不是特别显著，一是高校在清末存在不到 14 年，时间短；二是清末新政没有触动王朝的集权管理体制，只是在集权的程度上做文章。在民国时期，政府一直在形式上保持集权，即一直都有一个管理全国教育的机构，但是由于民国时期大都处于战乱、割据状态，政府要维持高等教育的集权是有心无力，学校、校长自主权很大，基本上各地的大学都是自行发展。

新中国因为对高校实行计划管理，政府一直是高校各种变革的主要推动者。所以新中国政治体制的变化对高校人事管理影响最为明显。下面主要以新中国政治体制的变革为例，来说明政治体制改革对高校人事制度产生的影响。

（一）对高等教育人事纵向权力划分的影响

政治体制在国家纵向权力划分上发生变化，如向集权或分权变动，相应地，高校人事行政中的纵向权力关系也会发生变化，即中央与地方教育行政、政府与高校、高校与院系之间的关系随之变化。

新中国模仿苏联建立的是"过度集权"的体制，高校管理体制也是如此。回顾历史，我们可以看到：1985 年之前，高校管理体制在"统一领导"和"分级管理"之间几度反复，强调"统一"还是强调"分级"随意性很大，主要以最高领导人的意志和中央政策为转移，并没有规律可循。总的基调是意识到了集权的弊端，但是又怕分权会导致失控，所谓"一管就死，一放就乱"。1980 年，邓小平在中共中央政治局（扩大）会议上的讲话《党和国家领导制度的改革》，标志着中国政治体制改革"分权"成为主导思想，之后高校管理体制的每一步改革都在向"分级管理"迈步，直到 20 世纪末机构改革才基本将高校的"条条管理"清除，基本上只剩下"块块管理"，高校的"分级管理"才基本实现。

政治体制改革的分权思想在高校人事管理中还表现在"政事分开"上，即在政府与学校关系中，教育行政管理部门要放权学校，要从对高校的计划管理变为高校办学自主权下放。迄今为止，高校人事中比较明显的权力下放，有高校教师职称评审权、用人权、教职员的薪酬分配权等。这种分权思想在高校内部人事管理中的体现，是高校人事权力下移至院系，这种影响在一些研究型高校中比较普遍，在非研究型高校中，人事权力基本上还是集中于校级职能部门。

表3—2　　　　　　　　　　高校管理体制变化

时间段	内容	文件
集中统一管理 （1950—1957 年）	全国高等学校"以由中央人民政府教育部统一领导为原则"，对全国高等学校（军事学校除外）均负有领导的责任，各大行政区人民政府或军政委员会或文教部均有根据中央统一的方针政策，领导本区高等学校的责任	《关于高等学校领导关系的决定》（1950 年） 《关于修订高等学校领导关系的决定》（1953 年）
权力下放 分级管理 （1958—1962 年）	除少数综合大学、某些专业学院仍旧由教育部或者中央有关业务部门直接领导以外，其他的高等学校都要下放给省、市、自治区领导 必须改变过去条条为主的管理体制，根据中央集权和地方分权相结合的原则，加强地方对教育事业的领导管理。并且下放高等学校和中专学校的管理权，原中央部委领导的 229 所高校中的 187 所和大部分中专下放归地方管理	《关于高等学校和中等技术学校下放问题的意见》（1958 年） 《关于教育事业管理权力下放问题的决定》（1958 年）
统一领导 分级管理 （1963—1965 年）	对高等学校实行中央统一领导，中央和省、市、自治区两级管理的制度	《关于加强高等学校统一领导、分级管理的决定（试行草案）》（1963 年）
管理失控 权限下放 （1966—1976 年）	规定除国务院各部委所属的在北京的少数院校外，包括北京大学、清华大学在内，都下放归省、市、自治区领导；部分高等院校撤销或合并	《关于高等学校下放问题的通知》（1969 年 10 月中共中央发布）
统一领导 分级管理制度的恢复 强调集中 （1977—1984 年）	根据有利于党的领导，有利于发挥中央和地方两个积极性……对全国重点高等学校要实行统一领导，分级管理 肯定了 1963 年的《决定》的基本精神和各项主要规定	《教育部关于恢复和办好全国重点高等学校的报告》（1978 年） 《关于建议重新颁发〈关于加强高等学校统一领导、分级管理的决定〉的报告》（1979 年）

续表

时间段	内容	文件
统一领导、分级管理制度的调整强调分级（1985 年）	为调动各级政府办学的积极性，实行中央、省（自治区、直辖市）、中心城市三级办学的体制，扩大了地方的办学自主权	《关于教育体制改革的决定》（1985 年 5 月中共中央颁布）
统一领导分级管理制度的确立（1986 年）	国家教育委员会在国务院的领导下，主管全国高等教育工作；国务院有关部门在国家教育委员会的指导下，管理其直属高等学校；省、自治区、直辖市人民政府管理本地区内的高等学校	《高等教育管理职责暂行规定》（1986 年 3 月）

资料来源：参照了刘宝存《改革开放以来我国高等教育管理体制的回顾与前瞻》，《复旦教育论坛》2009 年第 7 卷第 1 期。

（二）对高校人事横向权力划分的影响

政治体制对高校人事横向权力划分的影响主要有以下两点：

1. 党政关系的调整影响高校内部领导体制在"党委负责"和"校长负责"之间变化（见表 3—3）

整个中国政治体制是党委与行政系统并立、党政共管的格局，执政的中国共产党对干部人事工作采取直接的、独占的领导方式和"党管干部"原则，都是最具有中国特色的政治制度之一。[1] 在党的一元化领导下，从中央到地方的各级政府必然都在这种横向集权中被"整合"进党的组织体系，于是，中央与地方的行政关系就逐渐转化为党内的组织关系。这种"党政合一"的格局同样应用于中国高校，政党依靠纵向、上下一贯的组织体系将高校包容其中，使高校获得了一种严格的"政治身份"，政党组织系统与高校中的行政系统处于同等的级别，其目的就是依靠政党的力量实现对整个高等教育体系的政治领导。[2] 这与民国时期及世界其他国家高校权力集中于校长不一样，这样，中国高校人事权力是集中于校长还是党委就成了一个需要厘清的问题。

党政关系是中国政治体制不能回避的问题。在现实中，"加强党的领

---

[1] 谢庆奎主编：《当代中国政府》，辽宁人民出版社 1991 年版，第 384 页。

[2] 刘建军：《单位中国——社会调控体系重构的个人、组织与国家》，天津人民出版社 1990 年版。

导，变成了党去包办一切、干预一切；实行一元化领导，变成了党政不分、以党代政"①。我国政治体制中党政不分、以党代政的历史成因，可上溯到土地革命战争时期，根据地政权党政不分、以党代政的战时集权体制，其惯性作用直接影响到新中国成立后的政权建设。② 当强调党的一元化领导时，就会出现"校革命委员会"。强调党政分开，就会出现校长负责制。高校"党政分开"试行过两次，一次是新中国成立初实行校长负责制，其政治环境是搬用苏联体制，当时企、事业单位曾普遍实行一长制。还有一次是 20 世纪 80 年代。1980 年邓小平就指出党政分开是政治体制改革的首要目标，"解决党如何善于领导的问题。这是关键，要放在第一位"③。1987 年 10 月党的十三大报告专门讲政治体制改革，从党政分开等七个方面着手进行。会后取消中央各部委的党组，高等学校试行校长负责制，工厂实行厂长负责制，党委只起监督与保证作用，1989 年后，各部委党组又恢复，企业中出现"书记是核心、厂长是中心"的说法，高校等事业单位都实行"党委领导下的首长负责制"。④ 当前，高校领导体制的变化，是朝着有利于发挥学校党组织领导核心作用的方向发展的。⑤

　　党政分开表面上看是在集体领导体制与首长负责制之间进行选择，即调整"党委领导"与"校长负责"的关系，实质是在探索贯彻党的路线、方针、政策与遵循教育规律办学的结合点。如果以阶级斗争为纲、以经济建设为重，这种探索都是不能达到目的的。在高校实行党政分开的要点是要考虑到高校的学术组织特性，并与校长不再只是党的路线方针的贯彻者而是具有独立办学思想的教育家联系起来。党政分开、党政关系规范化的问题虽然讨论并试点了很多年，但是至今没有找到一个好的成熟的范式。主要原因是对党政关系的些微调整都会引起是否会削弱党的领导和执政地位的担心和忧虑，这也是校长负责制至今在高校无法真正实行，党政分开、党政关系规范化更多停留在理论层面的原因。

---

　　①　《邓小平文选》（第 2 卷），人民出版社 1994 年版，第 142 页。

　　②　张启安、陈杰：《论我国传统政治体制中以党代政的历史成因》，《宝鸡文理学院学报》（社会科学版）2003 年第 6 期。

　　③　《邓小平文选》（第 3 卷），人民出版社 1993 年版，第 177 页。

　　④　高放：《改革开放以来中国政治体制改革的回顾与展望》，《理论探讨》2010 年第 20 期。

　　⑤　郑和平：《我国高校领导体制有关问题的思考》，《管理世界》2003 年第 4 期。

表3—3　　　　　　　　　　高校集体领导与个人负责的变化

阶段	内容	文件
校务委员会制 （1949—1950年）	先接收再渐进式改进 成立校务委员会临时管委会，集体负责，民主管理	延续旧校务委员会制度
校长负责制 （1950—1956年） 一元化	强调校长的责任，校长拥有行政干部的任免权 党组织与校长之间没有领导关系	《高等学校暂行规程》（1950年教育部颁发）
党委领导下的校务委员会负责制 （1956—1961年）	一切学校应受党委领导 校务委员会是党委领导下的权力机构，由校长主持，实行集体领导	《关于教育工作的指示》（1958年中共中央、国务院颁发）
党委领导下的以校长为首的校务委员会制 （1961—1966年）	党委会是学校的领导核心 校长是国家任命的学校行政负责人。校务委员会作为学校行政工作的集体领导组织。学校重大问题，应由校长提交校务委员会讨论后决定，由校长负责组织执行。校长在行政管理上处于领导地位	《教育部直属高等学校暂行工作条例（草案）》（1961年中共中央颁布），简称"高校六十条"
党的"一元化"领导 （1966—1976年）	实行"革委会"制 无行政组织行政工作由"革委会"包揽 在"革委会"内设立党的核心小组，后来又"踢开党委闹革命"	《全国教育工作会议纪要》（1971年中共中央颁布）
党委领导下的校长分工负责制 （1976—1985年）	党委委员会是中国共产党在高等学校的基层组织，是学校工作的领导核心，对学校工作实行统一领导，校长是国家任命的学校行政负责人，校长对行政工作的领导缺乏权威性。党委的决议可以得到很好的贯彻	《全国重点高等学校暂行工作条例（试行草案）》（1978年教育部颁布）

2. 机构变革清除了部门管理的"条条管理"体制

新中国成立后，模仿苏联建立了高校的部门管理体制，即由教育部门以外的业务部门自己设立并管理主要为本行业服务的高等院校。这类部门管理高校占中国高校总数比例很大，1993年的数据是部门所属高校有325

所，占全国普通高等学校（1065 所）的 31%①，这个庞大的群体使中国高校形成"条条管理"体制。"条条管理"的办学方式不仅会出现学生学习的专业面窄、学校办学效益不高、培养人才适应性较差等弊端，而且"条条管理"的横向分权也使中央向地方放权难度加大。如何使部委管理高校的条条管理体制消失，1993 年的机构改革提供了契机。

1993 年以来，国务院对各部委，特别是专业经济部门进行了较大规模的改组，主要是将部委改组为企业或事业单位，如原航空航天部改为航空工业总公司和航天工业总公司，纺织工业部改为纺织总会，轻工业部改为轻工总会等，并将对各部委的经营性投资由拨款改为贷款；加上政府对企业是三不管（不管人、财、物），这样，各部委非经营性投资（高等学校的基建投资在列）大幅度缩减，各部委所属高校办学经费有的失去了来源，有的经费数量骤减，很多高校到了无力维持的境地。加上区域经济发展使各地筹措经费的能力增强，这样使部委所属高校下放地方的可能性增大。这就出现了 1998 年通过共建、合并、合作、调整等方式对原机械工业部等九个部门和五个军工总公司所属学校管理体制进行调整。调整后的格局是高校大部分被下放到地方，"条条管理"基本上被清除。

3. 破除党和国家干部职务终身制的干部制度，改革直接影响高校校长任期制的产生

中国高校校长任期制一直以来为学界所诟病，认为是高校行政化的重要表现之一。民国时期高校校长并无任期，如梅贻琦即出任清华校长 18 年（1930—1948 年）。新中国高校校长实行任期制，与政治体制改革废除党和国家干部职务终身制密切联系在一起。废除职务终身制是邓小平倡导的，邓小平要求班子成员要"四化"，"年轻化"是四化之一②。党中央"决定废除领导职务实际上存在的终身制"③。1982 年，修改后的《中华人民共和国宪法》以国家大法的形式规定"各种国家最高职务的每届任期为五年，连选连任，但不得超过两届"④。高等学校校级领导是干部，这就影响到高等学校校级领导干部的任期制的实行。1980 年教育部规定

---

① 国家教育发展研究中心"教育体制改革研究"课题组：《中央业务部门办学和管理体制改革研究报告》，《教育研究》1994 年第 11 期。

② 《邓小平文选》（第 3 卷），人民出版社 1993 年版，第 380 页。

③ 《关于建国以来党的若干历史问题的决议》（1981 年）。

④ 《中华人民共和国宪法》（1982 年）。

"今后任命专业人员担任正副校院长时，实行任期制"①。1987 年国家教委规定："高等学校的校长、副校长的任期一般为 4 年，学制为 5 年以上的学校，任期可为 5 年。……任期届满……可以连任。"② 1995 年再次强调"党委和行政换届，都要按期进行"③。从以上规定可以看出，高校校长任期与高等学校自身发展规律没有关系，完全是政治体制改革的连锁反应。

4. 机构改革对高校人员编制的影响

新中国机构改革一般表现为"简政放权"之"简政"，即精简机构，缩减编制。由于新中国高校教职员被纳入国家公务员系统，中央每一次精简机构都会波及高校，这在 1993 年国家公务员制度改革之前尤甚。编制是国家对高校人员实行管理的"法规"，因为一个编制代表着一个财政拨款指标，所以高校的编制是严格控制的。高校编制管理 1985 年是个分水岭。1985 年之前的高校编制管理带有很大的随意性，都是随着国家机构改革跟风而动。如 1955 年政府系统精减人员，1956 年各高校就减少非教学人员，有的高校将总务、教务处取消，另设教务办公室，有的高校鼓励教师兼课或多上课，以减少教职工编制。1961 年国家再一次机构改革，这次很多高校教师被精减回乡务农，清华、北大、北师大就有近 5000 人被精减回乡。1982 年的国家机构改革促成了 1985 年的以学生规模为基础的高校编制法规的出台。1985 年之后，高校机构改革随意性减少。1994 年由于强调高等学校要适应市场化的要求，把高校科技开发、后勤服务及校办产业等可以面向社会服务的单位剥离出学校，这些部门不再按高等学校事业单位属性配备编制。

第三节　文化制度在中国高校人事制度变迁中的作用

对文化下一个精确的定义很难，因为它包含的范围太广。广义上的文化一般都认为是人类在社会发展过程中所创造的物质文明和精神文明的总和。狭义的文化一般指精神层面的。因为界定者界定的内涵和外延不同，

---

① 教育部：《关于加强高等学校领导班子建设的意见》（1980 年）。
② 国家教委：《高等学校校长任期制试行办法》（1987 年）。
③ 国家教委：《关于加强高等学校领导班子建设工作的若干意见》（1995 年）。

对精神层面文化的定义很容易出现分歧。本书在这里把文化看作是一种带有主观因素的心态文化，包含人的价值观念、思维方式，即人们在社会生活中形成的共同的认识、理念和思想，遵循的共同的规则、规范和秩序，都叫作文化。这样界定的文化可分为社会心理和社会意识形态两个层次。按照这种界定，本节文化制度主要指社会中被人们广泛接受的一种思想，如集权思想、官本位思想、集体主义、精英主义的理念，也包括社会中一时流行的思潮，如清末的中体西用，民国初期的民主、自由思潮，也包括被人们没有明说却暗地里在实行的潜规则，如用人中的"地域观念"等。

人们广泛接受的思想或社会中一时流行的思潮都属于社会存在所决定的社会意识范畴，具有主观性和非实体性，一般以"非正式规则"存在。这种思想或思潮对人事制度的形成、变迁有着至关重要的作用。所有的制度都是建立在某一种思想或思潮的基础之上的。人事制度产生、存在及变迁的背后蕴含着的都是某一种思想或思潮的价值观与目标定位，即一定的思想或思潮对人事制度起着理论指导、观念支持、思想依托、意义解释的作用，是人事制度的精神形态和观念模型。不同的人事制度安排受不同的思想或思潮的支配，在某种程度上来说，人事制度是不同的思想或思潮的具体化，是这种思想或思潮所蕴含的价值观的结构化，人事制度的变迁也代表着这种思想或思潮的发展方向。人事制度对规定自己的思想或思潮也给予了极大的强化，它将自己所依据的思想或思潮渗透到高校组织的各个领域，并使之内化为每个人的心理，强化和保障这种思想或思潮在高校组织中的主导地位。

总之，决定着人事制度的思想或思潮与人事制度有着相互依存、相互制约的作用。人事制度是该思想或思潮的体现和外化，而该思想或思潮是人事制度的精神和灵魂，它们是互相规定、互相强化的关系。人事制度的建构就是对某种思想或思潮的理性判断和选择，人事制度的变迁也直接来源于思想理念的更新，人事制度本质上是某种思想或思潮模式化的结果，制度变迁常常从思想结构的变化开始。思想结构模式是人的行为模式的潜在形式，它决定了行为模式的基本走向。文化制度对人事制度变迁的影响主要是通过为人事制度实施提供一种理念支持，即提供合法性支持，或营造一种人事制度能被人接受的氛围，这样就可以实行历史制度主义者所说的减少制度形成的"观念摩擦成本"。

一　集权主义对中国高校人事制度变迁的影响

集权主义对中国高校人事制度变迁的影响主要是中央教育行政集权。中国的专制集权主义文化源远流长，"率土之滨，莫非王土；率土之臣，莫非王臣"的皇权大一统观念已成为中华民族的文化基因。中国自秦朝以来的封建王朝都实行中央集权制，百代多行秦政，秦政即中央集权制度，具体而言，就是"中央控制地方，地方控制百姓"的官民分治制度。这种以皇权为载体的集权制度经过多年的积淀，已成为中国人的主流价值观。这种如柳宗元所说的"令海内之势，如身之使臂，臂之使指，莫不从制"的集权主义做法已被中国人当作常规予以认同。[①]集权主义在高校人事制度上的体现主要是在中央教育行政一级实行集权，具体是清末设立学部，民国时期、新中国设教育部主管全国教育行政，这种中央集权管理高校的做法是中国高校人事制度变迁中基本没有中断的一项制度。为什么清末官制改革要模仿日本设立学部，新中国在借鉴苏联模式时要设立高等教育部，民国时期在将中国高校彻底改造为一个具有现代意义的大学，在大学人事制度的其他方面极力推行民主治校模式却还是在中央教育行政上继承清末做法，实行高度的专制集权形式，将学部改为教育部，这可以说是中国人对历年来形成的专制、集权大一统形式的完全认可的表现。

二　官本位文化对中国高校人事制度变迁的影响

官本位对中国高校人事制度的影响主要是高校教职员和高校各管理部门的官僚化，也就是当今被人所诟病的高校的"衙门气"。

教职员的官僚化一是校长从清末到新中国都是具有一定品级的官员。清末高校校长是正三品，民国时期校长分特任和简任，由大总统或教育部长任命，新中国高校校长分副部级、正厅级、副厅级。二是高校职员在清末和新中国都是具有一定品级的官员，可以与国家行政系统官员按品级交流，当今高校"厅级干部一走廊，处级干部一礼堂，科级干部一操场"[②]就是这种官本位文化的真实写照。三是高校教师的官员或类似官员的地位。清末高校教师本是学官，有品级，新中国高校教师是国家干部，由于

---

① 应克复：《专制集权主义：中国的文化基因》，《书屋》2008 年第 9 期。

② 张家：《不破官本，哪来人本》，《当代教育论坛》2007 年第 12 期。

新中国成立初期各级单位干部在薪酬待遇上都是与行政系统相对照，教师虽没有规定品级，但是一般大家都将教授对应处级、副教授对应副处级等。民国时期官员兼任教师情况很多，就是在蔡元培改革老北大之前，学生也以有官职的教师为尊，以为"毕业之终南捷径也"。

高校各部门的官僚化一是各大学都有级别。各大学的级别即各校校长的级别。新中国高校不仅大学本身和大学的各职能部门有级别，高校学术基层组织学部、院、系都有行政级别。二是高校学术组织的衙门化，高校的学位评定委员会、职称评定委员会、学术委员会领导人和成员，学术期刊"编辑委员会"的各个职位，一般都是按官位大小、行政级别高低而排列①。

当今高校最被人批评的高校行政化是官本位文化对高校的影响之一。官本位文化是中国传统封建社会的主流政治文化，它的基本特点是以"官"作为价值判断的最高标准甚至唯一标准。正如同货币制度中"金本位""银本位"下以金银作为衡量一切商品价值的尺度一样，官本位就以官职作为衡量一切社会成员价值的尺度。它的通俗表现就是"学而优则仕"，高校人事中司空见惯的对引进人才许诺以行政职务，教师学问做得出色奖以行政职务，教师招聘、评价、晋升中的"行政权力说了算"，以及评价指标中表现出的等级意识，如"中央级""国家级""省部级"的报刊、课题，"官大学问大"，都是官本位文化的反映。官本来是政府机关才应有的，在高校这类学术组织本不应有官，但是在中国高校却充斥着对官位的崇拜，对官位的追逐。当代的典型案例有：2008 年深圳一个处长职位，有 40 个教授来争。就是在大家认为教授最清高、对做官最不感兴趣的民国时期，大学教授也是"出仕"成风。这从周作人 1928 年给友人的信中可以看出。

> 朋友中多已高升了，玄伯开滦局长、北平政务分会委员，尹默河北省政府委员，叔平兼士半农古物保存会委员，玄同国语统一会委员，幼渔管天文台！只有我和耀辰还在做"布衣"，但耀辰恐不久亦须"出仕"，因他虽无此意而凤举等则颇想抬他出来，凤举自己尚未

---

① 宋惠昌：《警惕学术官本位化的蔓延》，《学习时报》2007 年 4 月 23 日。

有印绶，唯其必有一颗印可拿则是必然之事，故亦可以"官"论矣。[①]

这些例子都显示出中国高校受官本位文化影响之深。

三　集体主义对中国高校人事制度变迁的影响

集体主义，是主张个人从属于社会，个人利益应当服从集团、民族、阶级和国家利益的一种思想理论，是一种精神。这种集体主义实际上也是社会本位的另一种表现形式。集体主义对中国高校人事制度变迁影响有两点：

一是高校内部各个机构合议制的组织形式，如高校中教职员会议、教授会、评议会、教务会议、校务会议、教职工代表大会、学术委员会、职称评定委员会、党委等，这种合议制组织形式的理念就是要保证决策民主，在民主基础上集中，也是中国古话"三个臭皮匠，赛过诸葛亮"，强调集体利益、集体智慧，防止从个人利益出发来决策。这种集体主义在新中国的表述即群众路线。在新教师选聘、教师评价晋升、职员选拔提升等都强调群众考评。1949 年在讨论《政务院关于任免工作人员的暂行办法》时，周恩来就强调，工作人员的任免必须由会议决定。这也是"从群众中来"听取群众意见、"到群众中去"用群众评定的一种方式。[②]

二是以精英主义形式表现出来的，对高校某些人优先发展的安排。如民国时期选拔部聘教授、研究教授给以特别资助，新中国高校中各种各样的梯队建设和人才计划等，这些计划的实质是选拔人才对其进行重点扶持，使其优先发展，表面上看来这是对精英主义的一种推崇，其深层的价值信念是中国式的集体主义[③]。为什么不是公平竞争、自由发展，而是选拔一些人优先发展，只有从集体利益的角度，从"全国一盘棋，集中力量办大事"的集体主义伦理考虑才能为人所接受和信服。这种安排在高校很多，如以"重点发展"表现出来的重点大学、学科、基地等，都是

①　周作人：《知堂回想录》，河北教育出版社 2002 年版，第 156 页。

②　杨火林：《1949—1954 年的中国政治体制》，博士学位论文，中共中央党校，2005 年。

③　赵炬明：《精英主义和单位制度——对中国大学组织管理的案例研究》，《北京大学教育评论》2006 年第 1 期。

精英主义在制度上的一种安排。

四　开放精神对中国高校人事制度变迁的影响

开放精神一直是中国文化的精髓。中国一直重视与外来文化的交流和合作，"师夷之长技""中学为体，西学为用"都是打开国门向外国学习的明证。这在中国高校人事制度上的影响也非常明显。中国的大学由于自产生之日起就是模仿外国大学的，中国高校发展至今，可以说每一步都留有对国外高校模仿、借鉴的痕迹。所以中国高校的人事制度也可以说到处都有"打开国门看世界"的印记。日本模式、美国模式、苏联模式这些都曾对中国高校人事制度产生影响。可以说，一部中国高校人事制度变迁史，即一部对国外高校人事制度借鉴、交流、移植、嫁接的历史。中国高校教师的发展，在清末、民国时期、新中国都离不开与各国的交流。清末聘请大批日本教师来华讲学，民国时期以杜威为代表的美国教育家到华讲学，新中国聘请苏联专家不仅讲学而且帮助制定高校政策，指导高校教学。在"请进来"的同时也"派出去"，中国高校在每一次模仿外国高校做法时，都会派遣中国教育行政官员、高校教师到各国考察，所有这些，都是开放精神对中国高校人事变迁的影响。

五　重视道德的伦理标准对中国高校人事制度变迁的影响

中国一直强调以礼治国，以德治国。中国高校人事制度中经常可以看到对教职员"德"的要求。如清末聘请教职员要"德才兼备"；民国时期蔡元培组织"进德会"；新中国高校教职员的评价、考核标准也是"德、能、勤、绩"，"又红又专"，这里"红"也是一种"德"。一直以来，对人的评价都是"德"前"才"后。有"德"无"才"高于无"德"有"才"，也就是"德"为重，"才"其次。"德"在不同的时期有不同的标准。清末"德才兼备"之德指封建社会所指之"仁、义、礼、智、信"，忠君孝悌；民国时期"进德会"宣扬之德有三等，"不赌、不嫖、不娶妾"为第三等，兼"不作官吏、不吸烟、不饮酒"为第二等，兼"不做议员、不吃肉"为第一等；新中国"德、能、勤、绩"之德，主要指政治方向正确，拥护中国共产党的领导，拥护四项基本原则，也包括个人的私德符合中国人一般的标准如诚实守信、不剽窃等。教师评价上强调德就是要求教师不仅要做"经师"，更要做"人师"。所谓"德高为师，身正为范"都是强调教师之"德"。

六　特殊主义对中国高校人事制度变迁的影响

特殊主义是相对于普遍主义而言的。举例来说，任人唯贤，对事不对人是普遍主义，任人唯亲即特殊主义。特殊主义在中国高校人事制度上的表现，一是在教师任用、评价、晋升上表现出来的学缘观念，二是地缘观念。

学缘观念在高校人事中的表现主要是近亲繁殖现象，这是典型的特殊主义表现。近亲繁殖现象在世界上每个国家的大学都有表现，在中国表现尤为突出，以至于现在大多数高校将"反近亲繁殖"当作一项人事政策和目标，并规定控制了近亲繁殖的最高比例标准，且明文规定不能留本校毕业生任教。发达国家如美国高教界对近亲繁殖现象研究很多，美国的高校基本上是反对近亲繁殖的。中国高校近亲繁殖比例高的原因很多，如高校教师来源范围窄，学术劳动力市场不成熟等，如卢乃桂就分析中国高校的"近亲繁殖"现象实际反映了中国文化及其社会中"大家庭"（所谓一日为师，终身为父）的观念[1]。这种观念现在也还是深入人心，从笔者2009年对清华大学某一位"杰青"的访谈记录，可以看到其对该校"反近亲繁殖"人事政策的反感。

> 我的一个学生我要留下来，学校说本校毕业生不能留校。我亲自去找学校人事处，才将人留下来。近亲繁殖不能"一刀切"。我这个专业本来就是全国最好的，我这里的学生也应该是本专业全国最好的学生之一，我们这里的研究有很强的延续性又讲究团队协作，我自己的学生有研究基础，大家之间关系也磨合得很好了，彼此性格也摸透了，如果来一个新的人，就算他研究能力与我的学生一样，但是这个新人能不能融入我的团队还是一个问题，磨合期太久耽误效率，磨合不好最后大家都不愉快。[2]

---

① Leslie Nai-Kwai Lo, "State Patronage of Intellectuals in Chinese Higher Education", *Comparative Education Review*, 1991, 35 (4).

② 笔者2009年5月于清华大学的访谈记录。

地缘观念在新中国高校人事中表现不是那么显著，因为在新中国高校教师聘任制改革之前，教师任用权掌握在教育行政部门手中。民国时期高校人事权归于大学，校长掌控用人权力。这种人事任用中的老乡观念就有很明显的体现。如周作人就回忆北大时期就有人认为中国文学系为浙江人把持。

> 沈尹默与马幼渔很早就进了北大。还在蔡孑民长（掌）北大之前，所以资格较老，势力也比较的大。……人家也总是觉得北大的中国文学系里是浙江人专权；因为沈是吴兴人，马是宁波人，所以有"某籍某系"的谣言，虽是"查无实据"，却也是"事出有因"；但是这经过闲话大家陈源的运用，移转过来说绍兴人，可以说是不虞之誉了。我们绍兴人在"正人君子"看来，虽然都是绍兴师爷一流人，性好舞文弄墨，但是在国文系里，我们是实在毫不足轻重①。

七　流行思潮对中国高校人事制度变迁的影响

流行思潮在这里指在中国某一段时间中盛行的一种文化潮流，如清末的"中体西用"思想，民国时期流行的民主、自治、共和思想。这种流行思潮与上面集权、官本位、集体主义等这种渗入中国人骨子里的思想相比，它有即时性。这种即时性就解释了清末"中体西用"思想产生了高校内部管理上"以中国人为主"，而在高校业务工作即教学上"以西人为主"的格局。民国时期流行的民主、自治、共和思想的影响，使得中国高校内部的官僚化在民国时期中断，当时的中国知名校长以"当校长不是做官"自傲，"教授治校"的民主治校方式能在民国推行，评议会、教授会成员选举产生，评议会、教授会议事讲究规则和程序。

清末、民国时期高校的上述人事制度只在当时实行，随着社会的变化这些制度也随之发生了变化。以民国初期为例，由于推翻了中国形成了几千年的帝制，加上五四运动的影响，民主、共和思想是当时的主流思想，凡与集权专制、官本位等封建社会相关的思想都遭到人们的唾弃，社会看重的、尊崇的是学习西方的民主，"三权分立、民权初步"，都是时髦话、流行语。这种民主思想在高校的师生中影响更深。民国时期师生对民主的

---

① 周作人：《知堂回想录》，河北教育出版社 2002 年版，第 324 页。

向往和对官僚的蔑视也可从下面这个例子看出来，当时北大规定学生入学要交一份由现任京官签名盖章的保证书。有个叫马元材的学生反对这种规定，给蔡元培写信说：

> 我不远千里而来，原是为了呼吸民主空气，养成独立自尊的精神，不料还未入学，就强迫我到臭不可闻的京官面前去磕头求情，未免令人大失所望，我坚决表示，如果一定要交保证书，我就决定退学。①

冯友兰曾描述过清华大学教授会的议事规则。这可以看出当时人们如何按照规则行使权力。

> 孙中山把议事规则作为民权初步，这是很有道理的。清华原来的校风，很重视这个民权初步，无论教授和学生，凡是开大一点的会，都要照议事规则进行。我记得在一次教授会议中，有一位教授站起来对某一事作了滔滔不绝的长篇发言，发言以后，主持会场的人问："你这是个提案吗？"那位发言的教授，因为初到清华，还不熟悉会议规则，就谦虚地说："这不能算什么提案，我不过是发表我个人的意见。"主持会场的人说："既然不是提案，现在会场上没有提案，散会。"原来照议事规则，会场上必须有个提案，然后对这个提案进行表决。凡是参加会议的人，任何人都能提提案。他的提案，可以是他自己的意见，也可以是他集中别人的意见。在会议中任何人都可以自由发言，任何人都可以集中别人的意见，但是任何人的集中，无论是什么人，都必须作为提案向会议提出来让大家讨论、表决，经过多数赞成以后，才能作为会议的议决案。这样的议决案才算是代表多数的意见，少数人自然就无计可施的了。这种规则是民权初步。因为只有照这个规则，人们才可以行使民权。②

---

① 周谷平、张雁：《中国近代大学理念的转型——从〈大学堂章程〉到〈大学令〉》，《高等教育研究》2007 年第 9 期。

② 冯友兰：《冯友兰自述》，中国人民大学出版社 2004 年版，第 264 页。

　　潘光旦也提到五四时期学生学习资产阶级民主自治，学生会自组学生法庭的事情。

　　　　一九一九年起的学生运动向学校争取到全校学生会的组织后，有了明确的全校代议机构，称为"评议会"，由各级会推选一定名额的"评议员"组成资产阶级民主政治讲所谓三权鼎立，明月三分，同学们勉力效颦，到此算是已得其二，就是立法与行政，司法则一直归学校掌握，直接的主管部门是"斋务处"。但一九二〇年后，同学通过学生会提出要求，一度成立了所谓"学生法庭"，选出了审判官与检察官。学校还居然拨了一笔钱，为法官们缝制了"法服"。我就曾当过第一任也是最后一任检察官之一，峨冠博袖、大摇大摆地在同学们面前炫耀过一番。但似乎连一桩民事案子都没有处理结束，就收场大吉了。①

　　在这种整个社会以民主自治为荣的背景下，民国高校才能够摒弃中国人一贯对官僚的崇拜、对专制的接纳而执行民主治校的制度。

第四节　外生性变量影响中国高校
人事制度变迁的规律

　　外生性变量中，国际环境即国外高校人事制度主要是影响中国高校内部人事管理，且国外高校也主要是美国、德国。美国、德国主要是在民国时期影响中国高校人事制度。民国时期是中国高校人事制度的奠基时期，中国高校人事制度的基本框架都在民国时期基本确立，因此，可以说，中国高校人事制度的基本制度都是模仿美国和德国的。如中国高校的职称等级制度、学术组织的架构、按学术水平评价教师方面都明显地受到了美、德高校的影响。美国、德国大学以学术水平来选拔、晋升教师以及教授治校制度，从民国起一直都在持续影响着中国高校，虽然教授治校在新中国成立后一度中断，但是作为大学治理的一项基本制度，教授治校现在又成

---

　　① 潘光旦：《清华初期的学生生活》，载钟叔河、朱纯编《过去的大学》，长江文艺出版社2005年版，第12页。

为中国高校改革的一项重要内容。日本、苏联影响不是很大。日本主要是在清末影响中国高校，虽然清末高校在课程设置、学舍建筑上基本全盘模仿日本，但日本在人事上对中国高校影响不大，只是影响了清末学部的设置及清末高校教师的官员身份，清末中国高校基本上还是晚清官学的改良。苏联主要是在新中国时期影响中国高校的宏观管理制度，即高校部门管理体制是苏联的影响。新中国高校人事的主要特点是高校是一个事业单位，实行党政共管，而这些主要是老解放区的影响。

中国高校宏观管理制度、中央与地方教育行政之间的关系主要是受中国政治制度的影响。政治制度的集权、分权导向会直接影响中央、地方教育行政之间权力的分配。政治制度上党政关系的调整会影响高校党委与校长之间权力的分配，从整个变化趋势看，中国高校党委领导下的校长负责制是高校党政关系的基本内容，很难突破这个框架。

文化制度是外生性变量中起基础作用的变量。另两个外生性变量国际环境和政治制度要影响中国高校人事制度，需要通过文化制度这个中介。首先，国外高校人事制度要对中国高校人事制度发生影响并被中国高校采纳，需要中国人勇于吸收国外先进制度的开放精神。其次，国外高校人事制度被中国高校采纳后还能长久生存下来，需要在中国找到被接受的文化基础。如中国人的强调集体智慧使"教授治校"制度能被接受。

总而言之，中国高校内部的学术管理主要是受国外大学（主要是美国、德国大学）的影响，中国高校的宏观管理体制和内部的行政管理基本上是受中国自身政治制度的影响，而中国文化的支撑是国外高校人事制度和中国政治制度对中国高校人事制度产生影响的基础。中国高校人事制度要发生实质性的变化，前提肯定是中国的文化潮流发生了根本性的变化。

第 四 章

内生性变量对中国高校
人事制度变迁的影响

第一节　学术目标对中国高校人事制度变迁的影响

学术目标指学术进步、学术繁荣作为高校这样一个学术组织的目标，学术目标对中国高校人事制度变迁的影响也就是为了达到学术进步、学术繁荣的组织目标，中国高校人事制度有哪些表现及变化。

一　学术目标是高校作为一个组织的终极目标

可以说，高校作为一个组织，它的组织目标就是为了学术进步。虽然中国高校的变迁史告诉我们，中国高校自产生之日起担负的就是社会或国家赋予的"富国、强国或培养接班人"的使命，但是"富国、强国或培养接班人"都是要通过高校促进学术进步来完成的。为什么说学术目标是高校这个组织的终极目标呢，原因主要是：

一是高校的组织特性主要是学术性。高校虽然是科层组织与学术组织的耦合体，但是高校的主要特性是学术性。因为高等教育的逻辑起点是高深知识，高深知识是高等教育系统占支配地位的特征[①]，高校的院系"不是一个政治团体。它的职责不是行政管理，而是发现、发表和讲授高深学问。它的管理……是以知识为基础"。[②] 大学的三大职能培养人才、发展知识、为社会服务都是围绕着高深知识展开的，所以大学里面围绕高深知识组织起来

---

① ［美］伯顿·R. 克拉克：《高等教育系统——学术组织的跨国研究》，王承绪等译，杭州大学出版社 1994 年版。

② ［美］布鲁贝克：《高等教育哲学》，王承绪等译，浙江教育出版社 1987 年版，第 3 页。

的学术工作是大学的中心工作。大学组织不管如何组成，学术性应该是它最受关注也是最应该彰显的特性。现实中的高校由两个特色非常明显的部分组成，一部分是科层特性明显的事务性管理部门，也就是我们所说的高校的职能管理部门；还有一部分是学术特性明显的院系。围绕高深知识的传承、创新和使用来开展工作的主要是院系，所有具有科层特征的部门都是为更好地开展知识活动和学术活动来服务的，因此高校的科层组织职能部门是为学术组织院系服务的，与科层性比起来，学术性是高校最本质的组织特性。

二是高校的组成人员主要是学术人员——教师。高校的组成者中专门从事学术工作的人员（主要是教师）是大学地位最高的人，学术性也是高校教师区别于其他群体最大的特性。高校作为一个学术组织，一直以来它的组成人员的主体都是学术人员——教师。尽管高校现在发展的规模越来越大，组织职能越来越复杂，其组织运行要靠庞大的后勤系统、行政系统来支持，但是不管是美国的大型学校系统，还是具有中国特色的单位制的大学，都没有改变教师在高校中的主体地位这个特点。这是因为在高校这个学术组织中，学术活动是它的中心活动，而高校学术活动的主体是分散在各个院系的教师，教师主要是以学术劳动者的身份、以与高校其他人员相比所具有的学术能力在高校学术活动中居于中心地位，所以高校教师是大学活动的中心主体。[①] 曾任哈佛文理学院院长的亨利·罗索夫斯基说："大学教师常常认为他们就是大学。教学和研究是高等教育最重要的使命，而这些使命正掌握在他们的手中。没有教授，就不成其为大学。"[②] 科尔认为："在非常实际的意义上说，教职员整体就是大学本身——是它最主要的生产要素，是它荣誉的源泉；教师们是这种机构的特有合伙人。"[③] 伯顿·R.克拉克则更明确地指出："学术系统与其说是从一种观点看世界的专业人员紧密结合起来的群体，不如说是许多类型专业人员的松散结合。"[④] 他所说的专业人员就是教师。

---

① 马廷奇：《学术性：大学组织活动的基本逻辑》，《煤炭高等教育》2005 年第 6 期。

② ［美］亨利·罗索夫斯基：《美国校园文化——学生·教授·管理》，谢宗仙、周灵芝、马宝兰译，山东人民出版社 1996 年版，第 5 页。

③ ［美］克拉克·科尔：《大学的功用》，陈学飞、陈恢钦、周京、刘新芝译，江西教育出版社 1993 年版，第 71 页。

④ ［美］伯顿·R.克拉克：《高等教育系统——学术组织的跨国研究》，王承绪等译，杭州大学出版社 1994 年版，第 17、40 页。

三是高校占主导地位的权力是学术权力。布鲁贝克认为由于学术性是大学组织的本质属性，所以大学组织内部权力配置要以学术性为重要依据，学术权力应是高校占主导地位的权力。学术权力在这里是个泛指，我们在这里不谈学术权力和行政权力的概念辨析问题，只是谈大家一般意义上所理解的学术权力。按照伯顿·R. 克拉克的定义，学术权力指掌握在学术人员手中或为了管理学术工作应该拥有的权力，即"从讲座教授所拥有的权力直至中央政府管理高等教育的权力都叫做学术权力"①。这样定义也是基于高校管理权力的学术性特点。其学术性主要表现为内行领导和同行评价，即高等教育管理权力主要由学术造诣较深的学者或学者集体掌握。因为高深知识的特性，高校形成了"谁的学术水平高，谁的发言权更大"的惯例，这种惯例应用在管理领域，具体表现一是高校的管理者如校级领导、院系领导都强调由学历较高、成就较突出的教授担任，这也是中国时下流行院士做校长的深层文化背景，是一种认为学问大才能让那些学有所长的教授们服气并顺从管理的集体意识的反映。二是在高校的各种各样的委员会中，也包括在政府的高等教育决策咨询委员会中，委员往往都由各学科领域的杰出学者担任。大家认为只有由学者即内行领导，才能保证高校管理权力的正确运用。因为只有教授们"最清楚高深学问的内容，因此他们最有资格决定应该开设哪些科目以及如何讲授。此外，教师还应该决定谁最有资格学习高深学问，谁已经掌握了知识并应该获得学位。更显而易见的是，教师比其他人更清楚地知道谁最有资格成为教授。更重要的是，他们必须是他们的学术自由是否受到侵犯的公证人"②。

二　学术目标对中国高校人事制度变迁的影响

（一）学术目标使得高校人事制度变迁离不开对高校学术民主管理的追求

发展学术是高校的组织目标，正如我们认为物品的价格始终围绕着价值上下浮动一样，高校人事制度不管如何变化，最后都会回到人事制度的

---

① ［加拿大］约翰·范德格拉夫等编著：《学术权力——七国高等教育管理体制比较》，王承绪等译，浙江教育出版社 1989 年版，第 173—185 页。

② ［美］约翰·S. 布鲁贝克：《高等教育哲学》，王承绪等译，浙江教育出版社 2001 年版，第 32 页。

设计要最大限度地促使高校实现其发展学术的组织目标这个轨道上来。中国高校人事制度的变迁史证实了这个观点。中国高校人事制度的设计虽然在清末充满"官僚气",在新中国一度被政治化、经济化,但是在民国时期,高校人事的制度安排在理念上是体现了发展学术为本的,新中国在将高校定位于政治和定位于经济之后,当代中国高校人事制度的每一次改革,不管它是行政化还是过度追求效率,那只是手段的问题,它的基本理念也是以发展学术、繁荣学术为目标的。

为了实现高校的学术目标,实行学术民主管理是高校制度安排的应有之义。因为一方面学术系统基本的价值取向是自由和平等。自由是大学所必需的,因为大学是研究高深知识、探索未知、发现真理的场所。"迎接未知真理的挑战,需要鼓起勇气,摆脱理智障碍和理智保持,不这样做就不可能发现真理,即发现也只是局部的。因此,按照逻辑推理,忠实于高深学问看来需要尽可能广泛的学术自由。"[①] 平等则是自由的保障,学者之间消除等级级别,是自由探索未知的先决条件。[②] 自由和平等天生具有的反科层化、反集权的倾向,正与学术民主管理的价值取向相吻合。

另一方面大学高度分裂的专业化的组织特性,也为民主化管理提供了适宜的土壤。大学可以说是各学科和专业之间的松散连接,各学科和院系交叉产生了高等教育机构的矩阵模式,并使高等教育机构处于一种有组织的无政府状态。这种"结构平坦、组织松散的工作单位结构",使得在"在现代体制之中,校园里或系统中没有一门学科能够获得统治其他学科的地位[③]。各学科之间都是平等并相对独立地发展,如教育学关注"教育的本质",而人类学关注少数民族的文化,每个学科都有自己一套独立的知识谱系、概念方法、关注重点,它们之间可能偶有交叉,但是两个学科之间不存在孰轻孰重的问题。这种学科专业之间的平等性也决定了高等学校要进行"权力分散"的民主的学术管理,[④] 反对集权管理。

---

① ［美］约翰·S. 布鲁贝克:《高等教育哲学》,王承绪等译,浙江教育出版社1987年版,第45页。

② 《政治学的观点:高等学校的二元权力结构及其运行》,潘懋元主编《多学科观点的高等教育学研究》,上海教育出版社2001年版,第297页。

③ ［美］伯顿·R. 克拉克:《高等教育系统——学术组织的跨国研究》,王承绪等译,杭州大学出版社1994年版,第40页。

④ 周光礼:《高等教育组织的定位与管理》,《高等教育研究》2000年第5期。

最后，大学的二元权力结构（学术权力与行政权力）及大学组织中学术权威的多元化存在也使高校很难建立集权式管理。这种权力和权威的非唯一性本身是对高校科层制管理的一种冲击，它天生具有一种对民主管理的追求。加上大学内部扎根于学科的权力是个人统治、学院式统治、行会权力和专业权力①，这些权力不是法理型权威，而主要属于传统型权威和魅力型权威，这两种权威等级性不强，常以"个人化"或"集体统治"的形式出现，是一种民主化管理②。因为所谓民主，就是"追求平等，强调每个人都有资格参与公共事务活动；命令性权力降到最低"③，这正是行会权力、专业权力的特征。需要强调的是，高校的学术民主管理是学术进步与繁荣的前提条件，但是对学术问题不能采取少数服从多数的民主方式，应该是在充分协商、探讨、研究、广泛接受学者意见的基础上进行决策。学术管理民主在现实生活中的提法就是"尊重知识、尊重人才"④。这种对学术问题民主管理的方式，我们在现实中也可以看到，以研究活动为主的大学比教学为主（传授知识）的大学管理更民主，专业人员权力更大。有学者研究证实了这一观点，在美国，与社区学院相比，研究型大学教师更多参与决策，研究型大学管理更为民主。

基于以上分析，高校的学术民主管理是高校实现学术进步、学术繁荣目标的前提条件，所以，高校的人事制度安排应该以此为准绳。

（二）学术目标使得高校人事制度在方方面面都体现了对学术的要求

1. 大学自治一直是中国高校的诉求

大学自治体现的是外界与大学关系，主要指政府与大学关系，政府不干预大学发展。由于中国高校自清末以来就是在政府主导下发展的，加上中国一直以来形成的集权管理传统，政府基本上一直都是或试图牢牢地控制大学，中国高校争取独立自主地位的斗争伴随着中国大学的发展史。民国时期以蔡元培为首的争取"教育独立"的运动及大学院区制度的试行都是高校试图摆脱政府控制、争取自治地位的一种表现，中国现当代要求

---

① ［加拿大］约翰·范德格拉夫等编著：《学术权力——七国高等教育管理体制比较》，王承绪等译，浙江教育出版社1989年版。

② Peter M. Blna, *The Organization of Academic Work*, Transaction Publisher, 1994.

③ Rheinstein, *Max, ed.*, *Max Weber on Law in Economy and Society*, Clarion Book ed., New York: Simon and Schuster, 1954: 330 – 334.

④ 别敦荣：《论高等教育管理权力》，《高等教育研究》2001年第2期。

"下放大学办学自主权"的呼声此起彼伏也是对大学自治地位的一种努力。

实现高校学术目标是大学自治的理论基础之一。高深知识的逻辑起点赋予了大学自治的权力，因为高深知识的探索具有不确定性，探索高深知识的学术活动也没有现成的规则可循，所以学者以及大学可以根据特定的情况，自行决定采取适当的行为方式。大学只有具有自主办学地位，才能更好地履行学术和社会职责。由于学术性组织内行领导的特点，大学自治会更容易达到发展学术的组织目标。大学发展史也清楚地告诉我们，自中世纪大学诞生之日起，大学自治就成了与大学血脉相连的传统，德国大学的一度强盛与美国大学当今的超级霸主地位也显示出政府要实现自己的目标，最好的做法就是让大学自己管理自己。当大学按照学术组织内在的规律运转时，社会对大学的要求才能得到最好的满足。在政府与大学的关系中，政府一直是处于强势地位的一方，政府控制与大学自治之间的矛盾过去、现在和将来都是中国政府与大学关系的核心问题。

2. 学术目标是中国高校各种学术管理组织成立的动因

以学术进步为本是大学组织结构设计的核心理念。中国高校各种学术管理机构成立的动因就是为了尊重学术权力，使高校的个人学术权力集合为群体学术权力，并以制度化的方式使这种群体权力能制衡学校行政权力，更好地发挥学术权力在学术管理中的作用，使学术管理更好地为学术进步的目标服务。这也是高校组织区别于其他一般性社会组织的一个重要特点。民国时期，蔡元培作为教育部长颁布《大学令》，倡议在全国高校建立评议会、教授会组织，后来民国教育部成立学术审议委员会。新中国在1978年之后在各大学设立学术委员会、学位评定委员会（1980年开始设立）、教师职称评审委员会（1983年开始设立）。之后一些学校还相继成立了专业设置委员会、教学委员会、教材委员会、科研规划委员会等学术管理机构。[①] 随着高校内部管理体制改革的深入，许多高校在院系成立了院系教授会、学院学术委员会、教学委员会等各种以教授为主体的决策、审议、咨询机构，并主要通过学院会议（或称院务会议）完成对整个学院的统一协调。以上这些学术机构的设立，都是中国高校力图冲破浓厚的官僚气及政治氛围，使高校恢复学术组织的本来面目所采取的种种措

---

① 李春梅：《我国大学学术管理组织改革研究》，硕士学位论文，华中师范大学，2004年。

施。这些学术组织的一个共同特点就是规定各个组织中教授的比例，力图使学术权力掌握学术事务的管理权，发挥专家学者在学术评议、教师评价等学术管理中的权威性和导向性，确保高校学术研究方向及学术评价标准正确，尽量避免学术事务被外行领导，在某种意义上说，这种学术组织也是大学实行自治的组织保障。

尽管有各种学术管理组织的存在，但是在中国高校，学术权力一直处于被压制的地位，这从以下三点可以看出：

首先，在中国高校，学术管理组织如教授会、学术委员会等的设置都是时断时续，没有连续性。就算在最能体现大学自治的民国时期，政府对大学教授会的设置也是持犹豫不决的态度。从各个时期的大学法令中教授会设置条款的有无也可以看出（见表4—1），民国政府对大学设置教授会基本上持否定态度。新中国成立后，由于大学一度被定位为阶级斗争的工具，大学的政治职能凸显，高校教师被称作"臭老九"，是需要工农帮助和改造的阶级，相应的学术权力在高校毫无地位，连学术委员会这种学术管理组织也是直到1978年《全国重点高等学校暂行工作条例》颁布后才开始建立。

表4—1　　　　　　　　　　大学法规教授会设置条款

教授会级别	组成人员	审议事项	法规
科教授会（科即当时的文、理、法等科）	会员是各科教授，议长是各科学长	教育总长、大学校长咨询事件和主要与教务有关事项如学科课程、学生试验事项、审查大学院生属于该科之成绩、审查提出论文请授学位者之合格与否	1912年《大学令》第十八条、第十九条
无教授会条款			1917年《修正大学令》
三级教授会：科教授会、学系教授会、大学院教授会	各科各学系及大学院之正教授、教授，讲师并应列席	规划课程及其进行事宜	1924年《国立大学校条例令》第十七条

续表

教授会级别	组成人员	审议事项	法规
无教授会条款			1929 年《专科学校组织法》《大学组织法》，1948 年《大学法》《专科学校法》

其次，学术管理组织权限小。学界公认最能彰显学术权力的是民国时期蔡元培时代的北大和梅贻琦时代的清华，当时清华流传一句戏谑的话"神仙、老虎、狗"，教授是神仙、学生是老虎、职员是狗①，这可以看出教授的至尊地位。饶是如此，陈岱孙就评论当时清华教授治校之所以能实行，是因为梅贻琦的气量和尊重教师，时人对蔡元培也有类似的评价，就是说只要两个校长愿意，当时的"教授会"是完全可以被架空的。现在的中国虽然由法律规定高校学术组织的地位，但大多只拥有审议权、咨询权，而非决策权。如《中华人民共和国高等教育法》第四十二条明确规定，"高等学校设立学术委员会，审议学科专业的设置，教学、科学研究计划方案，评定教学、科学研究成果等有关学术事项。"

最后，大学学术管理组织中行政权力渗透明显。一是学术管理组织中行政身份人员比例过大。民国时期教授会、评议会及各种合议制的学术管理组织都是由教师民主选举，且规定了选举程序及规则，并明文规定教员参与的比例，学术管理组织人员的学术权力代表身份得到了较好的保证。新中国，学术管理组织按照行政机构产生的方式组建的情况非常普遍，它并不是学术同行自发组成的学术团体，而是依法组建的正规机构，它的基本组织原则类似于科层组织，并行使一种机构化、正规化的权力。学术权力的机构化行使，是学术权力科层化的标志。由于是一种正规机构，学术管理组织成员的产生也没有遵循"自下而上"的原则，而是大都由学校指定，这就不能保证学术管理组织成员的学术权力代表身份。现实中的情况就是，关于中国当代高校学术组织成员中校、院、系行政领导比例过高的报道时时见之于报端。

---

① 冯友兰：《冯友兰自述》，中国人民大学出版社 2004 年版。

　　二是处理学术事务的方式也有非常明显的行政化色彩。如当代中国各高校都成立的学术评议机构学术委员会，校学术委员在对各类教学、科研项目和成果奖励进行评选时要按照学科限额来进行，这种学科限额就是行政力量的干预，而且实际上重要学术事务的最后决策权还是在校长、校长办公会议或校党委常务会议手中；另外，由多学科专家组成的教师职务资格评定机构教师职务评审委员会（或评审组），在对院、系学科专家组评议结果进行审批时，也要考虑到各院系、学科、专业的平衡，再给以数量控制和政策倾斜，这些都带有行政色彩，并且最后的决定权还是在校党委或校行政。同时值得指出的是，低级别学术人员的学术权力不仅受到来自行政力量的挤压，还受到高职级学术人员的挤压。主要表现就是学术管理组织中纯粹的学术人员之间呈现出等级性。学术影响力大的人更有学术发言权，这无可非议。但是在学术管理组织强调等级会导致管理的科层化及学术不民主，进而产生"学术寡头""学阀"以及"学霸"，这不利于学术队伍的后备力量年青教师的发展，也不利于学术的进步。

　　为了确保学术权力在各级学术管理组织中的正常行使，当前高校人事制度做了两方面的改革，一是在学术管理组织中减少行政人员的比例，如现在就有大学校长宣布退出学术委员会；二是将学术管理组织分的更细，如在学术委员会下面再设置教学、科研、学位委员会，并在院系设立学科委员会，因为学术权力的行使只能是基于行使人从其学科专业背景出发所形成和达到的专业水平和学术能力。一个学术委员会委员，不管他是一个普通教授还是一个知名的院士，由于术业有专攻，他只能在自己的专业领域拥有学术权力，如果他进入的不是他专攻的学科领域，就算贵为院士，他具有的学术权力也不应该比该领域的一个新人多。由于学术是不断发展的，学术权力也没有持续的支配力，就算是该领域的专家，一旦他脱离了学术研究领域很久或基本上不再从事研究，他的学术权力也会大打折扣。

　　3. 学术目标对中国高校人事内部管理制度的影响

　　学术目标在中国高校人事内部管理制度上的体现是多维度的：教师选聘、晋升中强调学术资格；教师评价、考核、薪酬分配、辞退（如北大 2003 年实行的"非升即走"）中强调学术表现；以学术休假、访问学者、出国进修制度等促进教师学术发展；学术事务管理组织强调组成人员的学术身份，教授治校、权力下放至院系的内部民主管理都是尊重学术权力的体现。

　　（1）教师选聘中对应聘者学术资格的强调。高校教师强调学术资格中外皆然。在麻省理工学院（MIT）要想获得终身教职，"必须被经由本领域杰出的学者判定其为一流学者，且承诺继续献身于学问"。这说明获取终身教职的基础是学术成就，教学和为社会服务居于其次。一直以来中国高校在教师选聘中都强调应聘者的学术资格，在不同的时期对学术资格的要求不同。清末大学堂教师要求"学贯中西"，那是当时"师夷长技"的时代背景决定的，当时著名的中国学人都是不仅要有深厚的中国学术背景，还要有西学背景，如吴汝纶之被聘为大学堂总教习就是一例。民国时期逐渐与现代大学制度接轨，对高校教师资格的选聘更为规范化。出现了专门的教师资格法规《大学教员资格条例》（1927 年）和《大学及独立学院教员资格审查暂行规程》（1940 年），明文规定各个职级的教师需要具备的学术资格，主要是学历和资历，同时规定有学术成果的应聘者不具备规定学历、资历也可录用。按蒋梦麟的话说就是名师"当以知识、人格为标准"①。新中国成立之后的近三十年，高校教师由于是国家任命或选派高校毕业生补充，尤其在大讲政治斗争的年代，高校教师从事学术研究成了走"白专道路"，新教师的学术资格没有特别明确的强调，主要是强调"革命性"。随着高等教育体制的改革，教师聘任制的实行，高校教师的学术资格逐渐被严格要求，到了现在，在一些层次高一点的高校，则基本上演变成"新教师非博士毕业生不能申请"的局面，博士毕业证成了高校新教师上岗的必备条件。

（2）教师晋升、评价、考核、辞退、薪酬分配诸环节中对学术表现的强调。中国高校在教师晋升、评价、考核、辞退、薪酬分配中一直都强调学术表现。清末大学堂教师评奖，大都以培养毕业的学生数为指标。民国时期，教师晋升明文规定要有学术成果，强调要有"专门著作"，同时强调对于真正有学术水平的人，可以破格提拔，教师考核也是如此，如1920 年正教授、教授、助教的考核标准除了教学表现"教授成绩、每年实授课时间之多寡、所担任学科之性质"，社会服务表现"在社会之声望"外，就是学术表现"著述及发明"。② 同时薪酬分配按职级划分，职

① 蔡磊砢：《蔡元培时代的北大"教授治校"制度：困境与变迁》，《高等教育研究》2007年第 2 期。

② 第六次全国教育会联合会《关于拟请教育经费独立等九提案》（1920 年），载中国第二历史档案馆编《中华民国史档案数据汇编·第三辑·教育》，江苏古籍出版社 1991 年版，第 6 页。

级高的人工资及研究补助都高，这种薪酬等级的言下之意也就是大家一般认为职级高的人学术水平就高。新中国之初高校模仿苏联强调教学，教师晋升、教师评价一般由行政决定，大都强调教学表现，即便在这种强调政治的气氛中，还是规定教师晋升要考虑教师是否有学术著作。当时教师薪酬基本上不考虑学术成果发表，除了职级不同、薪酬等级不同外，教师的学术表现一般不会影响他的收入所得。改革开放之后，在市场经济的洪流之中，教师评价、晋升、考核、薪酬分配越来越强调"创收"。创收是一个具有中国特色的高校行为，日本著名学者金子元久就认为"强调教师创收"说明中国高校在全世界来说都是市场化最为彻底的。[①] 在这种背景之下，为学校带来多少财源成为教师一个重要的考核指标，尤其教师薪酬分配直接与教师"创收"挂钩，有些高校发展到教师晋升必须有多少金额的课题经费，经济指标在某些高校简直可以替代教师学术表现的不足。随着近年来高校要回归学术组织本性的呼声越来越高，这种势头是否会得到制止还有待观察。尽管如此，各高校的教师晋升、评价、考核还是明文规定了对教师学术表现的要求。

（3）以学术休假、访问学者、出国进修制度等促进教师学术发展。教师的发展主要是强调教师要在学术上发展。清末高校存在时间短，关于教师发展的法规条款很少见到。民国时期，高校教师发展的主要特点是各高校实行的学术休假制度。一般大学都规定教师在高校连续服务五年或七年之后，可以出国或在国内带薪学术休假一年，出国人员还报销差旅费。对教师学术休假的要求就是教师在休假前要交研究计划和休假完毕要有研究成果。也就是学术休假旨在提高教师学术水平。新中国，虽然有些高校也制定了学术休假制度，但是很少实行，据笔者对某些高校教师的访谈，结论是学术休假意义不大，休假期间过于影响收入，因为高校教师有很多收入分配是与"在岗"联系在一起的。

民国时期高校教师也有公派出国进修的，但不是教师发展的主流。如刘半农去法国攻读博士学位，就是在他任北京大学预科教授之后教育部公派的，他拿到学位后又回到北京大学任教。周作人给刘半农写的墓志铭里面就有记载。

---

① ［日］金子元久：《高等教育发展的中国模式：来自日本的观察》，徐国兴译，《教育发展研究》2006 年第 5A 期，第 25 页。

故国立北京大学教授刘君墓志：……民国六年被聘为国立北京大学预科教授，九年，教育部派赴欧洲留学，凡六年；十四年应巴黎大学考试，受法国国家文学博士学位，返北京大学，任中国文学系教授，兼研究所国学门导师。[1]

新中国高校教师发展主要是出国进修和做访问学者。国家有专项计划鼓励高校教师出国进修攻读学位、合作研究或做访问学者。近年来，由于国家经济实力增强和国家对高等教育国际化的重视，在鼓励教师出国进修上力度更大，投资更多，高校年轻教师出国进修比例加大。访问学者制度也是高校教师发展的一个重要制度，分国内访学和出国访学，国内访学主要是较低水平高校教师到较高水平高校访学，这在较为落后的西部教师发展中比较普遍。这种短期访学国家有专项计划资助，目的也是促进青年教师在学术水平和教学上有所提高。

（4）学术管理组织强调组成人员的学者身份，高校内部权力配置实行"教授治校"、权力下放至院系都体现了对学术权力的尊重。学术管理组织强调组成人员的学者身份，在清末就有所表现。清末大学堂就规定学堂教学等事务要由总教习、教习开会决定。民国时期，更是明确规定学术管理组织中教授的比例，并规定成员由选举产生，决策由投票决定，如教授会、评议会都是如此运作。在1978年之后我国建立的各类学术管理组织发展至今，都存在当前学界所诟病的行政化问题，对学术权力的尊重体现不够，各类批评强调要尊重学术权力也是学术目标对高校人事制度影响的表现，这些批评也告诉我们，高校人事制度不论如何偏离学术目标，但是对学术目标的追求会指引高校人事制度回归学术本质，学术是高校这个组织的灵魂。

高校内部权力配置在清末是完全集中在学校组织顶部，蔡元培就说过，以前的大学堂事务的决定就是监督说了算，连学长都没有与闻的。民国时期，高校内部强调权力三分及权力制衡，在北大、清华实行的"教授治校"将对学术权力的尊重发挥到顶峰。新中国成立后很长一段时间，一度连高校自身都是政府的附属机构，高校是国家行政命令的执行者，行

---

[1]　周作人：《知堂回想录》，河北教育出版社2002年版，第321页。

政权力在高校大行其道，学术权力式微。随着国家政治体制改革，大学办学自主权逐渐下放，当今对高校内部权力要下放到基层院系的呼声也是学术权力受到重视的反映。大学是个底部沉重的组织，基层的以学科、专业为基础的院系是高校教学、科研的主要阵地，分散在各个院系的教师是高校教学、科研的主力军，高校的权力应配置在院系而不是集中在顶部的高校管理部门，才符合高校学术组织的特点。由于"对大部分大学教师来说，他们更多地把自己看作是个人主义者；他们在工作中是独处的，甚至是带有遁世色彩的。每个教师都有自己要做的事情，并乐意让他一个人去做"①。教师工作的特性决定了学术权力需要的是自由、松散甚至无政府的环境，所以在决策管理上要更强调民主与平等，这种权力配置在基层在当今的高水平大学体现较为明显，是当今高校人事制度改革的大趋势。

第二节　效率目标对中国高校人事制度变迁的影响

效率一般指投入与产出之比，投入多，产出少，为效率低，反之则高。平时我们谈高校的成本与效率中的"效率"，一般指高校教学研究资源利用效率，如高校的教室、图书馆、宿舍、购买的教学研究设备等的利用情况。这里效率目标主要指如何以最少的投入使高校学术产出最高，这种学术产出主要指教师教学、科研及为社会服务，总之，本节的"效率"是衡量高校的学术目标的完成情况的，涉及的有行政人员的工作效率、高校教师的工作效率等与人事制度有关的事务。一般谈到的指标有生师比、行政后勤人员与教师比、高校决策的快慢，国家的投入与高校的产出比等。

一　效率目标一直是中国高校的组织目标之一

对效率的追求是与组织的实用性联系在一起的。中国高校从产生之日起就负有强国或培养接班人的使命，从通俗意义上来讲，如果在清末因为成立高校中国能马上进入世界强国，则可以说在清末建立大学的效率极高，因为它很好地完成了对它的期望。

有一种观点就认为高校是不应该讲效率的地方，因为高校产品（学

---

① 郑金洲：《教育文化学》，人民教育出版社 2000 年版，第 121 页。

生）受高等教育的影响很难衡量又具有滞后性，学术研究成果是"闲暇"的产物好过于在追求效率背景下的产物，高校学术组织的特性与追求效率目标格格不入，效率是衡量学术产出的，这样就产生悖论，一般认为学术产出是不能讲效率的。典型例子就是诺贝尔奖获得者纳什精神出了问题，不能正常工作，普林斯顿大学没有抛弃他，让他在普林斯顿大学赋闲，还发工资给他。对这件事情的一致看法就是：不追求效率，美国大学才强盛。民国时期也有很多高校不讲效率的例子，被人们津津乐道。张中行就曾记载他在北大上学的时候，音韵课每天上课的人多，但是最后一学期完了，他才发现真正选课的只有他一个人，也就是一个人选课都会开课，这就完全谈不上效率了。周作人也曾记载北大开设日文课，八年才培养了七个学生。

> 一九二九年的秋天这才恢复了日文预科。这时张凤举到欧洲自学去了，教员只剩了徐耀辰和我两人，预科学生共有三个，便这样的开了班。但是到了本科的时候，教员就不够分了。于是去拉人来帮忙，请钱稻孙担任万叶集的和歌，傅涛担任近松的净琉璃戏曲，徐耀辰仍任现代文学，我则摘些江户时代的小说，杂凑成一年的课程；四年间敷衍过去，本科就算完毕了。这第一班于一九三五年毕业，第二班毕业一九三六年，共计二人，第三班毕业于一九三七年，也是五人，一总三班七个人，计共花费了十足的八年。[①]

那么，为什么还是要将效率当成高校这个学术组织的目标呢？原因是：

（一）高校的科层组织特性决定了效率是高校的组织目标

一高校的科层制度本身就是形式理性的产物，它的终极目标是效率。以科斯为代表的新制度经济学认为，制度的存在是为了节约交易费用。当维持一个制度的费用小于交易费用时，制度就会存在，反之，制度就会废止。大学中的管理者如校长等并不是与大学同时产生的。中世纪大学实行教授治校，随着大学慢慢规模扩大，与外界（世俗政权和教会等）交往增多，"教授治校"越来越显示出交易成本高、决策效率低等缺点，为了

---

① 周作人：《知堂回想录》，河北教育出版社 2002 年版，第 415 页。

降低交易费用，专门从事管理的校长等管理人员就应运而生了，这正是制度经济学所谓的"把交易规则内化为组织规则，用科层关系替代市场交换关系"①。这样，大学的现代组织形态科层制也在大学开始出现，因为有了这种科层制的管理组织，大学的市场交易活动就在大学内部的科层组织内进行，大学多元市场行为的内部化就减少了市场行为的多重契约性、不确定性和高风险性，达到"教育服务的提供者、出资者、消费者等以最低的交易成本实现联合"的目的，从而提高效率。也就是说，当大学规模小时，"教授治校"有着效率上的合理性，而当大学规模扩大，则需要科层组织来提高效率。

　　二高校是一种半科层组织。作为学术组织与科层组织的耦合体，高校表现出学术性的本质属性。在强调高校组织的专业性和学术性特征的同时，谁也不能否认高校内部也存在科层组织的特征：高校的行政管理部分，高校从校长到校各级管理部门到院系呈直线等级结构，高校的这一套行政管理班子基本上是按科层制的组织原则建立并运行的，可以说是一个完全的科层组织。高校的学术部门，各个分散的院系，大家一般认为其组织属性主要是学术性，但是各院系内部也体现出科层组织的一些特性。综合高校行政部分和学术部分的组织特性，高校可以说是个半科层组织。按照德国社会经济学家马克斯·韦伯在《社会组织与经济组织理论》一书中对"科层制"的定义，科层制的特点就是专业分工、权责明确、等级森严、纪律严明、法定资格、理性关系、固定工资等。与其他许多社会组织一样，大学各院系也具有明显的科层组织的特点。例如，任何一所高校，各院系内部的教师之间也呈现出专业分工，有学术职级，不同职级的人有不同的工作职责、资格、薪酬标准，低职级向高职级晋升有章可循，这些都是科层组织的表现。但是由于高校教师没有8小时工作制，工作时间相对灵活，教员之间虽有学术等级，各学术等级的人在学术事务的处理中影响不同，但是高、低学术职级的人之间基本上是平等的，不存在直接监督的关系。② 加上各院系具体的组织目标不一样，这样使得高校作为一个整体没有明确统一的组织目标，这些都是非科层制的表现。所以，高校

---

① ［冰岛］思拉思·埃格特森：《新制度经济学》，吴经邦等译，商务印书馆1996年版，第140页。

② Peter M. Blna, *The Organization of Academic Work*, Transaction Publisher, 1994.

算是一种半科层组织。

三高校需要科层制度。虽然高校的主要组成人员是教师不是科层制中的行政人员，高校中的学术组织是高校的核心，但是行政系统在高校中的作用与地位不能小觑。按照蒋梦麟的观点即"办国立大学之道无他，于学问精神外，加以效能之组织"①。其"效能之组织"即高校的行政科层制度。蒋梦麟实行"校长治校"是以效能为目标，强调学校事权层层分工，这就是追求一种科层制的管理模式。我国高校自产生之日起，行政管理人员的影响就一直发挥着主导作用，到现在，为众人所诟病的"行政化"即指高校行政权力过于强势。就是在学术传统浓厚的西方国家，随着大学系统越来越庞大，功能越来越复杂，高校的科层管理人员的势力现在几乎达到了能与学术权力抗衡甚至超越学术权力的地步。尽管高校的科层制度会造成很多弊端，高校还是需要科层制度的。因为高校的学术系统需要科层系统的协助才能更好地完成高校组织的效率目标。高校的科层系统和学术系统在组织活动中具有不同的价值取向。学术系统以自由、平等为价值取向，在组织活动中反对过多的干预，也不太认可明确清晰的组织目标，加上各学科、专业的差异性和相对独立性，高校内部就存在一定的离心力。要减小高校内部的离心力，增强其凝聚力，形成一个统一的组织目标，使高校对内对外能以一个整体的面貌出现②，这就需要高校的科层系统发挥整合作用，并通过树立行政权威强化等级，以统一的意识形态整合整个松散的组织，使高校活动科学化、理性化、规范化、程序化，并给其成员以使命感，从而保证高校平稳运行并顺利实现组织目标。也就是说，高校需要科层制度来实现它对理性、合法性和效率的追求，"科层制度解决的不仅仅是单个雇佣者的生产效率，而是组织的效率，即在组织层面如何最大限度地进行合作与控制"③。作为一项经典的组织体系和管理体制，科层制目前仍在高校保持着强大的生命力。高校的科层系统与学术系统如车之两轮，缺一不可。他们之间不同的权力配置模式，形成各个大学不同特色的管理方式。

---

① 蔡磊砢：《蔡元培时代的北大"教授治校"制度：困境与变迁》，《高等教育研究》2007年第 2 期。

② 别敦荣：《论高等学校管理的三原则》，《清华大学教育研究》2001 年第 1 期。

③ ［美］彼得·布劳、［美］马歇尔·梅耶：《现代社会中的科层制》，马戎、时宪民、邱泽奇译，学林出版社 2001 年版，第 19 页。

（二）高校资源投入不足迫使高校将效率作为高校的组织目标之一

教育经济学中的成本最大化理论认为，高校的运作准则可能是成本最大化的。即高校不管争取到多少经费，最后都会花光。① 这给我们的印象就是对高校的投资永远都不会达到其要求，高校永远都会觉得资源缺乏，因为对高校的投资是个无底洞，多少投资都能被花光。鉴于成本最大化理论，加上中国高校一直都存在投资不足的国情，迫于外部环境压力和组织为求生存的动力，中国高校的办学者们（包括政府和校长）在各个历史时期都不得不将效率纳入考虑范围之内。

中国高校建立之初，清政府对高校投入很大。当时的高校教师，不管是洋教习还是中教习待遇都很好，朝廷对高校教师赏赐的标准是毕业了几届学生及毕业学生总数，这是一个很原始的效率观，学生作为办学的产品被纳入考核的范围。民国时期虽然是中国高校自治程度最高的时期之一，但是同时它也意味着是中国高校资源最为缺乏的时期之一。早在北京大学第一任校长严复上任时，北大就因经费短缺一度经历停办的危机。北大校史记载"严复接办北京大学后，首先碰到的就是学校经费无着落"②。教育部不仅不设法改善，还"以经费困难、程度不高和办理未善等理由，提出要停办北京大学"③。到 20 世纪 20 年代，高校经费不足问题更为严重。1924 年 6 月 18 日《晨报》的报道可见一斑："北京国立专门以上八校经费……年来政府未能按期照数发给，及今积欠已阅十月。学校本身与教职员个人，均已无法维持，校务与教务，也大半停顿，水尽山穷，奄奄一息。"④ 民国政府几乎在整个 20 世纪 20 年代都存在拖欠高校教师工资的问题，民国时期高校教师的"索薪"斗争历时很久。国立北京高校联合索薪、高校校长、教师代表找政府索薪受冷遇甚至挨打的记录比比皆是。

　　　　北京学校的欠薪不知道从哪一年起的，我于民国六年（一九一
　　七年）到北京便已如此，日记上记四月十六日到校，六月五日收到

---

① 丁小浩：《中国高等院校规模效益的实证研究》，教育科学出版社 2000 年版，第 9 页。

② 萧超然、沙健孙、周承恩、梁柱：《北京大学校史 1898—1949》，上海教育出版社 1981 年版，第 29 页。

③ 同上书，第 116 页。

④ 同上书，第 117 页。

四月下半月薪，中九交一，以后便是迟两个月，到了一九二〇年，十一月十七日收到七月份薪，已是四个月了；一九二六年已是北洋政府末期，日记上一月廿六日收一个月份，下注年月不明，至六月十五日收三月的半月份，才注明是十四年份，中间分三次收一个月二成二，至十一月十二日收四五月份合计一个月份另五厘，即是五月份已收了七成七，那末已积欠到一年有半了。①

　　索薪历史也说不清，但这发端于北京的专门以上各校的职教员，是没有问题的。那时在北京的北京大学、高师、女高师（改称师大，女师大，以至合并，都是后来的事），工、农、医、法政、艺术各专校，平时素无联络，为了索薪这才组织了"八校教联会"，以外还有清华和俄文、法政，因为是外交部给钱，不归教育部管辖，所以不加在里边。会里举出代表，专问政府索薪，最初是找教育部，说没钱，去找财政部，自然更多推托，更进一步便只得去问内阁总理和大总统了。……凄风冷雨这一天，教员们因为向政府去索欠薪，在新华门前烂泥里被国军打得头破血流。……代表受伤的有马寅初和沈士远……②

当时北洋军阀之间战争频仍，经费缺乏的学校不只北京的大学，其他地方的大学也是如此，如天津的北洋大学。

　　刘仙洲在北洋大学执政的四年（一九二四——一九二八）期间……而学校经费更是靠不住，经常拿不到。教师拿不到工薪，学校不能按期开学。记得刘校长在开学典礼上曾几次以凄凉的口吻说："我们现在总算能够开学上课了。"当时教师不能及时按月拿到工薪。③

新中国高校大多时期都处于资源紧缺状态中。国家教育投入占国民生

---

① 周作人：《知堂回想录》，河北教育出版社 2002 年版，第 266 页。
② 同上书，第 267 页。
③ 魏寿昆：《严格——北洋的学风》，载钟叔河、朱纯编《过去的大学》，长江文艺出版社 2005 年版，第 12 页。

产总值的比例一直低于世界平均水平，《教育法》规定的"三个增长"迄今为止都未实现。在 20 世纪 90 年代高校分配体制改革之前，高校教师一直是社会上的低收入群体之一。当代高校"211 工程""985 工程"的实施，国家也只是给少数重点大学增加了投入，大多数高校还是资金匮乏。高校的负债过多现在已成为高等教育的一个重要问题，90 年代末期高等教育改革的基本特征是高校尽力开辟财源，从增加学费收入到以别的途径"创收"，各个高校出尽百宝"开源"的目的都是解决资源投入不足的问题。

二　效率目标对中国高校人事制度变迁的影响

效率目标作为中国高校的组织目标之一，对中国高校人事制度变迁有很大影响。一个组织要强化效率，一般都是与加强组织行政权力、调整组织结构、开源节流、增加产出这些行为分不开的。

（一）效率目标是中国高校一直以来行政化倾向明显的最重要的原因

中国高校一直以来都科层特征明显，是比较典型的"政府附属机构"。高校的这种定位也使行政权力一直在高校较学术权力强势，高校人事从中央教育行政到高校内部管理一般都呈现出集权、等级分明的科层特点。在高校民主管理气氛比较浓厚的民国时期，"教授治校"的民主治校形式也只是昙花一现，马上即被"校长治校"所取代。新中国的高校人事行政化倾向严重，现今高校行政化愈演愈烈，被众人所批评。

按照"存在即合理"的说法，高校行政化之所以被大众指摘而仍然能够得以存在下来，就是因为其暗含了对效率的追求。社会本位的教育观及高等教育的政治论观点认为大学是为社会服务的，只有满足了社会的需要，大学才有存在的价值，才满足了社会对其投资的效率需要。行政权力实际上是代表社会和政府来干预高校，大学的行政权力"主要是政府对大学的授权，是政府行政权力在大学中的延伸；同时，也是社会影响大学的中介，间接行使社会干预的职能"①。大学的社会责任是政治论高等教育哲学的现实表现，科层制则是政治论哲学在大学的实践运行机制，是行政权力在大学产生的基础和载体。由于过于强调大学对社会的责任，过于强调大学的效率，中国高校一直都没有形成自己独立自由发展的传统，大

---

① 周光礼：《学术自由与社会干预——大学学术自由的制度分析》，华中科技大学出版社 2003 年版，第 189 页。

多数时间都是围绕着政府和社会对大学的需求发展，用张楚廷校长的话就是大学很少"仰望星空"，按照学术发展的逻辑来运行。国家和市场力量对效率和成本的关注，已经在根本上动摇了学术界的主流学术传统，使得学术文化更具有管理主义特征，这也是行政权力在高校一直处于强势地位，于今愈演愈烈的原因。

（二）效率目标影响中国高校机构调整

这种影响表现在两个方面，一是影响高校的分合。高校的分合在实行之初都隐含着提高效率的意思。如民国时期蔡元培将北京大学工科、医科并入专门学校，体现了蔡元培"学"与"术"分途的考虑。20世纪50年代新中国高校的院系调整将综合大学拆散改成专科性大学，是这个时期办学理念的体现。是模仿苏联，含有意识形态方面的政治原因，但共同点都暗含着对高校效率的需求，即考虑到了专业学校办学更有效率。20世纪末的高校大合并除了体现权力下放地方的分权努力，还明确地表示了对高校合并会提高效率的期待。合并高校的最主要的理由之一就是被合并高校规模过小，生师比过低，高校合并会产生规模经济效应，提高效率。为了达到这个目的，2000年中国有612所大学和学院合并为250所院校。[①]合并前的中国高校确实规模一般都很小，在1997年，正规高等教育机构平均学生人数只有3112人。[②] 尽管合并后的高校又会因为人员过剩造成人员超编，还是存在效率问题，但是合并的初衷是提高效率。

二是影响高校内部的机构改革。每一次高校内部机构改革的主题当仁不让的都是提高效率。高校机构改革主要就是精简机构和人员。机构的精简一是机构横向合并，如学部制改革；二是纵向减少管理层级，通过减少层级摩擦，扩大管理幅度来提高效率。精简机构和人员以提高效率，在新中国高校表现最为明显并且次数繁多。新中国高校每一次的精兵简政，主要是受政府政治体制改革的影响，但它同时也暗合了社会对高校效率的要求。比较有影响的机构改革就是高校20世纪90年代实行的减员增效，下

---

① Li Lanqing, Guanyu Shishi Kejiao Xingguo Zhanlue Gongzuo Qingkuang de Baogao（Report Concerning the Implementation of Work Strategies for the Invigoration of the Nation Through Science and Technology）, in Zhongguo Renmin Gongheguo Quanguo Renmin Daibiao Dahui Changwu Weiyuan Hui Gongbao（Gazette of the Standing Committee of the National People Congress of the People of Republic of China）, 2000（5）: 5.39.

② CEY, *China Education Yearbook*, Beijing: People Education Press, 1990.

岗分流。当时的中国高等教育存在一方面教职员过剩，另一方面政府财政投资增长有限的两难困境。在这种情况下，一些高校教师被调整到学校人才交流中心待岗，也有的教师停薪留职或干脆辞职。由于不是高校自发的调整机构和人员，这种高校机构调整基本没有规律，按曾任武汉大学校长的刘经南的说法，这是个"螺旋式精简"的过程，即：精简后又膨胀，膨胀后再精简。①

（三）效率目标使开源节流成为中国高校人事制度变迁的动力之一

提高效率对于一个组织来说意味着要开源节流。对于高校这么一个成本最大化的组织，开源节流更为重要。高校要追求效率，就必须尽最大可能增加投入、减少支出。为了达到开源节流的目标，高校人事制度屡有创新。

开源是每一个高校都会遇到的问题，因为高校资源紧缺是个世界性难题，加上高校是个成本最大化组织，不管哪一个高校就算是被认为最富有的哈佛大学也不会认为其资源充足。中国高校一直投入不足，在开源上的表现主要是面向社会吸取资金。因为中国公立高校一直是政府投入为主，政府的投资基本上每年都有个固定数目，就是政府投资数额基本上是可预期的，一般不会有大的突然的增加。各公立高校要想扩大财源，只有面向社会谋求资金。主要做法有两点：

一是设立董事会制度。如民国时期就学习美国设立董事会，新中国高校在改革开放之后不仅私立大学就连公立大学也设立董事会，设置董事会最主要的不是学习美国在管理上创新，很大程度上是为了给高校争取经济上的投入。20世纪20年代东南大学董事会的成功，很大程度上也是在争取财源上的成功，在学校管理上建树并不大。

二是"创收"。"创收"是个具有中国特色的词汇，这种活动蔚然成风主要是在新中国高校。"创收"即创造收入，是中国改革开放之后，新中国高校受市场化的影响，为了应对资源紧缺通过为社会服务或办产业来获得收入的一种活动。在创收活动中，高校教师也被鼓励去从事第二职业以获得收入。日本学者金子元久认为中国高校是全世界市场化最为彻底的大学。他认为从中国高校的企业行为及高校教师被物质激励去竞争的体制

---

① 《武大落寞的2009：从高架桥之争到"解聘门"》，http://hb.qq.com/a/20100105/004620_.4.htm。

来看，"可以说中国高等教育的市场化走在了世界的前列。换句话说，这就是高等教育发展的中国模式"①。新中国高校在"创收"上是招数繁多，形式多样。其中高等院校教学机构直接开展商业活动，被认为是最具有"中国特色的"。主要的做法是：各高校按照自己学校的特色和专业优势，以学校为主体创办校办产业，有开办高新技术公司的，著名的有北大方正、清华同方、华中数控等；有经营种猪种鸡业务的（农业类高校）；有录制出售外语教学磁带的（语言类高校）等。还有一种做法是将高校服务市场化，强调高校的研究和教学应与社会需求相适应，如高校依靠自己的财政办起来的、规模不断扩大的成人教育分部，主要是为成人学习者提供继续教育服务；高校还与工厂企业建立合作伙伴关系，按工厂企业的要求为其提供技术智力支持。以上这些，都按照"用者自付的原则"，将知识商品化，使大学日渐变为"市场化的企业"。② 以上种种，都是大学为筹集资金所作的努力。慢慢约定俗成，"创收"已经被制度化，成为中国高校的职能之一。③ 这些措施，一方面是 20 世纪 80 年代以来，新管理主义兴起，强调社会公共服务市场化、大学要为经济发展服务的结果；另一方面，是人类进入"大科学"时代之后，学术职业发生转型，学术日益资本化的结果。在这场知识资本化的运动中，学术人员变成了"学术资本家"，"企业家式地同时寻求财政利益和知识进步以及同事的承认，在科学中将经济动机放在不亚于知识进步的位置上"。④

节流是组织提高效率的另一个重要措施。高校在节流方面的表现一是直接减少支出，如减少教师工资支出，一种是裁员，如严复掌北大时即"凡合同将满之外国教员应按约辞退。其未满诸员亦酌量辞退，以节经费"。还有一种是鼓励教职员兼职，如严复时期"各分科学长应兼充教

①　[日] 金子元久：《高等教育发展的中国模式：来自日本的观察》，徐国兴译，《教育发展研究》2006 年第 5A 期。

②　Li-Min Bai，"The Metamorphosis of China's Higher Education in the 1990s"，K. Sullivan，*Education and Change in the Pacific Rim：Meeting the Challenges*，Oxfordshire：Triangle，1998：241 – 265.

③　Julia Kwong，"The New Educational Mandate in China：Running Schools Running Businesses"，*International Journal of Educational Development*，1996，Vol. 16，No. 2：185 – 194.

④　[美] 亨利·埃兹科维茨、[荷] 劳埃特·雷德斯多夫编：《大学与全球知识经济》，夏道源等译，胡新和等校，江西教育出版社 1999 年版，第 319 页。

员。法科、商科两学长应以一人兼充"。① 新中国的高校"双肩挑"人员也在此列。还有一种是直接降低教职员工资。如罗家伦掌清华大学时就降低职员工资，以降低职员地位，抬高教师地位。二是在高校推行"但求为我所用，不求为我所有"原则，聘请兼职教师。民国时期教师兼职非常流行，新中国改革之后的高校为了节约经费，也大量外聘教师，这些所谓的"外聘"教师就是按课时付酬，没有基本工资。其他的非全职教师有"讲座教授、客座教授"等。

（四）效率目标使竞争、绩效、量化管理成为当代中国高校人事制度的关键词

中国当代高校人事制度的整个特点概括起来就是：绩效是目的，竞争是原则，量化是方法。这与中国经济体制改革强调市场化的时代背景密不可分。市场化的目的就是更好地配置资源，更好地实现效率。高校人事的绩效不仅体现在政府对高校拨款采取绩效拨款、经费包干，更体现在在高校教师管理中坚持"竞争"原则和"量化"原则，如教师实行聘任制，竞争上岗；教师评价实行量化，教学工作、科研成果都量化管理等。这种量化管理发展到极致就是高校教师薪酬采取结构工资、多轨薪制；教师级别细化，层次更多。为了达到提高效率的目的，高校还将后勤管理企业化，引入企业管理方法，如实行承包制、独立核算制、用工制度改革、社会化改革。所有这些改革都是为了一个目的，即效益，要用最小的消耗包括人力物力财力等资源的消耗，获取最大的效益。

中国高校对效率的追求已经到了物化教师的地步。以高校教师薪酬为例，这种被称作多轨制、计件制②的薪酬制度的特点是：教师薪酬来源至少有三轨：国家、学校、学院。即高校教师薪酬由国家工资（这部分工资是财政拨款，全国各个高校同级别同资历的人基本上是一个标准，区别不大）、学校工资（以津贴形式发放，每年几万元，有的十几万元，个别的高达年薪数十万元、上百万元）、学院工资（有些是学院创收的剩余）组成。还有其他多种途径获得的薪酬。伴随多轨制的是"计件制"。所谓计件制，即对大学学术实行量化管理，将教师的教学、科研、为社会服

---

① 萧超然、沙健孙、周承恩、梁柱：《北京大学校史 1898—1949》，上海教育出版社 1981年版，第 116 页。

② 张楚廷：《评教师计件式工资》，《当代教育论坛》（管理研究）2010 年第 10 期。

务，全部以一定的量化标准来计算各个教师的收入。如教学按课时付酬，科研按论文、著作数量给以一定的奖金（论文级别、著作出版机构的级别不同、奖金额度不同，每个学校规定不一样，一般层次高的大学要级别高的才有奖金。）教师所拿课题或获奖，学校不仅允许教师可以自主支配一定比例的课题费，并按课题级别或经费数量给教师以一定的配套支持。同时，按教师指导的学生数（本科、硕士、博士全部算在内）给以不同的酬金。所有这些，学校都有详细的规定。也有学校是采用记分的方式，再折换为钱。金子元久认为：从这种将学校的教育收入和教师个人的经济利益紧密联系在一起的做法来看，中国的高等院校应该是人类历史上从未有过的最像企业的大学。①

高等学校需要提高效率，需要经营，这无可厚非。对效率的追求会催发人的务实精神、竞争意识等现代观念的形成。但是如果高校效率目标至上，将高校当作企业来管理，无视高校的学术组织属性，无视教师教书育人所需要投入的精神行为，则会使高校人事管理陷入误区。这种完全针对教师"以学术为业"的属性，将教师当作"经济人"来设计的制度，是一种物化教师行为，完全"见物不见人"的制度。如以教师上课时数来计算薪酬，我们注意的就是一节节课时，而不是教师备课的投入程度、对学生的热情、教学效果这些真正需要重视的东西。在中国这样一个高校学术传统本来就先天不足的国家，对效率的过度追求弊大于利。高校的效率目标只有与高校学术组织的运行逻辑相吻合才是有效的，即效率目标一定是为学术目标服务的，学术目标第一、效率目标第二。不然，高校只是有形产出增多，近期目标实现，高校的长远发展受损。这些不利于中国高校的健康发展。

第三节　内生性变量影响中国高校 人事制度变迁的规律

内生性变量是影响高校人事制度变迁最根本的力量，是高校人事制度变迁的深层原因。高校兼具学术组织和科层组织的特性决定了高校的组织

---

① ［日］金子元久：《高等教育发展的中国模式：来自日本的观察》，徐国兴译，《教育发展研究》2006 年第 5A 期。

目标是对学术和效率的追求。学术性是高校的基本组织属性又决定了学术目标第一，效率目标第二。

中国高校人事制度变迁受到学术目标的影响，表现在高校内部学术管理对学术性的强调上，如教师资格、教师评价、教师晋升中对学术资历和学术水平的强调，教师发展上强调提升学术水平，学术组织中强调学术人员的参与等。

中国高校人事制度变迁受到效率目标的影响，主要表现在高校对教师学术生产力和高校产出（其中一个指标就是毕业学生数）的量化评价，在高校管理上的经营意识，如开源节流等，所有这些效率目标里面隐含的一个最基本的观念就是高校要为国家和社会做贡献，要对国家和社会有益，这种有益有政治上的、也有经济上的，在清末表现为高校要为富国强兵做贡献，新中国是培养接班人或经济建设需要的人才。

理论上来说，繁荣学术的目标应该是高校人事制度变迁占主导地位的影响因素，但是，实际上在整个中国高校人事制度变迁中，相比于学术目标，效率目标更居于重要地位。历来强调效率、过分追求效率使高校过于发展它的科层特性，有时候甚至忽略了高校的学术组织特性。这也是中国当代行政化严重的根源。尽管如此，对学术的追求一直都是高校人事制度变革的潜在目标。因为，高校要达到效率目标是以达到学术目标为前提的。只有学术繁荣了，高校才能对国家和社会做贡献，高校才有存在的价值。对大学自治、落实大学办学自主权的呼吁及对高校行政化的批评，都是强调要尊重高校学术组织特性，尊重学术权力的反映。

第 五 章

行动变量在中国高校人事
制度变迁中的作用

第一节　政府在中国高校人事制度变迁中的作用

在高校人事制度变迁中，政府一直作为一个重要的行动团体在发挥作用。因为中国自秦朝以来就实行的中央集权制度，使中国政府一直对社会都实行全面的控制。在清末和民国，由于外忧内患，政府无力实行强有力的集权，给文化精英等其他行动团体参与中国高校人事制度变迁提供了空间，但是政府也通过法律法规控制中国高校人事发展。新中国政府建立了强有力的政权，政府对高校的控制更加事无巨细。由于这种历史传统和政治体制的原因，政府在中国高校人事制度变迁中具有主导作用。

一　政府主导中国高校人事制度变迁

中国高校人事制度变迁中的每一步几乎都有政府的力量在起作用。这源于中国自上而下的分层专制，政府的驱动对中国高校人事制度的历史走向有着决定性的影响。政府主导高校人事制度变迁，中介即法律或政策。清末有三个《大学堂章程》，民国时期管理高校的主要法规更是数不胜数，著名的是1912年的《大学令》和1929年的《大学组织法》，新中国高校更是每一步人事改革之前都会有政策出台。中国政府靠着政策或法规规范全国高校人事制度的基本框架和变革趋向。政府能够依靠政策和法律定中国高校人事制度于一尊，源于中国高校没有自治传统，这是中国高校与西方高校的一个重要区别。中国高校自产生之日起就是政府举办的，政府基本上是大学主要的投资者也是主要的服务对象。中国的高等教育也一直被看作国家事业的一部分，被政府当作行政部门或准行政部门来管理，中国的高校对政府管理高校事务并没有如西方国家高校那样有强烈的抗拒之意。中国高校校长一直以来是政府有级别的官员，实际上就是受政府指派来管理高校的。中国的教师在清末和新中国都是政府的官员或干部，基本上也是纳入政府行政系统来管理的。这就使政府主导高校人事制度变迁成为可能并能实行。这种政府主导的高校人事制度变迁带有自上而下、集权性、计划性等特点。以当代高等教育市场化为例，在中国，高等教育市场化是政府用来提高管理效率，同时减轻自身财政压力的工具，并不是政府在公共行政上价值观发生了转变，这与西方强调政府行为基本价值观转变有本质的不同。也就是说，在新中国，高校人事制度的任何改革，都是政府从上而下实施的。

二　政府主导使高校人事制度带有明显的强制性变迁特点

政府在中国高校人事制度变迁中的主导地位，即政府通过法律、政策影响高校人事制度变化，使中国高校的人事制度变迁成为一种供给主导型制度变迁，带有鲜明的强制性变迁特点。政府的这种主导地位很容易造成其行为、利益的自我扩张。中国的政府一直以来自由裁量权很大，人治色彩很浓，政府不依法行政使政策变化的随意度增大，加上中国政府改朝换代，更使中国高校人事制度从全景上进行扫描时发现其变迁没有规律可言，也没有理由可以解释，制度断裂非常明显。以高校教师身份而言，清末高校教师是学官，到了民国时期，高校教师成了自由职业者，新中国高校教师又成了类似于公务员的干部，高校教师的身份为什么这样变化，没法解释。一般人认为民初高校的人事基本上是模仿德国，但是德国高校的教授一般是公务员，地位和收入都有保障，而民国时期高校教授职位是没有保障的，校长可以解聘。高校教师的这种身份的无规律变化是政府对高校教师身份的一种强制性变迁。

三　政府主导使高校人事制度供给不足和供给过剩并存

政府主导的高校人事制度变迁是一种制度供给主导型的制度变迁。这种制度变迁方式的潜台词是政府了解所有高校人事制度的变化，了解高校人事制度的需求，政府按照高校在人事制度上的需求来提供制度。但是在现实生活中，这种事情是不存在的。这就导致中国高校人事制度出现供给过剩和供给不足并存的情况，即政府推行的高校人事制度失效，而高校需

要的人事制度又缺位。以当代中国高校聘任制改革为例，聘任制改革可以
促进高校教师资源合理配置，提高高校教师使用效率，这是符合时代趋
势，也符合政府、高校、教师三者的利益的。但是，聘任制改革需要配套
的一些制度如高校教师失业、养老等制度缺位，这就使高校教师聘任制改
革无法达到改革的目的。同时，高校为了提升职员工作效率，改变职员的
行政化倾向，实行教育职员制度改革，但是在现实中，高校教员职员制度
改革只是在形式上有了变化，实质上没有什么改变。这就是制度供给过剩
的例子。高校人事代理制度本意是为了打破高校教师身份制度，但是在实
际操作中，人事代理①成了高校学历比较低，地位、待遇比较低的人的一
种新身份。北京大学的"非升即走"制度改革，据笔者在北京大学的访
谈，该项改革基本上是"雷声大、雨点小"，没有真正实施。这是制度改
革流于形式，制度供给过剩导致制度失灵的一个例子。

第二节　文化精英在中国高校人事制度变迁中的作用

　　文化精英在这里主要指对中国高等教育有话语权的知识分子。他们的
主要身份是文化人，虽然说有时候他们会出任政府官员，但是他们给人的
基本的印象是有学问的知识人。这些人中有张之洞之类的封疆大吏，也有
曾出任过教育部长和大学校长的蔡元培、蒋梦麟，还包括启迪民智，为
"维新"鼓与呼的康有为、梁启超，身体力行、兴办高等教育的大学校长
梅贻琦、郭秉文等。

　　文化精英在中国高校人事制度的变迁中，能起到明显作用的时间段主
要是在清末和民国。清末戊戌维新和教育新政，当权的光绪帝和慈禧太后
被迫改革，当时的内忧外患使当权者广开言路，并从谏如流。而民国时期
的"1911 年到 1927 年，这一时期革命四起，随后整个中国陷入了一片无
政府的混乱状态，这就给各地高等教育在政策、法规及其实施各层次上进
行实验提供了很大的空间"②。也就是说，清末和民国给文化精英提供了

---

　　①　人事代理是我国人事制度改革的产物。原中华人民共和国人事部最早于 1995 年开始推
行，主要是为了实现人事关系管理与人员使用相分离。用人单位只负责使用人，而与人事相关的
工作如档案管理则委托给人才中介机构。

　　②　[加拿大] 许美德：《中国大学 1895—1995：一个文化冲突的世纪》，许洁英主译，教育
科学出版社 2000 年版，第 31 页。

施展才能的空间和舞台，使他们有机会将自己对高等教育的理想付诸实施。新中国成立之后，由于实施计划经济，政府一直都强有力地主导着高校人事制度变化，而且新中国成立后很长一段时间，知识分子受到歧视，一度被打成"臭老九"，所以在新中国高校人事制度变化的关键时刻，出现于公众面前的不是文化精英，而是政策或法律。文化精英在中国高校人事制度变迁中起了三个作用。

一　为中国高校人事制度创建及改革提供智力支持

这种智力支持一是作为幕僚为教育行政部门官员出谋献策，并帮助制定高校人事制度。这类人一般是政治地位比较低下，但思想敏锐的传统士绅阶层，代表有康有为、梁启超。中国高校草创时期见之于文本的高校人事制度是三个《大学堂章程》。其中，《总理衙门奏拟京师大学堂章程》是第一个章程，虽说当时没有实施，但这个章程具有里程碑似的意义，它为中国高校人事制度奠定了最初的基础，建立了基本的框架。以后的《钦定大学堂章程》是在它的基础之上制定的。它出台的过程是：1898 年6 月光绪帝下达《明定国是诏》，要求上奏开办京师大学堂的具体做法。军机处和总理衙门请康有为代为起草学堂章程。康有为又委托梁启超捉刀。《奏拟大学堂章程》的执笔人就是梁启超。《奏拟大学堂章程》规定的"京师大学堂为各省之表率"，且统领各省学堂，教员管理上正教员、副教员的职责以及大学堂的行政架构等这些，都开历史之先河，成为中国高校人事制度最初的设想。《奏拟大学堂章程》贯彻的是康有为"远采德国，近法日本"的思想，以日本的制度为蓝本。但是，文化精英提供的这种智力支持，需要得到当时的教育部门官僚的首肯才能得以实施。从下面这个例子可以看出：当时这些文化精英，他们在高校人事制度的制定中只是发挥建议作用，真正如何实施则操之于当权的官僚手中。如梁启超对大学堂的设想是只设一名总教习，并由中国人出任，理由是大学堂"既中西并重，华人容有兼通西学者，西人必无兼通中学者"，同时梁启超设想"以大权归之总教习"，规定总教习有聘任分教习和选书之权，这意味着总教习拥有决策大学堂学术事务的权力。但是这让协办大学士、吏部尚书孙家鼐不满，怀疑"权力操之于总教习之手"，是康有为想夺管学大臣的权。康有为记载："陈次亮皆劝孙中堂（孙家鼐）请吾（康有为）为总教习，及见章程大怒，以教权皆属总教习，而管学大臣无权。……疑我为请托，欲为总教习专权，又欲专选书之权，以行孔子改制之学也，于是大怒而相攻。"① 后来孙家鼐出任首任管学大臣，大学堂还是按他自己的意旨设了两位总教习，由许景澄和丁韪良分任中、西学总教习。

二是出文著书介绍外国高校人事制度。当时清政府要学习别国建立京师大学堂，对国外高校的做法要有一定的了解。这种知识来源一是要求驻外使馆报告外国高校做法，一是外国传教士介绍，如花之安就著书介绍德国高校的做法；还有一个渠道就是派教育官员去外国考察，考察人员回来上奏。这后一种做法是比较常规、普遍的。晚清为了开办大学堂就多次派各科监督等去日本考察。其中，管学大臣张百熙看中的中文总教习人选吴汝纶就带着这种使命出访日本。吴汝纶本是直隶知州、当时著名的桐城派古文家，他在地方上办了些新式的学校，也做过保定莲池书院的山长，张百熙请吴汝纶做中文总教习，"吴汝纶答应他的邀请，但是附带了一个条件，就是他要先到日本去考察几个月，回来后才能到任。张百熙答应了这个条件。吴汝纶从日本回来以后，不久就逝世了，没有来得及到北京大学到任"②。吴汝纶虽然没到北京大学到任，但是1904年张之洞、张百熙领衔制定、后来付诸实施的《奏定大学堂章程》则是吸收了他从日本带回来的经验。

史料记载吴汝纶出访日本，不仅和日本政界和教育界官员接触，了解日本教育问题，还参加了日本文部为其专门开的讲座多达19次，并实地考察日本学校。在日本期间，他就写成了十多万字的考察报告《东游丛录》（归国前就由日本三省堂书店于1902年10月17日出版）。他写《东游丛录》的目的也就是为了供管学大臣在进行教育改革时有所参考。有学者将《东游丛录》的内容与《奏定大学堂章程》对比，可以看出《奏定大学堂章程》明显地受了《东游丛录》的影响。这个观点是有道理的。当时张百熙是管学大臣，《奏定大学堂章程》的主要制定人之一，虽然他可以从很多渠道了解日本大学的做法，但是当时像吴汝纶这样详细介绍日本情况的报告很少，加上吴汝纶是其派往日本的，吴汝纶在日本期间就写了大量的信件回国给张百熙，张百熙也是《东游丛录》最早的读者之一，

① 《康有为记章程起草经过》，载北京大学校史研究室编《北京大学史料》（第一卷），北京大学出版社1993年版，第87页。

② 冯友兰：《冯友兰自述》，中国人民大学出版社2004年版，第242页。

说张百熙受吴汝纶的影响那是不为过的。制定《奏定大学堂章程》的另一个重要人物，同为管学大臣的满族官员荣庆也有日记记载，"阅吴挚老（吴汝纶）《东游录》，（正月十二日）"①。吴汝纶本人对大学堂师资非常重视，服部宇之吉、岩谷孙藏就是他推荐给张百熙的，他还推荐留日学生范源濂等任助教。吴汝纶也非常重视学习日本的师范教育，以至于有人认为吴汝纶是中国师范教育的重要推动者和奠基者之一。这些都表明吴汝纶考察日本时会重点考察日本高校的师资管理，由此可以推定《学务纲要》中模仿日本将教师设置成职官很有可能是受了吴汝纶《东游丛录》的影响。②

晚清高校人事制度基本框架的制定，是文化精英与政府官僚通力合作的结果，其基本内容没有超出康有为、梁启超、吴汝纶等设计的蓝图。③

二　文化精英参与制定法规影响全国高校人事制度

这一类的文化精英一般出任过主管教育的官员，并在他们的任期制定大学法规全国颁行，对全国高校人事制度都有影响。可以说，他们所处时代的中国高校人事制度基本框架是他们决定的，这些人中著名的有张之洞、蔡元培、蒋梦麟等。他们的共同特点是都是有功名的文人，张之洞中过探花，在晚清被认为是清流；蔡元培1894年授翰林院编修；蒋梦麟曾在1903年考上秀才。而且蔡元培、蒋梦麟都出国进修过，蒋梦麟还是哥伦比亚大学教育学博士，师从杜威。他们的教育背景给人的印象是他们首先是知识分子，然后才是政府高官。

张之洞被誉为晚清"通晓学务第一人"，曾在多地出任主管教育的学政，最后被慈禧任命为管学大臣，亲自主持制定《奏定大学堂章程》。蔡元培、蒋梦麟都曾出任教育部长，并分别制定了《大学令》《大学组织法》。《奏定大学堂章程》规定全国大学堂基本的组织架构及大学堂内部的职能分工，将教师分成正教习和副教习并设作职官等，一直沿用到清朝终结的1911年，影响较大；《大学令》要求全国高校设评议会、教授会，

---

① 余杰：《荣庆与京师大学堂》，岳麓书社2001年版，第42页。

② 孙德玉：《吴汝纶赴日考察对中国近代教育的影响》，《安徽师范大学学报》（人文社会科学版）2009年第5期。

③ 李涛：《论近代知识分子的文化转型——以晚清民国教育家群体为例》，《辽宁师范大学学报》（社会科学版）2003年第7期。

并规定评议会、校长在人事上的权限，及学校教师的职称等次，推行教授治校，民主管理高校；《大学组织法》要求在高校设校务会议，提倡"校长治校，教授治学"等，这些法规的颁布，决定了当时整个中国高校人事制度的基本格局。

这种政策、法规的制定，领衔的是张之洞、蔡元培和蒋梦麟，实际上也是当时文化精英集体智慧的结晶。以《大学令》为例，蔡元培的思想体现的最多，因为蔡元培的兴趣"偏于高等教育，就在高等教育上多参加一点意见罢了"①。但是《大学令》的制定，也是当时教育部成员的集体智慧。当时的教育部成员，主要是由欧美或日本留学生和有教育行政经验的人组成，这两类人大约各占一半②。蔡元培也说当时教育部之重要工作，是"召集东西留学生，各就所长"，"分别撰写小学、中学、大学规程……绝似书局之编辑所"③，这样来看，《大学令》肯定也是有专人起草的。蔡元培要求他们在国家教育创制的开始，"要撇开个人的偏见，党派的立场，给教育立一个统一的智慧的百年大计"④。这样，"部里的人，都是知无不言，言无不尽，讨论很多"⑤，所有这些，可以推断《大学令》的出台，是当时教育部成员集体讨论的结果。

三 文化精英身体力行实行高校人事制度

文化精英影响高校人事制度的一个重要方面是他们身体力行实行高校人事制度。代表性的案例有晚清张百熙调整京师大学堂人事安排、张之洞创办三江师范；民国蔡元培、蒋梦麟改革北大，梅贻琦对清华民主治校体制的维护，郭秉文在东南大学推行董事会制度等。

（一）晚清时期

（1）张百熙调整京师大学堂的人事安排，将大学堂权力归于管学大臣，并由中国人任总教习。京师大学堂的首办者是咸丰状元、晚清四朝元

---

① 高平叔编：《蔡元培全集》（7），中华书局1989年版，第197页。

② 同上书，306页。

③ 陈学恂主编：《中国近代教育史教学参考资料》（中册），人民教育出版社1993年版，第164页。

④ 高平叔编：《蔡元培全集》（2），中华书局1984年版，第159页。

⑤ 梁容若：《记范静生先生》，（台湾）《传记文学》1962年11月第1卷第6期，转引自李华兴主编《民国教育史》，上海教育出版社1997年版，第418页。

老、光绪皇帝师傅、武英殿大学士孙家鼐[1]，但是张百熙应该说是"在蔡元培以前的对于北京大学有贡献的一位校长"[2]。张百熙是第三任管学大臣，他参与过两个大学堂章程（1902年《钦定京师大学堂章程》和1904年《奏定大学堂章程》）的修订。张百熙的学生俞同奎多年后评价老师对京师大学堂的贡献时说："京师大学堂这块园地，是戊戌京师大学堂孙家鼐开垦的，播佳良种子，却是张百熙先生。"[3] 张百熙在京师大学堂管学大臣任内（1902年1月至1904年1月），对京师大学堂人事上做了一个大的变动，即将西学总教习美国人丁韪良辞退，另聘日本学者文学博士服部宇之吉和法学博士岩谷孙藏为教习。[4] 这一举动看起来只是人事上的一个小的调整，实际上通过这次调整，张百熙才真正实施了将京师大学堂"主持全学，统属各员"的权力归于管学大臣，并且京师大学堂负责"一切教育事宜"的总教习，由中国人担任。孙家鼐在《奏覆筹办大学堂情形拆》中提到增设西总教习，"专理西学，仍与订明权限，其非所应办之事不与闻"。也就是对西总教习丁韪良只是待遇从优，由皇帝赏给虚衔"二品顶戴"，但是实际上据罗惇曧的《京师大学堂成立记》记载大学堂创办之初，"实权皆在丁韪良"，这"实权"包括聘请西教习的权力。张百熙上任后，丁韪良和他聘请的西文教习合同期未到，但是张百熙以聘请西教习太费，而日本教习比较便宜，大学堂经费紧张为由，与美国大使交涉，以赔偿十八个月薪水的方法将他们集体解聘。后来聘请的日本教习看起来是顶了丁韪良的缺，但是日本教习没有丁韪良总揽全局的权力，只是管理所教功课。至于各外国教习之"教课勤懒"，均由总教习"按照章程严密稽察"。这样，京师大学堂的人事权力才真正由中国人自己掌握。

（2）张之洞创办三江师范。被称作"中国师范学堂之嚆矢"的三江师范学堂也即后来的两江优级学堂，是当时江苏的最高学府，南京大学的前身。它的创办者是张之洞。时人记载"南皮张相国于江南建两江师范

---

① 钱耕森：《孙家鼐与京师大学堂》，《安徽大学学报》（哲学社会科学版）1999年版第1期。

② 冯友兰：《冯友兰自述》，中国人民大学出版社2004年版，第242页。

③ 俞同奎：《四十六年前我考进母校的经验》，载《北京大学五十周年纪念特刊》，北京大学出版社1948年版，第11—16页。

④ 萧超然、沙健孙、周承恩、梁柱：《北京大学校史1898—1949》，上海教育出版社1981年版，第15页。

学校。中国师范学校之立，以两江为最早"①。三江师范学堂于 1904 年正式开学，是当时省级学堂办的比较出色的。日本东亚同文会报告称"堪与京师大学堂比美"。

张之洞创办三江师范学堂，在人事安排上做了三件事情。

一是在学堂创办之前派缪荃孙（三江总稽查）、徐乃昌（三江总办）、柳诒徵（三江教习）等八人赴日考察教育，汲取日本师范教育成功经验。并要求"考学校者固当考其规制之所在，尤当观其精神之所寄，精神有不贯，规制亦徒存耳"②。

二是用笔试和面试方法招聘中国教习。张之洞先是要求两江所辖诸省官绅保荐"举、贡、廪、增出身"中的学行兼优之士，通过分门命题考试录取教师。在笔试中，报考 370 人只录取 20 人。张之洞觉得"考试仅凭文字，尚难知其品质"。要求两江学务处官员对通过复试者进行面试，"觇其言论，逐名加以考语，详候核夺去留"③。

三是聘请日本教习。张之洞是"中体西用""借材异域"思想的倡导者，他创办三江师范学堂时，自然而然就把聘请日本教习作为提高三江师范学堂办学层次和教学质量的着力点。在他的推动下，三江通过日本东亚同文会聘请了 11 名日本教习。从当时三江章程可以看出来，三江的做法与张之洞在湖北等地所办学堂的做法基本一致，如学堂设置"总办、总稽查、提调、文案、收支、监学及检察管理礼堂、管理斋舍、稽查出入、管束司役、管理食堂、管理仪器、管理书籍、管理器具、医官"等职务。张之洞亲自办学的经历也为他后来在制定颁行全国的《奏定京师大学堂章程》提供了实践经验。

（二）民国时期

1. 蔡元培的"教授治校"和蒋梦麟的"校长治校"

蔡元培和蒋梦麟在中国高等教育史上显赫的名声与地位不只是与他们都出任过民国教育部长并颁布高等教育法规有关，他们对中国高等教育的

---

① 李瑞清：《两江师范学堂同学录序·清道人遗集》，上海中华书局 1941 年版，第 141—142 页。

② 朱有瓛主编：《中国近代学制史料·第二辑》（上册），华东师范大学出版社 1987 年版，第 45 页。

③ 《申报》光绪二十九年二月二十七日，载北京大学校史研究室编《北京大学史料》（第一卷），北京大学出版社 1993 年版。

重大贡献还在于他们分别在北京大学推行的"教授治校"和"校长治校"制度。

蔡元培在中国高等教育史上的地位，无人能出其右，陈平原评价他"百年中国，有独立的大学理念，而且能够真正付诸实施的，蔡元培无疑是最出色的。这是因为，有其位者不一定有其识，有其识者，不一定有其位；有其位其识者，不一定有其时。集天时地利人和于一身，才可能有蔡元培出掌北大时之自如"①。就是与世界其他大学校长比起来，可以说他也毫不逊色。杜威的评价非常中肯："拿世界各国大学校长来比较，牛津、剑桥、巴黎、柏林、哈佛、哥伦比亚……以一个校长的身份，而能领导那所大学对一个民族、一个时代起到转折作用的，除蔡元培而外，恐怕找不出第二个。"② 北京大学能从清末一个暮气沉沉的"官僚养成所"一跃成为具有一流水平的大学，主要得益于蔡元培对北京大学实施的学术化改造。蔡元培自 1917 年任北京大学校长，前后约 10 年，在这期间，按照他颁布的《大学令》来改造北京大学，使北京大学成为民国时期率先实行"教授治校"制度的高校。蔡元培在北京大学人事上做的改造主要是将以前集中于校长的权力分成立法、行政、司法三块，并都由教授群体来执行，具体是：设立由教授选举产生的评议会、教授会组织，恢复学者行政方面的权力，将学校所有事务不管是学术还是行政事务都由教授代表组织委员会，以合议制来处理。正如胡适在 1922 年 12 月的评论，"我看这五年的北大……第一是组织上的变化，从校长学长独裁变为"教授治校"制③。马叙伦回忆："评议会是北大首先倡办的……凡是学校的大事，都得经过评议会，尤其是聘任教授和预算两项。聘任教授有一个聘任委员会，经委员会审查，评议会通过，校长也无法干涉。"④ 这说明当时高校人事聘任权在教授群体手中。报纸评论"北京大学虽为校长制，但一切设施，实由评议会主持"⑤。蔡元培还在北京大学试行"终身制"，提出《教员保障案》，规定不能以"学生之意见，或主任、或教务长一人之意

① 陈平原：《中国大学十讲》，复旦大学出版社 2002 年版，第 53 页。
② 高叔平：《蔡元培教育思想研究》"序"，辽宁教育出版社 1994 年版，第 1—2 页。
③ 王晓秋：《民国初年的北京大学》，《北京大学学报》（哲学社会科学版）2001 年第 6 期。
④ 马叙伦：《我在六十岁以前》，生活书店 1947 年版，第 71 页。
⑤ 《北京晨报》1926 年 11 月 21 日，载王学珍、郭建荣主编《北京大学史料》（第二卷 1912—1937），北京大学出版社 2000 年版。

见"辞退教师。蔡元培的这些措施使北京大学从校长集权管理向教授民
主管理演变。

蒋梦麟对北京大学可谓居功至伟。由于意识形态的原因，蒋梦麟在中
国很长一段时间处于被忽视的地位。近些年来，随着蒋梦麟的自传《西
潮与新潮》在大陆出版，他才逐渐回到公众视野中。这位和傅斯年一起
自嘲蔡元培和胡适是北大的功臣，而他和傅斯年是北大的"功狗"的蒋
梦麟①，后人评价蔡元培十年北大校长有一小半是他代理在做的。蔡元培
曾回忆："综计我居北京大学校长的名义，十年有半；而实际在校办事，
不过五年有半，一经回忆，不胜惭悚。"② 实际上，蔡元培不在北京大学
期间，他的学生蒋梦麟或以总务长或完全以私人身份三度代行校长职权。
加上蒋梦麟自己也在 1931 年 1 月正式被南京国民政府任命为北大校长，
他居北京大学校长时间也有 15 年，是北京大学历史上在任时间最长的校
长之一。正如他自己所说："大半光阴，在北京大学度过。"

蒋梦麟在北大人事管理的贡献主要有两点：一是协助蔡元培按教授治
校宗旨建立新组织。蔡元培回忆："那时候蒋梦麟君已允来北大共事，请
他通盘计划，设立教务、总务两处；及聘任财务等委员会，均以教授为委
员。"③ 二是推行"校长治校、教授治学、学生求学、职员治事"的制度。
蒋梦麟自谦"在职之年，但知谨守蔡校长余绪，把学术自由的风气，维
持不堕"④。实际上，蒋梦麟在管理上是有自己的想法的。大家一般都认
为随着蔡元培卸任北大校长蒋梦麟正式就职之后，蒋梦麟在北大一改乃师
蔡元培主张的"教授治校"为"校长治校"。这与蔡元培与蒋梦麟的思想
背景不同有关。蔡元培留学德国，深受德国教授治校民主管理体制影响，
而蒋梦麟留学美国，老师是杜威，美国的务实精神对他影响很深。他也自
诩平生做事全凭"三子"，"以孔子做人，以老子处世，以鬼子办事"。鬼
子即洋鬼子，指以科学务实精神办事。他推崇效能，认为学术事务可以采
德谟克拉西主义，而行政事务如总务处等则可仿美国市政制，纯采效能主
义⑤。他还认为做学问的人当以"知识、人格为标准"；而从事事务工作

① 蒋梦麟：《蒋梦麟自传——西潮与新潮》，团结出版社 2004 年版，第 105 页。
② 高平叔编：《蔡元培教育论集》，湖南教育出版社 1989 年版，第 543 页。
③ 同上书，第 541 页。
④ 蒋梦麟：《蒋梦麟自传——西潮与新潮》，团结出版社 2004 年版。
⑤ 曲士培主编：《蒋梦麟教育论著选》，人民教育出版社 1995 年版，第 473 页。

的干才"当以温、和、能事及有普通知识为标准"①。并认为"中国人自办之学校,其最善者往往有学问精神而无效能机关"②。所以他为强调效能,就推行"校长治校"制度。从 1932 年《国立北京大学组织大纲》可以看到,蒋梦麟任校长之后,加强了校长的权力,规定北大院长及各系主任,均由校长从教授中选聘;同时设校务会议,将学校司法、行政大权不再分立,都归之于校务会议。

蔡元培、蒋梦麟任校长时的共同点就是都强调教师要专任、校长不能由官员兼任,强调学术独立,推崇学术自由,在教师聘任中不论新旧,不论门派,以学术标准为唯一标准。蒋梦麟时期就用中基会基金专门设置"研究教授",而且蒋梦麟自己就以身作则,在 1945 年他做了行政院秘书长后,为了不违背他手订的《大学组织法》,辞掉了北大校长一职。

2. 梅贻琦的"校长观"和"教师观"

作为清华任期最久的校长之一(1931—1948 年在任,共 18 年),梅贻琦对中国高等教育人事管理的影响就是他的大学"校长观"和"教师观"。他在任内对"教授治校"制度的维护,是清华以及西南联大能得以跻身一流大学之列的重要保障。

梅贻琦本是清华第一届的庚款留美生,1909 年赴美,被称作清华史前史③的学生。他留学回国即在清华任教,从教员做到教授,再到 1926 年当选清华第一任教务长,期间也曾以教务长代理校长,1931 年就任清华校长,一直到 1948 年。可以说,他这一生的大半时间是在清华度过的。1937 年抗日战争爆发后,清华与北京大学、南开大学组成长沙临时大学,后来搬迁到昆明成立西南联大,当时是决定三校校长组成常委会,轮流做主席,实际上从临大到联大八年,一直都是梅贻琦一人做主席。

梅贻琦做校长的特点是"无为而治""吾从众"。他认为校长是服务的人,因为"一个学校,有先生上课,学生听课,这是主要的。为了上课听课,就必须有些教具以及桌椅之类。因此也需要有人管这些方面的

---

① 《蒋梦麟致蔡元培函》(1916 年 11 月 4 日),载蔡磊砢《蔡元培时代的北大"教授治校"制度:困境与变迁》,《高等教育研究》2007 年第 2 期。

② 同上。

③ 由于清华学堂始建于 1911 年,而在 1909 年,清政府已经在北京设立"游美留学处",并将清华园设为"游美肄业馆"。这一时期是清华的前身和雏形,故被校友们称为"清华的史前史时期"。

事。一个学校的校长就是管这些事的人"①。他的有名的"校长王帽"论是 1940 年在昆明的一个会议上说的。1940 年是梅贻琦为清华服务 25 周年，清华师生为其举办庆祝会，在谢词中，梅贻琦将清华的发展归功于教师，将校长的角色比作京戏中的"王帽"，说"'王帽'每出场总是王冠整齐，仪仗森严，文武百官，前呼后拥，像煞有介事。其实会看戏的，绝不注意正中端坐的'王帽'，因为好戏通常是并不由他唱的，他只是因为运气好，搭在一个好班子里，那么人家对这台戏叫好时，他亦觉着'与有荣焉'而已……"②

梅贻琦的著名的"大学非大楼之谓也，大师之谓也"的"大师论"是他在 1931 年就任清华校长的全校大会上说的。他尊重教师、平和待人是最受人称道的。这种思想决定了他能维护清华的教授治校制度。朱自清就说："清华的民主制度……究竟还是很脆弱的，若是没有一位同情的校长的话。梅月涵先生便是难得的这样一位同情的校长。……他使清华在七八年里发展成一个比较健全的民主组织。在这个比较健全的民主组织里，同仁都能安心工作，乐意工作。"③

梅贻琦作为校长，能自觉维护"教授治校"制度，与他在外留学多年，受到西方民主与学术自由思想的影响有关。

3. 郭秉文与东南大学董事会制度的引入

郭秉文对中国高校人事制度的影响是他将美国大学董事会制度引入东南大学并获得了成功，以至于这一做法后来为其他大学所仿效。1924 年颁布的《国立大学校条例》中也正式提出：国立大学校得设董事会。由此可以认为，郭秉文将美国董事会制度引入东南大学对近代中国大学人事管理产生了影响。

郭秉文是留美学生，1914 年他以约 5 万字的《中国教育制度沿革史》一文获哥伦比亚大学博士学位。与蒋梦麟一样，他在美国学习的是教育，他的研究中国教育制度流变的博士论文，"是一部中国教育制度简史，也是中国第一部具有通史性质的教育制度史"④。1915 年他回国后参加南京

①　吕文浩、雷家琼：《"终身校长"梅贻琦》，《传记文学》2006 年第 7 期。
②　冯友兰：《冯友兰自述》，中国人民大学出版社 2004 年版，第 262 页。
③　朱自清：《清华的民主制度》，《清华校友通讯》1940 年第 6 卷第 9 期。
④　杜成宪等：《中国教育史学九十年》，华东师范大学出版社 1998 年版，第 12 页。

高等师范的筹建工作，从教务主任到代理校务到 1919 年做南京高等师范校长。后来东南大学成立，郭秉文兼任第一任校长，东南大学与南高师合并，郭秉文任校长，直至 1925 年被北洋政府免去东南大学校长职务。

东南大学创办于 20 世纪 20 年代初，也正是在这一时期，中国大学学习美国之风最盛。东南大学创立之初经费短缺，作为东大校长又是留美学生的郭秉文，想到要借鉴欧美大学设立董事会以争取社会赞助，也就是顺理成章之事了。东南大学董事会的具体做法是：设 2 位名誉校董和 17 位校董。① "名誉校董" 是江苏两任巡按使。校董主要由教育名家如蔡元培、蒋梦麟、黄炎培、沈恩孚、江谦和实业巨子如荣宗锦（棉纱、面粉大王）、张謇、穆藕初等组成。校董都由教育部正式函聘。17 位校董中又选出教育家为 "办事校董" 和实业家为 "经济校董" 等常务校董。校董会有以下职权：（1）决定学校大政方针；（2）审核学校预算决算；（3）推选校长于教育当局；（4）决定学校科系之增加、废止或变更；（5）保管私人所捐之财产；（6）议决学校其他之重要事项。校董会所议决事项，由校长呈请教育总长核准，然后施行。

东南大学在郭秉文时期，是受美国模式影响很深的高校。郭秉文大多聘请留美学生来做东南大学教师，曾任燕京大学校长和美国驻华大使的司徒雷登评论郭秉文 "是按美国的模式来推进教育事业的"②。东南大学董事会制度在为学校争取财源上非常成功，当时的东南大学是长江以南唯一的国立大学，时人认为东大与北京大学南北对峙，同为中国高等教育的两大支柱。孟禄称赞东南大学 "为中国政府设立的第一所有希望的现代高等学府"③。

综观以上这些影响中国高校人事制度的文化精英，他们的共同特点是大都是留学生，一般都以自己所留学国家的高校人事制度模式来改革中国高校人事制度。这就不可避免地引起一个疑问：中国的高校人事制度是不是依附着发达国家的模式在发展？流行的依附理论、"中心边缘" 论认为，发达国家处于中心，发展中国家处于边缘，发展中国家应依附发达国

---

① 国立东南大学编印：《国立东南大学一览》，1923 年，第 1—2 页。

② 王德滋：《南京大学百年史》，南京大学出版社 2002 年版，第 95 页。

③ 杨素芬：《中大校史》（上），见中大八十年校庆特刊编辑委员会《中大八十年》1995 年，第 14 页。

家如美国、法国、英国和德国的大学提供高等教育模式来发展。发达国家影响发展中国家的中介和载体是发展中国家派往发达国家的知识精英。这些知识精英回到他们的祖国，成为他们国家的学术领袖和政策制定者，用他们在发达国家习得的学术系统的规范和价值观来改革祖国的高校，从而传播了发达国家的价值观和教育结构。从这个角度来说，中国高校的人事制度或模仿德国（蔡元培留学德国），或模仿美国（蒋梦麟、郭秉文留学美国），是在依附德国、美国发展，还是在采取"拿来主义"，将发达国家有用的东西拿来为我所用呢？中国的高校并不是本土产生的，中国大学的历史传统也具有中世纪欧洲大学传统的特征，如院校的基本结构，① 也就是说国际性是中国教育系统与生俱来的特质，它在组织结构上一直采用世界大学通用模式，也即西方大学模式。虽然中国没办法从根本上改变西方大学的模式。但中国也一直非常注意不能全盘西化，如张百熙时期就解聘了西学总教习丁韪良，改由中国人担任总教习。这个举动有可能也是考虑到了使用西方"专家"会强化西方模式的问题。但是因为学术人才是按照西方模式培养的，这就决定了要改变西方模式非常困难。如何在本土性与国际性之间取得平衡，是中国高校人事制度的一个永久的难题。②

第三节　利益集团之间的博弈在中国高校人事制度变迁中的作用：以清华大学教授治校制度的形成为例

在整个中国高校人事制度的变迁中，政府主导的强制性变迁一直是一个基本特点。在政府的强势干预下，中国高校一般都是被动而行，"自下而上"主动发生人事制度变迁的情况极少。民国时期清华大学教授治校制度就是这极少中的一个典型。它形成的基本特点就是自发形成、自下而上自然演变，是清华大学教授群体与当时清华的校长（背后势力是当时的政府，北洋军阀、国民党）、董事会（背后势力是美国公使馆、基金

---

① ［美］菲利普·G. 阿特巴赫：《全球化与大学——不平等世界的神话与现实》，覃文珍译，《北京大学教育评论》2006 年第 1 期。

② ［美］P. G. 阿尔特巴赫：《作为中心与边缘的大学》，蒋凯译，《高等教育研究》2001 年第 7 期。

会）之间博弈的结果。高校内部的这些利益集团之间的博弈使高校人事制度向民主管理方向变迁，因为各个利益集团之间的博弈本身就是一个对集权领导的挑战以形成民主管理的过程。

对"利益集团"一般是从影响公共政策和影响政治民主这两方面来进行定义的。"利益集团之间的博弈"指有着共同利益的几个松散或严密的群体，彼此之间或联合起来或单独向非自己阵营的别的群体施加压力，并采取行动，用以促进或阻止某方面公共政策的改变，以便公共政策体现该群体的利益。新制度经济学的观点是：制度的选择是各种特殊利益集团之间相互制约、冲突和妥协的缔约过程，因而制度变迁的过程就是一个利益冲突的过程。制度变迁能够发生，在于制度变迁主体期望获取更大的利益。而制度向哪个变迁主体的利益方向变化，则取决于所有制度变迁主体之间的较量。如果某一制度变迁主体处于优势地位，则制度安排会逐渐有利于该主体的利益体现。[①] 民国时期清华大学教授治校制度的形成过程与这个解释框架很适切。本节中利益集团之间的博弈主要指清华大学教授群体、学生群体、校长群体、清华大学董事会在争夺清华大学治校权中的博弈。"教授治校"包含的意思就是学校治校权属于教授群体代表的学术权力，非学校的其他三种群体（学生群体、校长群体、董事会群体）代表的权力：学生权力、行政权力（校长或董事会）。本节试图说明在民国时期的清华大学，这四个利益集团的各种表现最终如何导致民国时期清华大学民主领导体制"教授治校"的形成。

一　第一行动团体：教授群体的主动争取

实际上，民国时期的政府法规如《大学令》是鼓励各大学设立教授会，即鼓励各大学实行"教授治校"制度的。但是在现实的大学制度中，实行真正意义上的而不是形式上的"教授治校"制度的也只有北京大学、清华大学等几所大学。虽然最早实施教授治校制度的是北京大学，但是北京大学的教授治校制度只是在蔡元培时期昙花一现，随着蔡元培去职，蒋梦麟 1930 年正式执掌北大，明确提出"校长治校，教授治学"，教授治校的制度在北京大学宣布消亡。清华大学的教授治校制度是在北京大学的影响之下形成的，在 20 世纪 30 年代中期，被认为是当时"教授治校"

---

① 杨秀芹：《论高等教育制度变迁中的利益损失》，《江苏高教》2009 年第 6 期。

的典型。清华大学实施教授治校制度能达到蔡元培所说的"组织完备，无论何人来任校长，都不能任意办事"①及"（校长）离校之时，校务之（不）但不陷停顿，且能依照计划以进行"②，并"能持之以恒者，也只有清华"③。其中的道理就是因为清华的教授治校制度是自发形成的，不是政府也不是校长推动的，是"教授治校"的利益代表教授们主动争取得来的，所以"教授治校"在清华才有生命力，才能持久。

教授治校制度在清华大学的形成并不是一蹴而就的，经历了曲折的斗争。当中的每一次进展都与教授群体的主动争取分不开。也就是说，在教授治校制度形成过程中，教授群体是第一行动团体。教授治校制度在清华从无到有，从具备教授治校的形式到实质上的教授掌握治校权力，在这个发展过程中，除了某些时期是校长、董事会基于学校权力斗争的需要设立一个形式上的教授参政机构外，教授们能以群体形式参与治校大都是教授群体主动争取来的。

教授治校意味着教授要谋求学校领导者的地位，这就与"校长治校""董事会治校"有天然的冲突。教授治校在清华每一次的进展，都与教授群体的主动争取分不开。清华教授治校制度形成过程中的标志性事件也是教授群体为争取治校权力主动斗争的典型事例。

（一）与"校长治校"的斗争

1. 代校长王文显时期，清华教授主动争取与美国教员的平等地位

五四运动是一个分水岭，五四运动前，清华"除美国教员享有特权外，一般教员对校政无权过问。校长对一般教员是上下级、雇佣关系"④。"当时的称呼'职教员会议'都是职员在前、教员在后"⑤。1920年在学校董事会和校长的权力之争中，董事会决定成立教职员会议以制衡校长，也打破了以往"教员不得干涉学校行政"⑥的局面。从"职教员会议"

---

① 曹伯言整理：《胡适日记全编》（3），安徽教育出版社2001年版，第818页。

② 顾孟余：《忆蔡孑民先生》，载《蔡元培纪念集》，浙江教育出版社1998年版，第158页。

③ 陈岱孙：《三四十年代清华大学校务领导体制和前校长梅贻琦》，载《陈岱孙文集》，北京大学出版社1989年版，第481—482页。

④ 冯友兰：《冯友兰自述》，中国人民大学出版社2004年版，第257页。

⑤ 同上。

⑥ 《清华学校董事会管理校务严鹤龄报告书》，载清华大学校史研究室编《清华大学史料选编》（第一卷），清华大学出版社1991年版，第231页。

到"教职员会议",也预示着清华治校权力格局中教授身影开始出现。教职员会议的成立激发了中国教员的平等意识,1921年12月,40位中国教员成立"清华华员大会",联合起来与代校长王文显交涉,要求学校中美教员待遇平等。①

2. 曹云祥时期,教授会迫使校长接受教授治校原则

清华的教授治校制度在曹云祥掌校时初具雏形。曹云祥在清华做了近六年的校长(1922年4月至1927年年底),是清华学校时期(1912—1927年)所有校长中任职最久的一个。1922年、1923年清华留美生逐渐返校任教,他们中的很多教授"大部分是三、四十岁,对事业有进取心,不满足于仅仅是维持现状的局面,他们要求在一个在可以撇开校长的情况下,自动推动学校工作的力量"②。这些教授不满清华当时比较落后的学术地位及校长在行政部门安插自己亲信的做法,发动了一场提高清华学术地位、反对官僚政客控制学校,希望按美国的大学体制来改造清华的运动。这批被清华校史稿称作"少壮派"的群体,在曹云祥掌校时主要做了以下几件事来提高教授地位、推行教授治校制度。

(1)争取与美国教员的平等地位。在1923年和1924年期间,许多清华留美学生回校任教。他们中很多人得到了美国名牌大学的博士、硕士学位,学术水平比美国教员高。这些人对中美教员待遇不平等不满,就设法挤进以前只能美国教员住的地方北院美国地,也拒交房租煤火等费,以示与美国教员权力平等。③

(2)1925年10人校务委员会的成立,是清华教员参与校政的开始。1925年清华改办大学,一些年轻教授如钱端升等开始在学校提倡"教授治校"。同年9月,学校成立了以校长为主席的10人校务管理委员会,其中包括由教员会议选出的代表4人,④ 这可以说是清华教员正式参与校政的开始。

---

① 苏云峰:《从清华学堂到清华大学(1928—1937)》,生活·读书·新知三联书店2001年版,第3页。

② 陈岱孙:《三四十年代清华大学校务领导体制和前校长梅贻琦》,载《陈岱孙文集》,北京大学出版社1989年版,第481—482页。

③ 苏云峰:《从清华学堂到清华大学(1911—1929)》,生活·读书·新知三联书店2001年版,第19页。

④ 《学校新闻:行政组织》,《清华周刊》,1925年第350期。

（3）1926年《清华学校组织大纲》的制定，标示着"教授治校"制度在清华略具雏形。1926年因为清华教务长张彭春与学校保守势力发生冲突，学校发生"挽张去恶"风潮。清华的"少壮派"借机对校长曹云祥施压，迫使曹云祥接受教授治校的原则。在师生的压力下，学校成立了"改组委员会"，由全体教职员大会推举曹云祥、梅贻琦、钱端升、孟宪承、吴宓等7人为委员。改组委员会于1926年3月共开了7次会议，反复讨论制定了《清华学校组织大纲》，并在4月15日经教职员会议三读通过，再交校长执行。《清华学校组织大纲》规定"以教授会取代原有的教职员会议，以评议会取代校务会议"①。同时规定教务长由教授会选举，各学系主任也由该系教授、教员在教授中推举，任期两年。院长由校长聘任，但得事先征询"评议会"同意。同年4月19日晚上举行的第一次教授会会议，依循民主程序"提议、附议、讨论、表决、通过或否决"清华出现了历史上第一任经选举产生的教务长。

（4）以"学生提前出洋"事件迫使校长曹云祥道歉，巩固教授治校制度。1927年8月，清华发生了旧制留美预备学生要求提前出洋的事件。对学生提前出洋，教务长梅贻琦和评议会都不赞成。但是校长曹云祥在没有征求教务长和评议会意见的情况下，就上报学校的主管机关外交部，同意"高三学生可提前出洋，高二学生可于第二年出洋"。这样，教务长梅贻琦和全体评议员认为校长专断，"有违教授治校之精神"，并以此为由全体申请辞职。最后，"学生提前出洋"事件以校长曹云祥道歉方才罢休。后来，教授群体又利用教授会迫使曹云祥辞职。

3. 1929年《国立清华大学组织规程》的修订，标志着清华"教授治校"制度的确立

罗家伦掌校期间与教授会的冲突就是"院长选聘权之争"，以教授会胜利而告终。教授会争取到了院长由教授会推举的权力，这使清华的教授治校制度得以真正确立。按照1929年6月12日修订的《国立清华大学组织规程》，学校设教授会、评议会、校务会议三级组织，并规定教授会由全体教授、副教授组成，它可以选举评议员和院长。这样，从规定上看，

---

①　苏云峰：《从清华学堂到清华大学（1911—1929）》，生活·读书·新知三联书店2001年版，第45页。

教授会成了当时学校的最高权力机关。因为在校务会议和评议会①中的人，除了校长、秘书长外都是教授会选举出来的。②

关于教授会与罗家伦之间为了院长选聘一事的往来斗争，冯友兰和陈岱孙在事后都曾回忆了事情的经过，并发表了他们对该事件的评论。他们认为院长选聘权之争"是一个校长和教授会怎样分权的问题"，"这事情本身并不太大，但它反映出校内学术民主和官方政治控制的矛盾，意味着正在形成中的新体制（指教授治校）和校长之间的可能的对立"。罗家伦到校以前，清华"本来有评议会，由行政当局和教授会的代表组成。学校的规章制度必须由评议会通过，重要措施必须由评议会审议，才能执行。罗家伦尊重这个组织。当时他和教授会有异议的，是关于院长人选问题。""可能罗家伦在当时已经觉得教授会过问事情太多了，并且侵犯了明文规定的校长的权限，就在这一问题上提出异议。""罗家伦主张，各院院长由校长就教授中聘任"，罗家伦的依据是"根据大学组织法，院长应由校长任命"，"教授会主张，由教授会选举"。教授会认为"教务长、秘书长主要是学校行政人员、可以由校长直接任命，而院长作为各学院教学学术工作的领导人，应由教授会公开选举，但为了合组织法的规定，可于选举后再由校长任命。"并且"教授会也固执己见"。陈岱孙分析当时的形式是"经过协商，双方作了让步"。结果是每一"院长公推出两个候选人，校长在两位候选人中择一任命，但在择任时，充分考虑会上票数的差别"③④。陈岱孙谈到教授会当时的态度是"固执己见"，可见教授会态度的坚决。其实罗家伦在清华任校长期间曾经因为学潮辞过一次职。早在他第一次辞职期间，评议会趁机通过了"实行教授治校，院长由教授推举"的决议。⑤到罗家伦回校之后，迫于形势，他不得不接受教授会提出的折中意见。"从一九二九年以后，这种决定各学院院长人选的程序便成

① 陈岱孙：《三四十年代清华大学校务领导体制和前校长梅贻琦》，载《陈岱孙文集》，北京大学出版社 1989 年版，第 481—482 页。

② 苏云峰：《从清华学堂到清华大学（1911—1929）》，生活·读书·新知三联书店 2001 年版，第 108—109 页。

③ 冯友兰：《冯友兰自述》，中国人民大学出版社 2004 年版，第 259 页。

④ 陈岱孙：《三四十年代清华大学校务领导体制和前校长梅贻琦》，载《陈岱孙文集》，北京大学出版社 1989 年版，第 481—482 页。

⑤ 《评议会第七次会议记录》，《国立清华大学校刊》1929 年 4 月 10 日，第 56 期。

为清华体制的一个传统。"① 这个事件清楚地告诉我们，教授群体为了教授治校制度在清华得以形成作出了很大的努力和斗争。

4. 1930 年至 1931 年，在 "校务会议暂行维持校务" 期间，教授治校迅速发展

1930 年 6 月至 1931 年 4 月，清华有 11 个月没有校长，由校务会议处理校政。但当时教务长与秘书长辞职，文学院长和理学院长因事离校，校务会议处于瘫痪状态。教授会就趁机向南京教育部索取了选举代理院长、代理教务长、秘书长的临时权力。这样，校务会议与评议会的成员，全由教授会选举产生，并对其负责。教授会的权力突然增大，成为学校最高权力机关。教授治校成了既成事实。②

在校务会议维持校务到梅贻琦被正式任命为校长期间，为了维持 "教授治校" 制度，清华教授会还经历了与吴南轩的斗争。

1931 年 4 月至 6 月，吴南轩被国民党任命为校长。他一到校就用自己的亲信或幕僚充任教务长、秘书长等职，并将会计、庶务、文书等各科主任全部更换，并以院长任命问题来挑战清华业已形成的 "教授治校" 制度。陈岱孙的回忆是吴 "来校没几天，就在院长的任命问题上和教授会发生了正面的冲突。他坚持院长必须由校长全权任命，说过去由教授会推荐再由校长任命的做法是不合法的，不能承认的"③。在遭到教授会的抵制后，吴南轩竟私自修改《国立清华大学组织规程》，取消了 "院长由教授聘任的规定"，同时聘用私人为文法学院院长，并解散了由教授组成的聘任委员会，不发给教授聘书。对吴南轩蔑视清华 "教授治校" 传统，独断专行的做法，教授会按其一贯的宗旨 "愿学校行政超出政潮，独立进行。使青年有一安心求学之处。倘有不谅此衷，别有所图者，不会坐视"④ 作出反应。教授会在 5 月 28 日通过决议，以吴南轩 "大权独揽，

①　陈岱孙：《三四十年代清华大学校务领导体制和前校长梅贻琦》，载《陈岱孙文集》，北京大学出版社 1989 年版，第 481—482 页。

②　苏云峰：《从清华学堂到清华大学 (1911—1929)》，生活·读书·新知三联书店 2001 年版，第 110 页。

③　陈岱孙：《三四十年代清华大学校务领导体制和前校长梅贻琦》，载《陈岱孙文集》，北京大学出版社 1989 年版，第 481—482 页。

④　《国立清华大学教授会宣言》，《国立清华大学校刊》1930 年 6 月 27 日第 191 期。

加以蔑视教授人格，视教授为雇员"[1]，一方面致电兼任教育部长的蒋介石，要求撤换吴南轩"另简贤能"，否则"全体教授下学年与清华脱离关系"[2]；另一方面选派代表张奚若、吴有训、冯友兰到南京教育部请愿。在教授会的强硬态度下，吴南轩被免职。

（二）与"董事会治校"的斗争

清华在罗家伦掌校之时还有董事会，董事会是清华校长的"太上校长"[3]。是教授会协助罗家伦实行"专辖废董"的。[4] 董事会最先只是协同校长管理学校，五四之后清华董事会章程明确规定"董事会对于清华学校一切事务，有协同管理之权；遇有清华学校发生各项问题，得由董事会处理"[5]。后来，又规定清华学校校长由董事会选举，一切校务与各项问题都交董事会处理。[6] 这样，董事会成为学校最高权力机关，凡事须听命于董事会的。[7]

"专辖废董"的导火索是董事会两度否定评议会关于扩充学校的建议。1929 年 4 月 6 日，清华评议会全体评议员宣布集体向教授会辞职。4 月 8 日，教授会派两人代表去南京请愿。冯友兰作为代表，在之后的会议录中详细描述了教授会与清华基金会的斗争，最终以教授会胜利而结束。

> 有些事是校长的职权所不能办的，那就得大动干戈了。这场干戈是清华反对半殖民地教育的一场严重的斗争。它的对象是清华基金会。斗争开始，还是用合法的形式，由清华校长向基金会申请动用基金四十万元，作为扩建校舍、添置设备之用。另外，由教授会通过一

---

[1]　《教授会呈教育部电文》，《国立清华大学校刊》1931 年 7 月 17 日第 302 期第 2 版。

[2]　《四十八教授态度之坚决声明》，《国立清华大学校刊》1931 年 7 月 17 日第 302 期第 1 版。

[3]　冯友兰：《冯友兰自述》，中国人民大学出版社 2004 年版。

[4]　同上。

[5]　清华大学校史研究室编：《清华大学史料选编》（第一册），清华大学出版社 2009 年版，第 247—248 页。

[6]　苏云峰：《从清华学堂到清华大学（1911—1929）》，生活·读书·新知三联书店 2001 年版，第 15 页。

[7]　苏云峰：《从清华学堂到清华大学（1928—1937）》，生活·读书·新知三联书店 2001 年版，第 30 页。

项决议，支持校长的申请。那时候，基金会正在南京开会。教授还推举我为代表，携带文件，到南京去当面陈述。那些正在开会的殖民主义者和旧外交部的那些官僚完全不了解时代的变化，不认识清华教授会这个不畏虎的初生牛犊，竟然诿称议案甚多，把清华的申请搁置，也不接见我这个代表。经据理力争，他们才允许我出席会议，但发言以十五分钟为限。我回来向教授会报告经过到会的人都很愤慨。当即通过决议，向南京政府要求：（一）撤销清华董事会和基金会。（二）清华纳入教育系统，归教育部管辖，外交部不得干预清华事务。（三）批准动用基金四十万元。（四）批准清华改制，正式成立清华大学。罗家伦携带这些文件亲自往南京交涉。过了不久，他就回来了。所有要求，一律照办。①

二　第二行动团体：清华学生与"校长治校""董事会治校"的斗争

教授治校的本质是以教授群体代表的学术权力对以校长、董事会为代表的行政权力的制衡。在教授群体与校长及董事会的斗争中，对民主向往的学生成为教授会争取治校权力的重要盟军。他们成为第二行动团体，通过反对校内校长、职员专制及抵制董事会专权，为教授群体争取治校权力助了一臂之力。

民国时期学运频频，学生权力高涨，在清华要坐稳校长职位必须要有学生的支持。1926 年钱端升致信胡适希望请胡适做清华校长，在信中他就提到，要做清华校长，需要通过"外交部、美使馆和学生"三关②。做过清华副监督的范源濂也曾说过："从前办学校，怕的是上司发生问题，现在办学校，怕的是下司发生问题。"③下司即指教师和学生。闻一多的同学罗隆基也回忆他在清华读书时"九年清华，三赶校长"④，以上这些都说明学生权力是民国时期清华校园内不容忽视的一股力量。

五四时期，民主共和是时代潮流。学生对民主共和的向往表现在学生要求学校自治、反对外来政治干预；要求民主管理，反对校内校长专制。

---

① 冯友兰：《冯友兰自述》，中国人民大学出版社 2004 年版，第 259 页。
② 梁锡华编：《胡适秘藏书信选》，（台湾）远景出版社 1982 年版，第 569—573 页。
③ 范源濂：《清华之创办》，《清华周刊》1926 年第 275 期。
④ 何碧辉：《著名的爱国民主战士和政治活动家——罗隆基》，载《民国著名人物传》（第 3 卷），中国青年出版社 1997 年版，第 196 页。

他们对外来势力和专制校长的反抗行动客观上支持了教授会争取治校权力的行动。学生的斗争一是与校长和职员的斗争。在民国时期，史料记载清华学生"六赶校长"（见表5—1），"二斗职员"（见表5—2）。二是与董事会的斗争。当1921年10月清华改组董事会时，学生认为由两个外交部部员和美国公使参赞组成的董事会不懂教育，要董事会脱离政治，打破国界，吸收校友和国内教育家充当董事。学生的要求得到了清华教职员、清华同学会和社会人士的支持，清华校长为扩大自己的权力，也卷了进来。到1927年7月外交部再改组董事会，除原有的三人外，又吸收了教育专门家、财务专门家和清华校友一人。① 学生还监督清华基金会的运作，1925年留美学生月费延期，清华学生就要求基金会公布资金使用情况。② 学生反对校长和董事会专制，要求校政自主的斗争，客观上为清华教授争取治校权力提供了支持，他们可以称得上是争取教授治校制度的第二行动团体。

表5—1　　　　　　　　　　　民国时期清华学生"六赶校长"

时间	学生针对对象	事情发生原因	学生采取的行动	结果
1919年12月	张煜全	张煜全来清华做了一年的校长，病假就有半年多，极少与学生见面 校长张煜全派巡警干涉学生成立学会，把电灯关灭，引起了学生公愤。爆发了"驱张"风潮③	学生宣布罢课抗议，清华学生四次派代表向外交部请愿，美国教员支持学生，反对张煜全任用手下两个职员包揽校务，通过美国公使馆给外交部挂电话，第一次赶校长④	张煜全辞职

---

① 苏云峰：《从清华学堂到清华大学（1911—1929）》，生活·读书·新知三联书店2001年版，第16页。

② 苏云峰：《从清华学堂到清华大学（1928—1937）》，生活·读书·新知三联书店2001年版，第34页。

③ 清华大学校史编写组：《清华大学校史稿》，中华书局1981年版，第14页。

④ 苏云峰：《从清华学堂到清华大学（1911—1929）》，生活·读书·新知三联书店2001年版，第18页；苏云峰：《从清华学堂到清华大学（1928—1937）》，生活·读书·新知三联书店2001年版，第57页。

续表

时间	学生针对对象	事情发生原因	学生采取的行动	结果
1920 年 1 月底	罗忠诒	在罗忠诒上任前学生就派代表去"相面"，回来后报告说这个新校长有肺病，从言谈举止上看不足胜任	学生会动员全体学生每人写一封信，共几百封信给罗忠诒，劝他不必来校	罗忠诒未到校就"辞职"了
1921 年 6 月 3 日	金邦正	金邦正上任后不久清华学生支援北京八校教师索薪斗争，举行"同情罢考"，学校董事会罚全体参加罢考的应届毕业生罗隆基等 29 人留级一年，推迟出洋①	1921 年秋开学时，全体学生相约拒不出席金邦正召开的开学典礼，金离校赴美，学生会就趁此机会去信"请其不必作卷土重来之梦想"	迫使金邦正辞职
1928 年	罗家伦	1928 年 8 月 3 日，在罗家伦正式到校以前，清华学生会就成立了一个校务改进委员会，提出了一个《改进清华意见书》，并于 8 月 22 日，派学生会代表三人南下，当面要求还没上任的罗家伦采纳意见②	1929 年 4 月，当罗家伦由于清华基金使用问题与清华大学董事会发生矛盾而提出辞职时，学生会申明："无论国府批准与否，本校无人表示挽留" 1930 年 5 月 20 日，学生代表大会提出了"请罗家伦自动辞职"的议案，历数其问题。并致电教育部，"请速准其辞职"③	罗家伦1930 年 5 月 22 日提出辞呈

---

① 苏云峰：《从清华学堂到清华大学（1911—1929）》，生活·读书·新知三联书店 2001 年版，第 15 页。

② 《南下代表报告》，《清华周刊》1928 年 11 月 17 日第 30 卷第 2 期。

③ 《最后消息》，《清华周刊》1930 年 10 月 20 日第 34 卷第 1 期。

续表

时间	学生针对对象	事情发生原因	学生采取的行动	结果
1931 年	吴南轩	吴南轩由于任用私人为教务长、秘书长，拒不承认由教授会选举院长的惯例等引发师生驱吴风潮	1931 年 5 月 29 日，学生会召开全体学生大会，表示支持教授会决议，并全体同学整队去校长住处，请其即时离校。6 月 1 日，学生会又决定组织护校委员会，表示"倘吴借武力到校，决武力护校，准备流血"①	吴南轩 5 月 29 日离校，在北平使馆区利通饭店设立"国立清华大学临时办事处"，后被迫于 6 月 5 日离平南下辞职
1931 年	乔万选	乔万选于 1931 年 6 月 25 日带着三汽车武装卫兵，还带来了秘书长、庶务主任等一帮人，企图以武力接受清华②	在学生会护校委员会的带领下，学生们把乔万选一干人拒于校门外，并且与乔万选单独谈判，迫使乔氏当场签字，保证永不任清华校长	乔万选没上任就辞职了

表 5—2　　　　　　　　民国时期清华学生与职员的斗争

时间	学生针对对象	事情发生原因	学生采取的行动	结果
1919 年	斋务长	因斋务长无理开除一学生	遭学生诘问	斋务长辞职
1926 年	张去恶	教务长张彭春因受到保守势力的攻击而辞职	在少壮派教授们的支持下，学生们在校内游行请愿，要求"与清华前途发展有妨碍"的"清华三恶"（指曹云祥安排的亲信，时任清华机要部主任、斋务处主任和大学专门科筹备主任）辞职	"清华三恶"辞职

资料来源：根据清华校史整理。

---

① 《驱吴运动爆发》，《清华副刊》1931 年 6 月 6 日第 35 卷第 12 期。

② 苏云峰：《从清华学堂到清华大学（1911—1929）》，生活·读书·新知三联书店 2001 年版，第 101 页。

三　校长被动的或主动的"无为而治"是教授治校制度得以实施的关键

教授治校与校长治校之间存在着权力上的冲突，在治校权力上是一对最主要的矛盾，因为治校权力只能或由校长掌握，或由教授群体掌握。多次当选北京大学评议员的马叙伦就曾提道"教授治校的精神在校长的无为而治"[1]。校长主动的"无为而治"指校长作风民主，在决策时不以自己意志凌驾于教授会之上，仅发挥协调作用，同时服从共同决策的结果并对结果负责。[2] 校长被动的"无为而治"指校长或不在位，或在位权力被架空，被架空的校长就是想有为而治也没有办法，只能无为而治。清华教授治校制度能得以形成，确实具备马叙伦所说的校长的无为而治。校长无为而治得以在清华出现，有三个原因：

一是受政潮学潮影响，清华的校长在五四前后更迭频繁，且很多时间出现校长空缺（见表5—3）。校长在任时间短及校长空缺时间长，给教授会获得治校权力留下了空间。从张煜全（1918 年任校长）到梅贻琦（1931 年任校长），短短的 13 年间，校长共换了 9 位（有两位校长罗忠诒、乔万选被学生拒绝未到任），平均一年多就换一位校长。在梅贻琦之前任职时间最长的是曹云祥（任职 5 年 8 个月），最短的是温应星（任职 2 个月）和吴南轩（任职 2 个月），其他校长（张煜全、金邦正、罗家伦）一般也就是一年多在任。在这 13 年间，清华空缺校长就有 2 年 11 个月近 3 年，其中每位校长离职之后几乎都是半年无人来正式接任。校长更迭频繁的一个重要原因是民国时期的清华校长有很多是有政治背景的，如罗家伦、吴南轩是带着国民党的"政治任务"来改造清华的，乔万选任校长则是阎锡山的势力介入清华的结果，温应星是奉系军阀进入北京时派往清华的，这些校长的政治背景使得政潮更迭影响了他们的就任。

---

① 马叙伦：《我在六十岁以前》，生活书店 1947 年版，第 71 页。

② 蔡磊砢：《蔡元培时代的北大"教授治校"制度：困境与变迁》，《高等教育研究》2007年第 2 期。

表 5—3　　　　　　　　　　　清华校长的任期和空缺

	校长名	任职时间	任职年限	备注
国立清华大学（1928 年 8 月至 1937 年 8 月）	梅贻琦	1931 年 12 月至 1937 年 8 月	5 年 8 个月	梅从 1931 年到 1948 年一直担任清华校长，共 17 年
	6 个月空缺校长，期间乔万选被任命为校长，被拒，未上任。南京教育部再委派翁文灏、理学院长叶企孙"暂代校务"。翁、叶不想卷入旋涡，都请辞			
	吴南轩	1931 年 4 月至 1931 年 6 月	任职 2 个月	
	11 个月空缺校长，由校务会议代理处理校务			
	罗家伦	1928 年 8 月至 1930 年 5 月	1 年 9 个月	
	2 个月空缺校长，梅贻琦任代理校长			
清华学校（1912 年 10 月至 1928 年 8 月）	温应星	1928 年 4 月至 1928 年 6 月	任职 2 个月	
	4 个月空缺校长，外交部派严鹤龄再度代理校长			
	曹云祥	1922 年 4 月至 1927 年 12 月	任职 5 年 8 个月	
	6 个月空缺校长，由原清华教务主任王文显"兼代校务"，暂时维持			
	金邦正	1920 年 9 月至 1921 年 10 月	任职 1 年 1 个月	
	空缺校长 8 个月，期间罗忠诒被任命为校长，被拒，未上任，暂由三人董事会主席严鹤龄来代理校长①			
	张煜全	1918 年 7 月至 1920 年 1 月	任职 1 年半	
	6 个月空缺校长			
	周诒春	1913 年 10 月至 1918 年 1 月	任职 4 年 3 个月	
	2 个月空缺校长			
	唐国安	1912 年 10 月至 1913 年 8 月	任职 10 个月	

　　资料来源：根据清华大学校园网及《清华大学校史稿》整理。

---

　　① 苏云峰：《从清华学堂到清华大学（1911—1929）》，生活·读书·新知三联书店 2001 年版，第 20 页。

二是外交部、教育部、董事会多头管理，交叉矛盾导致校长权力被架空。董事会与校长之间的权力之争中，校长居于劣势，"专辖废董"之前董事会权力都是凌驾于校长权力之上，加上校长或是外交部指派的官僚，或是背后有北洋军阀、国民党势力，校长之上的这些势力交相试图干预清华内政，使得这段时间清华的大多数校长很难真正掌握学校的治校大权。

三是梅贻琦等开明校长主动的无为而治。陈岱孙评论梅贻琦对教授治校制度的贡献很中肯，他认为"清华大学前校长梅贻琦先生对于这个体制（指教授治校制度）的形成和巩固起过一定的作用"。"清华的这个体制是在他的任期内得到完全的确认和巩固的。""梅先生对于这一体制在清华确立的作用，正在于他在整个十八年校长任内对于这一体制的赞同和扶植。"① 清华校史专家苏云峰也认为清华大学能成为当时实施"教授治校"理念最彻底的大学②是因为梅贻琦的扶持。陈岱孙还回忆"无疑地，对一个校长来说，这个体制削弱了他的独断的权力。但梅不但完全接受这个体制的精神，还协助把它巩固下去。"③ 也有可能正是因为梅贻琦接受了教授治校体制，得到了师生的爱戴，所以他才能在清华任校长18年。

四　清华基金的独立和清华的民主传统是教授治校制度在清华能推行的外在环境

清华的教授治校制度在某种程度上来说，是"一个以教育学术民主自由为号召，在抵抗和缓和外部政治派系势力的侵入和控制上能起到作用的校内管理体制"④。教授治校制度的实质也就是大学自治，学术自主，反对外来控制。因为当时清华的校长大多是挟政治势力而来的，反对校长也就是反对校外政治势力。当时清华的教授之所以敢得罪政府，一个重要

---

① 陈岱孙：《三四十年代清华大学校务领导体制和前校长梅贻琦》，载《陈岱孙文集》，北京大学出版社1989年版，第482页。

② 参见苏云峰《从清华学堂到清华大学（1928—1937）》，生活·读书·新知三联书店2001年版，第40—46页。

③ 陈岱孙：《三四十年代清华大学校务领导体制和前校长梅贻琦》，载《陈岱孙文集》，北京大学出版社1989年版，第482页。

④ 同上。

的原因就是清华经费独立，有清华基金会做后盾。清华经费来自美国庚子赔款，除了在西南联大时有点困难外，一直都很充裕。不依靠政府拨款维持学校，所以清华更能独立于政府之外，更能不受校外政治势力的控制，在维护学校自治、学术自主上地位更超然。

清华的民主传统是清华教授治校制度能推行并持久生存的另一个重要外在条件。五四之后反专制反独裁成为时代潮流。校长"秉承当道、在校内独揽大权的家长式统治"带有专制特色，与潮流相悖，而教授治校的核心理念是集体决策、民主管理，顺应了当时的思想潮流。加上清华前身是留美预备学校，清华学生从十三四岁就进入清华，经过 8 年的美国化教育的熏陶，受美国式的自由民主影响极深。清华当时很多教师就是清华以前的留美学生，他们在国外接受了西方的"教授治校"民主管理思想，这使清华校园内弥漫着一种平等、自由、独立的氛围。当时教育独立，教育要独立于政党、宗教的思想更是推波助澜，追求民主的学生与追求民主管理的教授在理念上的契合，促使他们行动起来建立一个独立的学术环境。

五　利益集团之间的博弈形成的教授治校制度是独具特色的"土制度"

利益集团之间经过博弈形成的制度都是个性化的制度，与国家规定不符。清华"教授治校"制度就是一项"土制度"，主要表现是：清华的教授会在许多做法上与当时的规定不符，是清华自己制定的政策。具体是：清华的教务长、院长由教授会选举产生，清华的教授会权力更大。依据当时的规定①，院长、教务长及各校级管理部门负责人的聘任权都属于校长。系主任由院长商请校长聘任；学校的核心机构行政会议的组成人员，除校长本人外，均为校长直接聘任人员，行政权力集中于校长。清华的教务长从 1926 年起即由教授会选举产生，清华院长产生的实际办法是院长先由"教授会提名两个候选人，由校长选择一个聘任"②，择任时充分考虑教授会选票的差别。由于院长、教务长都由教授会选举，这样当时清华的决策

---

①　1929 年《大学组织法》第十九条："大学职员及事务员由校长任用之。"1948 年《大学法》第十三条："大学设教务、训导、总务三处，置教务长、训导长、总务长各一人，秉承校长分别主持全校教务训导及总务事宜，由校长聘任之，均应由教授兼任。"

②　冯友兰：《冯友兰自述》，中国人民大学出版社 2004 年版，第 263 页。

机构评议会、执行机构校务会议（相当于《大学组织法》的校务会议[①]和行政会议[②]，参照冯友兰的回忆和当时大学法规），两会的成员基本上来自教授直接或间接的选举，校长方面的人只有他自己和秘书长（1930 年至 1931 年在校务会议维持校政之时，教授会又获得了秘书长的临时选举权），行政权力和学术权力集中在教授手中，"评议会好像是教授会的常务委员会。校务会议又好像是评议会的常务委员会"[③]。这些政策使得"清华的评议会和教授会权力较大"，在某种程度上侵占了当时大学法规规定的校长权力[④]。

第四节　行动变量影响中国高校人事制度变迁的规律

行动者是影响中国高校人事制度变迁的重要因素。其中，政府在中国高校人事制度变迁过程中是最强有力的行动者，文化精英在某个历史时期会发挥大的作用。依靠高校内部利益群体之间的博弈形成的制度是比较符合高校组织特性，促进高校发展的制度。

由于政府一直以来就是中国高等教育的主要举办者，高校的发展一直以来都离不开政府的财政支持，因此，中国高校人事制度在各个历史时期，政府基本上都是起决定作用的行动者，这也使中国高校人事制度一直带有强制性变迁的特点，且在制度变迁过程中，制度供给不足和供给过剩并存。

文化精英在历史发展的各个阶段，要不以与政府共谋的方式影响高校

---

① "在罗家伦到校以前，清华本来有'评议会'，由行政当局和教授会的代表组成。"见冯友兰《冯友兰自述》，中国人民大学出版社 1929 年版。《大学组织法》第十五条："大学设校务会议，以全体教授、副教授所选出之代表若干人，及校长、各学院院长、各学系主任组织之，校长为主席。前项会议，校长得延聘专家列席，但其人数不得超过全体人数五分之一。"1948 年《大学法》第十九条："大学设校务会议，以校长、教务长、训导长、总务长、各学院院长、各学系主任及教授代表组织之，校长为主席。教授代表之人绝不得超过前项其他人员之一低亦不得少于前项其他人员之总数。"

② "校长之下有一个校务会议，成员是校长、教务长、秘书长，还有文、法、理、工四院院长，以校长为主席。学校的事情都由校长提交校务会议讨论，通过后由校长执行。"见冯友兰《冯友兰自述》，中国人民大学出版社 2004 年版，第 263 页。

③ 冯友兰：《冯友兰自述》，中国人民大学出版社 2004 年版，第 263 页。

④ 陈岱孙：《三四十年代清华大学校务领导体制和前校长梅贻琦》，载《陈岱孙文集》，北京大学出版社 1989 年版，第 482 页。

人事制度变迁，如为政府改革高校人事制度出谋划策或提供智力支持，要不身体力行来影响高校人事制度向其理想的方向变化。但是文化精英要想在高校人事制度变迁中发挥作用，前提一般是政府对高校控制不是很严格，使文化精英有施展长才的机会。

一般来说，很少有空间让高校内部各利益群体之间自由博弈形成制度。中国高校人事制度的一般状况即常态是政府颁布制度，高校按制度实行，政府牢牢地控制着高校人事设置和变迁的基本框架。但是在特定的历史时期，会出现如民国时期清华大学政府管制出现权力真空，校长缺位或实施"无为而治"，这种特殊的历史时期使高校内部各个利益群体有机会围绕治校权力进行斗争，最终形成一个有利于高校发展、彰显高校学术组织特性和学术权力至上的教授治校制度。这个非常态例子给中国高校人事制度如何发展提供了一个很好的案例，也给中国高校人事改革以借鉴和启示：真正适合中国高校的人事制度是政府不介入高校管理，校长尊重教师权力，教师群体管理高校的制度，且这种制度不一定与政府颁布的法律、法规相一致。因为国家的法律要求各个高校统一实行某种制度，这实际上会造成千校一面的状况，也不符合各个高校的校情。中国应更多地给文化精英和高校各个利益群体参与高校人事制度改革的机会，而不是政府完全主导高校人事制度变化。自下而上形成的制度可能更能激发高校活力，更能在促进学术繁荣的基础上达到政府和社会对高校的效率要求。

第 六 章

中国高校人事制度发展的未来展望

第一节　当代中国高校人事制度改革的时代背景

任何改革都是顺应时代呼唤，在一定的时代背景下进行的，也只有紧扣时代要求，才能推动改革取得实效。作为中国高等教育诸项改革中最重要、最艰难的改革之一，高等教育人事制度改革也不能例外。20 世纪 90 年代以来的近 20 年，伴随我国乃至世界高等教育发展史上高校空前的大规模的合并调整，高校人事制度也进行了广泛、深刻的改革，方兴未艾，影响深远。概括起来，有以下几项重大背景。

一　市场经济提供体制基础

建立社会主义市场经济体制是我国改革开放的必然要求，给高校人事制度改革提供了体制基础。在先进的社会主义市场经济体制和现代企业制度下，诞生于计划经济年代的高等教育管理体制愈来愈显示出其不相适应之处。为此，我国高等教育界的有识之士认识到，适应建立社会主义市场经济体制的要求，必须改革高等教育管理体制。1985 年，党中央召开改革开放以来第一次全国教育工作会议，制定了《关于教育体制改革的决定》，但直至 20 世纪 90 年代初，高等教育管理体制尤其是人事制度改革仍然停留在酝酿阶段。

党的十四届三中全会制定了《关于建立社会主义市场经济体制若干问题的决定》。建立社会主义市场经济体制，这是新时期高等教育管理体制改革最重要的机遇。1993 年发布的《中国教育改革和发展纲要》，为高校人事制度改革提供了方向和途径。《中国教育改革和发展纲要》明确规定高等教育要在适应社会主义市场经济体制的前提下进行改革，其中最重要的是改革高校宏观管理体制和内部管理体制。高校宏观管理体制改革的目标是改变高校管理的条块分割现象，放权地方，建立以省级政府为主，国家和地方两级管理的新体制。高校内部管理体制的改革重点是高校人事制度改革，在高校推行聘任制，打破高校教师计划经济以来形成的固定管理、高校教师无法流动的局面，达到使高校教师自由流动、人力资源合理配置的目的。后来国家又连续发布文件，要求高校内部进行分配制度改革。新的分配制度更强调教师的绩效和多劳多得，不仅大力提高了高校教师收入，也体现了市场经济体制下新的分配原则。

二　"科教兴国"提供巨大推力

国家实行"科教兴国"战略对高等教育原有的管理体制提出了严峻而又紧迫的挑战，也为改革提供了难得而又重要的机遇。1995 年 5 月召开的全国科学技术大会，正式提出实施"科教兴国"战略，并将其确定为基本国策。按照"科教兴国"战略，全国人大八届四次会议通过了《国民经济和社会发展"九五"计划和 2010 年远景目标纲要》，具体设计了 20 世纪 90年代直至 2010 年我国高等教育改革和发展的目标。1995 年 7 月，国务院办公厅转发了国家教委《关于深化高等教育体制改革的若干意见》，明确提出高等教育管理体制改革的初步目标是要建立与经济、政治、科技、文化体制相适应的，有利于高等教育事业发展和改革的新的高等教育管理体制。"科教兴国"战略作为一种国策，在现实中最重要的表现就是国家财政在教育经费上的增长。1998 年，国务院机构改革，将国家教育委员会改组为教育部。为实施"科教兴国"战略，新组建的教育部提出教育经费要增加财政投入，即每年财政投入的教育经费要在上一年的基础上增加一个百分点，从 1998 年起，连续增长五年。这样，高等教育经费的财政投入明显增加。这些新增经费主要用于高等院校的改革和发展，促进了一流大学和高水平大学的建设，也推动了高等教育管理体制和人事制度改革。

三　《高等教育法》提供法律保障

在改革的初步成果推动下，1998 年 8 月全国人大九届常委会通过《中华人民共和国高等教育法》，这是新中国第一部有关高等教育的专门法律，以法律形式将改革的成果加以确定。《高等教育法》的出台，标志着我国的高等教育管理向法治化迈出了重要一步。1998 年之前，高等教育改革的每一个关键环节，都是靠党和国家的方针政策指引和推动的，如1985年的《关于教育体制改革的决定》、1993年的《中国教育改革和发展纲要》。1998年之后的高等教育改革，虽然国家也发布了很多政策和文件，但是基本上都是贯彻落实《高等教育法》的。《高等教育法》以它的法定性和权威性为高等教育改革提供了法律保障。在从计划经济向市场经济过渡的过程中，高等教育宏观管理体制和内部管理体制要从哪些方面进行改革，如何改，《高等教育法》都指出了方向。在人事制度改革方面，《高等教育法》明确规定高等学校在经费使用、人员编制、职称评聘、分配制度、教育教学等七个方面拥有自主权。从管理实践来看，这些自主权有的已经兑现，有的正在落实，为方兴未艾的高校人事制度调整和改革继续推进提供难得机遇。《高等教育法》的实施，标志着我国高等教育进入了一个依法治教、依法办事的新的历史时期。

四　"211工程"等提供最新动力

世纪交替之际，中国政府启动的"211工程""985工程"等对中国高等教育的发展产生了巨大的影响。虽然"211工程""985工程"因为其明显的计划性受到了学界很多人的质疑，认为这种计划性的带有行政性的"工程"是计划经济体制的延续，与当代市场经济自由竞争的理念背道而驰。尽管如此，我们不能否认，这些工程给高等教育领域投入了巨额经费，使中国的高校将目标定为培养高素质、拔尖创新人才，使教育质量、教育创新成为高等教育工作的核心，这些都顺应了知识经济时代对高等教育的要求。"211工程""985工程"投入的经费重点在于改善高校办学等基础性条件，作为新中国成立以来中国政府对高等教育领域投入规模巨大的工程，这些工程是中国试图改善高等教育质量、跻身世界高等教育强国的重要举措。显然，我国原有高校的绝大多数远远不能符合要求。在争创一流大学的浪潮中，继续整合办学资源，处理好大学与经济、大学与政府的关系，推进管理体制改革，就显得格外重要和迫切。"211工程""985工程"推动了高校的合并和重组，使新中国成立以来形成的按行业、专业分散办学、重复办学、办学规模小等状况得到了改善，也推动了中央各部委所属高校的调整和合并。为了达到"211工程""985工程"的要求，很多高校进行了内部管理体制改革。这样，中国高等教育的宏观管理体制和内部管理体制都发生了根本的变化。

五　科学发展观提供最新机遇

党的十六届三中全会提出了贯彻落实科学发展观，科学发展观应用于高等教育领域，其指导思想包括三个方面：一是以人为本，要求高等教育必须坚持"以人为本"的教育理念。坚持以人为本，是科学教育发展观的核心内容，促进学生全面发展是科学教育发展观的重要目的。二是全面、协调、可持续发展。高等教育的全面发展指各级、各类、各层次的高等教育都要发展。如果只发展某一类型、某一层次的高等教育，则高等教育的生态环境就会失衡。现实中，专科层次的高等教育都定位为本科教育、以发展成本科教育为目标，就是一种高等教育非科学发展、非全面发展的表现。这就要求各级各类高等院校要科学定位。高等教育的协调发展主要是指高等教育的规模、结构、质量上要协调。高校规模过小、各级各类学生比例不合适都要改善。可持续发展则是指高等教育要保持发展的连续持久性，即保持发展的后劲。三是要创新。即在教育理念、理论、制度、文化上创新。体制创新、机制创新、实践创新是科学发展观对高等教育发展的要求。①

党的十七大，出台了《国家中长期教育改革和发展规划纲要》，这是我国进入 21 世纪以来第一个教育规划纲要，主要是对新世纪全面建设小康社会的历史阶段的教育改革作出指导，重点是高等教育改革。规划纲要也贯彻了科学发展观全面、协调、可持续发展的精神，目的是在中国建立一个规模、结构、质量都协调的高等教育体系，建设具有中国特色的现代大学制度。这都为当代中国高校人事制度改革提供了发展方向和发展机遇。

第二节　中国高校人事制度改革的基本思路

一　赋予大学办学自主权

温家宝总理说："一所好的大学，在于有自己独特的灵魂，这就是独立的思考、自由的表达。千人一面、千篇一律，不可能出世界一流大学。

---

① 徐光寿：《论新时期高等教育管理体制改革的时代背景》，《高校教育管理》2009 年第 5 期。

大学必须有办学自主权。"① 然而，值得我们思考的问题在于如何真正落
实大学的自主权。为什么在长达 30 年的高等教育改革中，以法律形式保
障的大学的自主权迟迟不能落到实处？要根本解决大学自主权的悬置，核
心问题在于重新界定大学与政府的权力关系，建立一种防止政府直接参与
大学管理的治理结构，保障大学尊重自身的发展规律而不是按行政的规则
与意志来行使权力，让大学回归到作为一个学术机构上来。关键是要保障
大学的三种基本权力：选择校长的权力、选择学生的权力和自主的理
财权。

（一）选择校长的权力

长期以来，我们把大学校长视为党政领导干部，采取提拔任命的方式
来选择大学校长。校长由上级选拔任命，具有一定的行政级别，这会导致
校长们更看重向上负责，更倚重用行政管理的手段与规则治理学校，从而
淡化了对于学术的认同感，其结果必然是行政权力不断侵蚀学术权力，从
根本上制约了大学办学自主权。历史的经验已经表明：伟大的大学总是和
伟大的校长联系在一起。高校具有选择校长的权力，含义是高校校长不再
是政府任命，而是高校面向全国甚至面向全球公开招聘校长，高校可以指
派教授会或者遴选委员会确定校长人选，再报政府备案。高校校长任命方
式的变化，也意味着高校校长的权力来源发生了变化，从政府变为学校的
教授会或者遴选委员会。高校校长权力来源的变化，就意味着高校校长不
再只是向政府负责，而是主要向高校负责。

从政府选拔任命校长变为高校自主遴选校长，有很多好处。首先，是
落实了大学办学自主权，反映了大学社群的公共意志。其次，大学校长不
再是自上而下选派，而是基层组织自主选聘。通过这种方式选拔出来的校
长是一些更熟悉、理解大学，更能为大学理想奋斗的人，他们会少一些官
僚气，多一些学术气。最后，通过高校自主选聘校长，更容易促进校长队
伍流动，有利于在我国形成一个职业化校长群体，从而推动我国高校校长
的职业化进程，提高高校校长的办学水平。

（二）选择学生的权力

高校是否具有选择学生的权力是高校是否能独立自主面向社会办学的

---

① 温家宝：《中国一定能够出现世界一流大学》，2010 年 1 月 29 日，温家宝总理在国务院
第一会议室听取科教文卫体各界的 10 位代表对《政府工作报告（征求意见稿）》的意见、建议
时说的话（http://edu.qq.com/a/20100202/000016.htm），2016 年 4 月 17 日。

具体体现，也是大学自主权的一个重要反映。与大学选择学生的权力相比，学生的教育选择权更容易获得人们的关注和普遍认同，事实上，合理的选择只会发生在具有充分自主意识的理性主体之间，如果大学缺乏自主选择学生的权力，学生的自主选择最终将被机械的行政配置所代替。更有推动意义的是，随着高校选择学生权力的落实，一些衍生性的权力如：大学的学科、专业的设置权与招生的专业规模决定权也会随之落实。将学生的招收与选择权赋予大学，可以达到三个方面的效应。

一是因材施教，不拘一格，彰显大学特色。事实上，人们将选择适合大学教育的学生作为大学的责任，正是因为大学具有在择选学生时更为理性的可能和优势。选择合适的学生，并使学生能接受与其意愿、能力相匹配的教育，是高校应有的权力、责任和义务，也是一项在专业性和知识性上具有难度的工作。如何用科学的程序和方式来选择学生，并使学生的意愿与能力能相一致，这是一个富有挑战性的任务。这就避免了从选材到培养的割裂局面。系统性地完成人才培养的整个过程，高质量的大学教育才有实现的可能，大学的特色才有可能彰显。

二是将选择学生的权力从行政权转化为学术权，推进大学内部治理的民主化。一旦当大学真正担当起选择学生的责任，那么选择学生的工作就会由学术权力而不是行政权力负责。因为选择学生本身就是一项知识性和专业性的工作，只有那些对学科和专业有了解的教师才有资格胜任。在选择以本学科和专业为志愿的学生时，该学科和专业的教师的意见是最值得参考的，这个时候，知识和学术的权力比行政权力更有发言权，更有说服力。通过在选择学生时尊重学术权力，可以保证大学学术事务的决策是建立在民间意见之上，这样能促进大学内部管理的民主化。①

三是促进大学的内部变革，还将对基础教育产生积极影响。扩大大学的学生选择权，实行入学方式的多元化将是必然趋势。一方面，大学自主择选学生将改变高考只是一种"成就测试"的现状，使高考对学生的考查不再局限于对"高考分数"的事实判断，而更侧重于对学生的创造能力和实践能力等"发展趋势"的考量。另一方面，大学自主择选学生的多元化不但使学生获得更多地接受不同类型和层次高等教育的可能性，也将改变中等学校作为"分数加工厂"的尴尬局面。这样基础教育才能纠

———————————

① 宣勇：《大学必须有怎样的办学自主权》，《教育发展研究》2010年第7期。

正其发展导向，成为容忍差异性、培养创造性，以及具有启发性的素质教育。

（三）自主理财的权力

高校理财自主权指高校能够自主筹措、分配和使用经费，在我国现阶段主要是指自主分配、使用经费。高校自主理财权是大学实施其他自主权的基础和前提，是落实大学自主权的重要方面。高校的顺利运行需要庞大的经费支撑，高校经费从单纯来自政府到现在来源渠道多样化，一般原则是谁埋单谁就说了算，但是从落实高校自主权来看，高校应该拥有大学经费的使用权力，而不管经费的来源。因为高校拥有自治权力就意味着大学具有自己管理自己事务的权力，这些事务中肯定也包括了高校的财政事务。综观我国目前大学理财自主权的实际情况，与《高等教育法》所规定的高校自主权限度有较大的差距。现实状况是高校在财务的自主权上受到了很大限制，政府对大学在经费分配和使用上的控制力度依然很大，这从各高校为了应对政府控制而到处设立的"小金库""账外账"也可以看出来。要落实高校自主理财的权力，要从以下方面予以确保：

一是确保高校不被当作职能部门管理。政府部门对高校的自筹经费实行"预算外资金专户储存"的制度，对高校的财政拨款实行"国库集中收付制度"和"零余额账户制度"，对高校的经常性经费和专项经费投入严格限定。要改革类似对职能部门的财务管理方式，赋予大学财务的自主权。

二是确保高校有经费的自主预算权。不管是教学、科研、人员等经费，都应由大学自身进行各项具体支出的分配及其比例的预算，经费投入主体的功能在于负责经费的审批、对经费的使用过程进行全程的监督和目标审定、验收。除此之外，由于大学活动的特殊性，大学生产的是知识和人才，这种生产过程具有复杂性、不确定性，以致很难达到完全精确的预算，因此，应允许预算经费存在一定的浮动范围和中途的重新调整。

三是确保大学财务控制权。政府在对大学内部经费的分配和使用权力进行放权的过程中，应让学校和学者自主决定经费的分配和使用。尤其是大学的非财政性收入，如大学自主举办的短训班培养费，大学的横向科研费用，大学收取的学费、住宿费等，大学这一部分资金的理财自主权应属于大学。因为这些收入是对大学教育服务正常的补偿，不是政府的财政投入，也不同于其他单位的预算外资金。如果政府对大学资金使用控制过强，势必会束缚大学活力的激发和自身的发展。

二　让大学去行政化

2010年年初，教育部发布《国家中长期教育改革和发展规划纲要（2010—2020年）》，明确提出要取消各类学校的行政级别和行政化管理模式，推进政校分开、管办分离。高校去行政化的真正内涵应该是在高校中去除学术权力行政化，即彻底铲除按照行政级别分配学术资源的陈规陋习，还学术权力于学者。其外延包括取消高校行政级别、民主选举高校管理者等。

（一）就内涵而言，要确保行政权力和学术权力真正分离，行政权力应该更多让位于学术权力

要真正实现高校"去行政化"，就必须推行行政权力与学术权力分离，建立学术自治、教授治校、学生自治的现代大学制度。一是落实学术委员会的决策权，打破高校行政官员对学术权力的垄断。在各类行政部门主导大学治理的环境下，要建立高校学术委员会，主要负责教育和学术事务。要将学术委员会建成捍卫学术自由的一座新的坚固的堡垒，让校级领导退出学术委员会。还要建立学术委员会下属若干诸如教学委员会、科研委员会、学位委员会及学院（系）学科委员会，这些学术组织主要由教授组成。通过制定权威的学术委员会章程，确保学术职权与行政权力区分开，给教授更多自主权，让教授治理学术，要坚持学术自由和学术民主，维护学术的独立性和纯洁性。同时，学术委员会要下放权力，专业性强的学术事务，先经专门委员会或学科委员会初步决策后，再由学术委员会审议通过，要强化学院（系）在学科建设、专业设置及教学培养等方面的学术权威。要完善专家咨询系统，不断指导学术发展。

二是尽快制定《高等院校教职工代表大会条例》《高等院校学术委员会条例》及《高等院校信息公开条例》等，通过教代会、学术顾问委员会及学生团体等监督作用，切实保障学术工作正常进行。除学术管理应主要依赖学术机构外，学校内部其他决策管理，也要广泛吸收教授论证决策，保证管理的民主性与科学性。

（二）就外延而言，要取消高校行政级别、民主选举高校管理者

一是取消高校行政级别。取消大学行政级别，打破过去把大学当作行政单位管理，管得很微观、很细的局面。由人大代表、政府部门官员、高

校领导、教授代表、学生代表、校友代表、社会贤达共同组成大学理事会，负责大学重大战略决策和办学监督。保障学校办学投入的拨款机制，设立国家和地方教育拨款委员会，制定教育拨款预算，并监督政府拨款。

二是民主选举大学校长。高校校长实行民主推选机制，推行治学人选治校人，由教授、学生等组成的委员会选举产生。政府逐步放权，打破过去各种评估评优、争取经费、学科设置等围着行政指挥棒转的局面，把办学权力交给校长。建立起学术本位的管理模式，学术自治、教授治校，限制行政权的权力空间；学校内部实行人事制度改革，薪酬待遇与级别完全脱钩。

三　让校长职业化

高校的所谓"去行政化"的对应面应该是大学校长的职业化，这也是完善大学治理结构的必然要求。大学校长职业化，就是校长把学校管理工作作为自己唯一的职业，集中精力搞好学校管理。大学校长职业化，意味着一方面只能做校长的管理工作，不能分心去做别的事情；另一方面应该是一个教育家，懂得教育理论和教育规律。

（一）大学校长必须是职业人

大学不欢迎专家校长，大学校长的产生不能延续"学而优则仕"的传统。呼唤校长专家，就是校长本身是一个职业，要求专业知识和专长，不靠学术成就高低来竞争校长。[①]

1. 完善大学校长的选拔体系

"完善大学校长选拔任用办法"是完善大学治理结构的必然路径，应该成为完善大学治理结构的突破口。首先，大学校长可以从教育专家中选拔，可以参照民国时期的做法，如蒋梦麟、郭秉文都是教育学科班出身，他们本身就具备教育方面的理论知识，将这类人委以校长重任，他们所具备的教育常识使他们更有可能成为成功的校长，当然，这样做的前提是，这些科班出身的教育家们自己有意愿投身于教育事业，有意愿在校长任内有所作为。其次，大学校长可以从那些具有良好学术背景并热爱教育事业的人中选拔，这类校长一般是通过长期的教育实践使自己成为教育家的。

---

① 李福华：《我国大学校长职业化的条件分析》，《青岛科技大学学报》（社会科学版）2008 年第 2 期。

他们在成为校长之前都有过在高校从事管理的经历，如博克、赫钦斯都任过学院院长，梅贻琦任过教务长。按照这两种选拔方式，在我国就可以培养出一大批职业教育家来，他们以治校为终身的职业，可以先后在不同的大学任职，如民国时期罗家伦就曾先后在清华大学、中央大学任校长。

2. 完善大学校长的薪酬、评价体系

当前我国大学校长的薪酬、评价体系是我国推行大学校长职业化的限制条件之一，需要进一步完善。如当前我国大学校长收入水平偏低，大学校长还要依靠教学、科研来增加收入，这就与职业校长专职做管理的要求相悖；当前大学校长的评价主体主要是政府，这使大学校长倾向于对上级负责而不是对学校负责，对教师、学生负责。这种评价方式没有体现高校全体相关者的利益，也使大学校长的职业流动性受到限制。

3. 完善大学校长岗位职责体系

校长的职业标准与任职资格更加明确、具体。要求有职业化的校长和专业化的行政管理人员，明确大学治理结构中行政管理的权力边界。要保证大学校长有充足的时间来接触教师和学生，要把接待学生的工作纳入主要的议事日程，凡是师生写来的信、举行的活动，凡有师生要求接见，都可以安排时间进行处理。要保证有充足时间专心致志地做好管理工作。

（二）大学校长必须是教育家

校长应该是教育家，时代呼唤杰出的教育家。校长如果不精通教育学理论，没有丰富的教育经验积累，不能预见教育未来发展的方向，也不能够提出具有本校特色的办学理念，这些校长就不能抓好教学与科研这两项永恒的中心任务，不能培养杰出的人才和获得创造性的研究成果。因此，为了建设我国一流水平的大学，遴选职业教育家型的校长，已是刻不容缓的头等大事。教育家型的大学校长要做好四件事。

第一，提出大学的理念和精神。这是决定一所大学与其他大学的区别，是否能够办出特色的关键问题。纵观世界那些著名大学，它们之所以享有盛名，无一例外都与校长的办学理念息息相关。如柏林大学能够独领风骚得益于洪堡的"教学、科研自由"理念，哈佛大学能够傲视群雄也与他历任校长的先进理念分不开。在哈佛任校长长达 40 年的艾略特（Charles William Eliot，1834—1926 年），他要提高教师素质、严格挑选学生、学生自由选课、保证学术自由的理念被认为是哈佛长期兴盛的基础。民国时期北大、清华能在短短的时间内提高学术地位，也与蔡元培校长

"囊括大典、网罗众家"和梅贻琦校长"尊敬教师、服务教师"的理念息息相关。

第二，把人才的发现、引进和培养放在最重要的位置。一个大学校长最应该关注的问题应该是人才问题。因为一个大学要想兴盛，依靠的就是一群以教学、科研为乐趣，在学术上能胜人一筹的教师。人才问题是大学的关键问题，发现、培养、使用、保护人才是大学的头等大事。因为只有有了杰出的人才，才有可能产生新的思想和理论，甚至产生一个新的流派。一个好的大学校长，应是懂得人才学规律的人，应具备辨别杰出人才的远见，也有胆识给引起争议的人才以保护。

第三，把教学与科学研究作为大学的两项中心任务来抓。大学的任务是出人才和出成果，因此教学与科学研究是大学中的永恒中心工作，任何时候都不能放松。如普林斯顿大学现任校长雪莉·蒂尔曼（Shirley Tilghman），就说她的工作主要是两项：一是非常严格的本科教育，二是非常学术化的研究生教育。

第四，把肩负社会服务功能当作历史使命。教学、科研、为社会服务是大学的三大使命。大学校长不仅要管好学校的教学与科研，还要做好为社会服务工作。这就要求大学校长要胸怀世界、放眼全球，做到与社会声息相通，了解知识经济时代对大学的期望。很多知名大学在服务社会上都做得很好，如斯坦福大学的"科学园区"、哈佛大学的肯尼迪政府学院等，都对美国的科学技术和政治产生了巨大的影响，他们可以说是美国社会变革和技术革命的中坚力量。[1]

（三）大学校长不能规定任期

大学不是政府机构，大学校长不是政府官员，不能规定任期。刘道玉、朱九思、张楚廷这些著名大学校长都曾撰文提倡大学校长不能规定任期。我们知道，哈佛大学从1909年艾略特卸任到2009年的100年里，只经历了6任校长，校长的平均任期是16年以上。艾略特本人的校长任期就是40年。这使我们很难不将哈佛大学的兴盛与其校长任期长联系起来。一项对大学校长任期的调查表明：中国大学校长的平均任期只有4.1

---

[1]　刘道玉：《大学校长必须是教育家》，《中国地质大学学报》（社会科学版）2007年第5期。

年。① 一个校长任期很短，就算他本人十分优秀，估计在他的任期内也很难让他展示才能。

第三节 中国高校人事制度发展的理想图景

中国高校人事制度的理想图景是一个能体现大学自治、学术自由、教授治校的高校人事制度。大学自治、学术自由、教授治校一直以来就被证明是大学制度的三大基石。历史的经验告诉我们，大学要彰显其学术组织的特性，必须有这三大基石的支撑；当大学制度偏离这三大基石时，大学发展就会停滞。

一 大学自治

国家越是让大学自由和自主，大学为国家和社会作出的贡献就越大。政府对大学真正的主要的责任不是如何去管理、控制大学，而是如何解放大学，让大学享有更多的自由。② 即政府最优先的责任是培养好的研究环境。这个观点得到了很多大学校长的认同。前斯坦福大学校长 G. 卡斯帕尔（Gerhara Casper）就曾在 2002 年的北京中外大学校长论坛上提出，世界上最强大的大学是那些政府不介入的大学。政府远离大学事务，是大学成功的一个基本前提。③ 大学制度改革应推进高校自治，大学自治的主体应当是大学自身内部的力量，可以是校长、教师和学生，而不是国家、社会或学校以外的其他组织；当然，大学自治并不意味着没有外部监督。

（一）独立的法人地位

高校在中国是事业单位，高校与政府的关系更多的是一种内部行政隶属关系，在这种行政隶属关系的基础上谈大学自治很难。大学如果是一个独立的法人，更容易从法律的角度来处理与政府的关系，也更容易自主决定内部治理结构。可将中国高校定位为类似于大陆法系国家的公务法人，这样政府与高校就是一种外部行政法律关系，政府与高校在平等的基础上

---

① 杨雪梅：《中国大学校长：平均年龄 52 岁》，《人民日报》2007 年 8 月 24 日。

② 张家：《大学决不只是与时俱进》，《大学教育科学》2009 年第 1 期。

③ ［美］杰拉德·卡斯帕尔：《成功的研究密集型大学必备的四种特性》，李延成译，《国家高级教育行政学院学报》2002 年第 5 期。

建立的关系使高校更能摆脱政府的强势控制而获得独立自主的地位，这样，才能真正落实大学自主权。①

（二）独立的内部管理

大学自治意味着高校的内部管理权属于高校，政府不得插手。大学自治的内部管理涉及学术管理和行政管理两个方面。行政权力定位为服务，学术管理权力应归属教授群体，实行"教授治学"。首先，使高校内部行政权力回归服务职能。② 要落实《高等教育法》"高等学校的管理人员，实行教育职员制度"的规定。高校如果是一个独立的法人，则高校就不再是政府的附属机构；要想使高校的行政权力不能延伸至高校各级部门，就要取消高校和高校各级管理部门与政府对应的厅级、处级、科级等行政级别。这样，高校的行政人员不再是与政府各级部门可以交流的准官员，而是为学术工作服务的教育职员。其次，加快学术权力制度建设，使高校内部能真正实行"教授治学"。高校有关教学、科研的学术事务，包括教材的审定、专业的设置、教师的聘用等这些权力都应交给教授群体，政府不再事无巨细地进行管理。最后要加大大学生参与高校管理的力度，使学生权力能参与大学管理。

（三）有限制的外部监督

完全不受限制的大学自治是不存在的。大学作为一个独立的法人，肯定会受到来自法律的监督。法律要明文规定对大学进行监督的范围和内容。大学的管理行为如果影响或妨碍了公民基本权力的实施，涉及了侵害教师、大学生私有财产权、隐私等"重要事项"，则大学自治权的行使要适用法律保留原则和司法审查原则。如果只是大学中极其专业性的学术评价，如给学生评分，给教师评奖等涉及高校教学、科研的学术层面的问题，则一般不适用法律保留原则和司法审查原则，可由大学自行决定。即使确实需要审查，也应以请专家作鉴定的方式来审查。

二 学术自由

大学治理的内容是高校内部的事项，主要包括学术上的自由和管理上

---

① 杨盛秋：《大学自治立法的基础问题》，《法制与社会》2008 年第 34 期。

② 于建臣《学界对高校"官本位"现象批判的历史回顾》，《中国改革报》2007 年 4 月 16 日第 5 版理论与实践。

的自主；大学自治的目标是学术自由。大学自治是以学术自由为核心的大学精神的制度保障。

（一）政府能干什么与不能干什么

学术归根结底是学者的事情，政府能干的一是建立和维护基本的学术秩序，这包括设定建立学术机构、选任学术人员的标准，处理有关这方面的纠纷。二是为公立学术机构安排和筹措资金，保证它们的正常运行，公平分配资源。政府靠审批来约束大学，大学靠校长的谈判能力去从部长那里获取资源的局面，再也不能继续下去了。三是制定必要的宏观的、框架性的发展规划。四是设立尽可能少而精尖的奖励，如那些计划性质明显、与市场经济自由竞争原则背道而驰的各种各样的工程、人才计划、重点学科、重点基地等都要放弃。至于与高校教学、科研有关的那些主要需要学术权力作出判断的问题，政府更应该基本退出。如高校的学科建设、课题研究、学术评价、人才培养、教材教法等，这些都应该由学术社团自主处理。①

（二）学术评价要符合学术活动的性质

学术评价是高校人事管理最基本的活动之一。因为高校人事管理的核心内容都离不开对人的评价，如高校教师的聘用、晋升、奖励等都是以对教师的学术评价为前提进行的。因此，高校的学术评价对高校管理至关重要。高校学术评价的标准、导向不同，会产生不同的评价结果，这些评价结果是否公正，直接影响高校学术人员的士气和偏好，进而对高校发展产生重大影响。要做好高校学术评价工作，首先必须对高校学术评价定位，即学术组织对学术工作的评价，而不能是一种政治评价。大家都知道，在我国，尤其是在人文社科领域，研究者们对自己的研究工作哪些话能说哪些话不能说都是不言自明的，这是一种不正常的状态，与我国极左时期学术评价政治化的后遗症有关。学术工作要在思想自由的前提下开展，因为对真理的探讨是不能设置限制的，只有思想完全自由，才能创新，思想自由是学术自由的基础。其次，学术评价的主体应是同行，应是民间评价，不能是以行政权力为主导的官方评价。这样就不会出现国家级、省部级课题这种课题的行政级别定位。课题的级别应是它的学术含量的级别，而不是制定该课题的部门的行政级别。学术刊物级别的衡量标准也不应由刊物

---

① 史孝强：《高校学术腐败问题研究》，硕士学位论文，华中科技大学，2007年。

主办机关的行政级别决定，应由该刊物的学术影响力来决定。最后，要分学科来评价。不同的学科、不同的专业有不同的评价标准，不能以一个标准来评价。因为自然科学、人文科学和社会科学有一个相对的界限，各个学科内部又有基础研究与应用研究之分，这些都要求不同的研究应有不同形式，不同时间尺度和数量的评价标准。现行的评价标准中，最让人诟病的就是按照企业生产产品的数量来管理高校人员的学术产出，完全不顾学术研究是一种精神活动，不顾学术研究的规律。我们应尽可能地延长对学术成果评价的时间周期，评价指标也应尽量有弹性，而不是一刀切。[①]

（三）"组织程度最小化"的学术组织和学术管理

与企业重效率，政府重公正不同，学术机构重自由，因而在内部管理上，不应无限追循企业和政府的管理和运行方式，也就是要降低组织化、程序化、形式化、数字化的程度，给学者以较大的支配空间。学术组织的科层化是大学行政化的一个重要表现。学术组织中应是教授群体对学术问题作出决策，在学术事务的决策上，只能适用学术权威更有发言权而不是谁的行政权力大谁更有发言权。学术研究本是孤寂、信奉的事业，学术管理的数字化、等级化、形式化却使学者认为从事学术工作是外部环境逼迫的结果。尤其是为了进行学术管理而成立的各级机构，如全国哲学社会科学规划领导小组及办公室、职称评定领导小组及办公室、高校科研处等完全按照行政机构的原则来办事，显得过度组织化，学术不能承受如此组织程度之重。

三　教授治校

当代中国的"教授治校"实际上指的是"教授治学"。治学、治校，一字之差，主要是治理的对象不一样。教授治校治理的范围更广，即高校的一切事务，行政事务和学术事务的治理权都属于教授。教授治学一般指教授群体治理学术事务。因为在当今时代，不管是中国高校还是外国大学，由于高校发展规模日益庞大，高校的事务也越来越庞杂，如果所有的行政、学术事务都交予教授群体来管理，不太现实，也不太符合效率规则。

由于大学组织的基本属性是学术性，所以学术管理是大学管理的核

---

① 郑永流：《学术自由及其敌人：审判学术、等级学术》，《学术界》2004 年第 1 期。

心，行政管理是为大学的学术管理服务的。这就决定了学术权力在大学管理中的重要地位，因为对于学术事务的管理，最有发言权的应该是那些了解高深知识的教师。确立了学术权力在学校各级管理中的重要地位，才能真正落实"教授治校"，做好大学的内部管理。首先，要在校级、院级管理，即学校校务委员会、院务委员会这类行政事务决策机构中确保有足够比例的学术人员参加。其次，要确保在重大学术事务决策中，学术权力要处于核心地位。主要是要确保学术委员会这类学术组织中学术权力真正说了算。即高校的学术事务应主要由以高级教授组成的教授会来决定，做到"教授治学"。为了让教授会真正负起责任，可在教授会下设立教学、专业设置、人才引进等委员会，这样职责划分更细，教授治学才能落到实处。最后，要强化教职工代表大会的地位，高校的教职工代表大会不能只是一个没有什么影响的咨询、监督机构，应在关系学校重大发展的问题上有发言权，能参与决策。

"教授治校"的本质就是由教授、专家学者来治教、治学，根本目的就是使教授真正拥有学术权力，在高校实行内行管理、民主管理。要想落实大学教师的主人翁地位，真正体现大学教师是大学的办学主体，就必须在高校实行"教授治校"。

结　　语

人事制度是高校的一项重要制度，也是高等教育每一次改革的重要内容之一。在中国由计划经济向市场经济的转型期，怎样改革旧有的人事制度使之适应新时期的需要，是一个常谈常新的话题。本书梳理了中国高校人事制度从清末到民国和新中国的变迁史，从影响中国高校人事制度变迁的外生性变量、内生性变量和行动变量三个方面入手，分析了高校人事制度的变迁规律，并在此基础上，构建了高校人事制度发展的理想图景。

第一节　研究结论

本研究结论有五点：

第一，中国高校人事制度经历了从清末、民国时期到新中国的变迁，民国时期高校带有明显的官僚性和半殖民性，高校人事制度基本上是晚清官学制度的移植。民国时期是中国高校人事制度的奠基期，中国高校人事的基本制度，大都在民国时期能找到起点。民国时期高校人事制度设计充分注意到了高校的学术组织特性，并在去官僚化上做了诸多努力。新中国高校主要是一个事业单位，它没有独立的高校人事制度，一直是事业单位的人事制度。高校人事制度的演变史告诉我们，高校人事制度在各个历史时期都具有集权管理和重洋轻中的特点。

第二，在高校人事制度的变迁过程中，国外高校人事制度对中国高校人事制度产生了很大的影响，使中国高校人事制度本身就带有国际性的色彩，尤其是在高校内部学术管理上，这也使中国高校人事管理很容易与国外高校人事声息相通并经常受到国外高校人事管理变化的影响。但是中国高校人事制度的宏观管理框架和内部行政管理基本上是中国自有的制度。

第三，从整个历史时期来看，中国高校人事制度在变迁时更多地考虑到了高校的科层组织特性和高校人事制度的效率，忽略了高校的学术组织特性和高校人事制度在学术性上的体现。

第四，政府在中国高校人事制度的变迁中占有了最重要的地位，只有在政府比较弱势的民国时期，文化精英才有机会对中国高校人事制度变化产生影响，而要想使高校内部的各个利益群体之间自由博弈产生一种制度，则需要具备一个兼有弱势政府和"无为而治"的校长的制度环境。而各个利益群体之间自由博弈产生的制度是一种更符合高校学术组织特性，更能体现民主管理、促进高校发展的一种制度。

第五，中国高校人事制度改革应该向彰显高校学术组织特性方向发展，主要是要体现大学自治、学术自由、教授治校的精神。

第二节　创新与局限

近年来，关于高校人事制度改革的论文很多，但大多数论文都是从高校人事制度如何改来进行研究，研究高校人事制度演变规律的文章很少见。本书主要是从研究视角上进行创新，从而得出了一些新的研究结论。本书的创新主要体现在三方面：一是本书对清末以来的高校人事制度、法规及与高校人事有关的史料进行了系统而全面的梳理，在分析和归纳的基础上，通过对高校人事制度进行全景式"扫描"，厘清了各个时期高校人事制度的特点及变迁轨迹，并得出了一些新的研究结论，如清末高校人事制度基本上是晚清官学的改良，具有集权性、官僚性和半殖民性；民国时期高校人事制度的基本特点是引进和借鉴国外高校人事制度，在制度设计上比较注重体现高校的学术组织特性；新中国高校经历了从集权到民主，从无所不包的福利、平均分配到注重绩效的变迁。从整个历史时期的变迁来看，中国高校人事制度在集权管理和"重洋轻中"上具有延续性。

二是本书以历史制度主义为研究视角，侧重从中国高校人事制度所处的制度环境、高校的组织特性和行动者这三方面来分析高校人事制度变化的规律。制度环境上又侧重从国外高校人事制度和中国的政治制度、文化制度方面来研究高校人事制度的变化，从而得出高校的内部学术管理制度主要是受美国、德国等国家的影响，而高校的宏观管理制度及内部的行政管理制度基本上是中国自身的政治制度决定的，受国外影响不大。从高校的组织特性上进行分析，本书发现中国高校人事制度在变迁上更多的是遵循效率逻辑，强调高校的科层组织特性，而忽视了学术逻辑和高校的学术组织特性。从行动者的角度来分析高校人事制度，本书的结论是高校人事制度变迁过程中，由于政府过于强势，以至高校人事制度呈现明显的理性设计和强制性变迁特点，这样就导致高校人事制度改革中，制度缺位和制度过剩并存，改革很难达到理想的目标。高校人事制度的最佳状态是制度自下而上自然产生、自然演变，使高校的各个利益相关者都参与进来，这样形成的制度才最有生命力。

三是本书对高校人事制度的理想状态提出了设想，高校人事制度的设计应该体现高校的学术组织特性，即高校人事制度应建立在大学自治、学术自由、教授治校这三大基石之上，只有这样，才能促进大学学术繁荣，大学也才能在知识经济时代处于中心而不是边缘地位。

本书的局限主要体现在三个方面：一是在论证高校人事制度变化时，由于资料的缺乏，从有些方面进行论证时不能贯穿整个历史时期，有些时候只能解释一段时间的变化，这使解释不太具备说服力。如在论证利益群体之间的博弈影响高校人事制度变化时，只有民国时期的例子可以佐证，清末和新中国没找到相关案例。

二是本书以历史制度主义为视角来分析中国高校人事制度变迁时，由于资料的缺乏，使研究者很难用历史制度主义的某些概念如阈值、关键枝节点、路径依赖、制度锁定等来解释高校人事制度的变化，这些遗憾都有赖于后续研究来弥补。

三是本书在以历史制度主义为研究视角来审视中国高校人事制度时，正如伯顿·克拉克所说的剧院里的聚光灯一样，把注意力放到了外部环境、内部逻辑和行动者对高校人事制度的影响时，同时"把其他方面放在了背景和边缘的地位"①，这使本书对其他很多问题没有涉及，需要进一步进行探索。总之，本书从历史制度主义的视角来审视高校人事制度变迁，旨在提供一些可供大家思考的问题，希望引起高校管理者和研究者的兴趣，使大家对高校人事制度的未来蓝图有一些新的思考，从而建立一个更能提高高校学术水平、激发教师工作热情、促进高校学术繁荣的高校人事制度。

---

① ［美］伯顿·克拉克：《高等教育新论：多学科的研究》，王承绪译，浙江教育出版社2001年版。

参考文献

一　中文文献

[1] 巴玺维：《日本大学的教师任期制》，华夏出版社 2007 年版。

[2] 北京大学校史研究室编：《北京大学史料》（第一卷 1898—1911），北京大学出版社 1993 年版。

[3] 陈洪捷：《德国古典大学观及其对中国的影响》，北京大学出版社 2006 年版。

[4] 陈平原：《中国大学十讲》，复旦大学出版社 2002 年版。

[5] 陈平原编：《北大旧事》，生活·读书·新知三联书店 1998 年版。

[6] 陈伟：《西方大学教师专业化》，北京大学出版社 2008 年版。

[7] 陈明远：《文化人的经济生活》，陕西人民出版社 2010 年版。

[8] 陈岱孙：《陈岱孙文集》，北京大学出版社 1989 年版。

[9] 陈山榜编：《张之洞教育文存》，人民教育出版社 2008 年版。

[10] 陈学恂主编：《中国近代教育史教学参考资料》中册，人民教育出版社 1993 年版。

[11] 蔡元培：《蔡元培自述》，人民日报出版社 2011 年版。

[12] 蔡元培：《蔡孑民先生言行录》，岳麓书社 2010 年版。

[13] 曹伯言整理：《胡适日记全编》，安徽教育出版社 2001 年版。

[14] 杜成宪等：《中国教育史学九十年》，华东师范大学出版社 1998 年版。

[15] 丁小浩：《中国高等院校规模效益的实证研究》，教育科学出版社 2000 年版。

[16] 《邓小平文选》第 2 卷，人民出版社 1994 年版。

[17] 《邓小平文选》第 3 卷，人民出版社 1993 年版。

［18］冯友兰：《冯友兰自述》，中国人民大学出版社 2004 年版。

［19］顾孟余：《忆蔡孑民先生》，《蔡元培纪念集》，浙江教育出版社 1998 年版。

［20］顾建民：《自由与责任——西方大学终身教职制度研究》，浙江教育出版社 2007 年版。

［21］高桂娟：《现代大学制度演进的文化逻辑》，中国海洋大学出版社 2007 年版。

［22］高平叔编：《蔡元培教育论集》，湖南教育出版社 1989 年版。

［23］高平叔：《蔡元培教育思想研究》"序"，辽宁教育出版社 1994 年版。

［24］高平叔编：《蔡元培全集》（2），中华书局 1984 年版。

［25］高平叔编：《蔡元培全集》（3），中华书局 1984 年版。

［26］高平叔编：《蔡元培全集》（4），中华书局 1984 年版。

［27］高平叔编：《蔡元培全集》（6），中华书局 1984 年版。

［28］高平叔编：《蔡元培全集》（7），中华书局 1989 年版。

［29］《胡先骕文集》（上卷），江西高校出版社 1995 年版。

［30］何碧辉：《民国著名人物传》（3），中国青年出版社 1997 年版。

［31］韩毅：《历史的制度分析——西方制度经济史学的新进展》，辽宁大学出版社 2002 年版。

［32］贺国庆：《外国高等教育史》，人民教育出版社 2003 年版。

［33］蒋梦麟：《蒋梦麟自传——西潮与新潮》，团结出版社 2004 年版。

［34］靳希斌：《从滞后到超前：20 世纪人力资本学说·教育经济学》，山东教育出版社 1995 年版。

［35］林毅夫：《再论制度、技术与中国农业发展》，北京大学出版社 2000 年版。

［36］林毅夫：《诱致性制度变迁与强制性制度变迁》，盛洪《现代制度经济学》（下卷），北京大学出版社 2003 年版。

［37］卢现祥：《新制度经济学》，武汉大学出版社 2004 年版。

［38］刘建军：《单位中国——社会调控体系重构的个人、组织与国家》，天津人民出版社 1990 年版。

［39］李瑞清：《两江师范学堂同学录》"序"，《清道人遗集》，上海中华书局 1941 年版。

［40］梁锡华编：《胡适秘藏书信选》，（台湾）远景出版社 1982 年版。

［41］乐嗣炳编辑，程伯群校订：《近代中国教育实况》，世界书局民国二十四年七月印行。

［42］马叙伦：《我在六十岁以前》，生活书店 1947 年版。

［43］丁益：《南大百年实录》（上卷），南京大学出版社 2002 年版。

［44］曲士培主编：《蒋梦麟教育论著选》，人民教育出版社 1995 年版。

［45］清华大学校史研究室编：《清华大学史料选编》第一册，清华大学出版社 2009 年版。

［46］孙绵涛：《教育政策学》，武汉工业大学出版社 1997 年版。

［47］孙培青：《中国教育史》，华东师范大学出版社 2006 年版。

［48］宋恩荣、章威编：《中华民国教育法规选编（1912—1949）》，江苏教育出版社 2010 年版。

［49］苏力：《制度是如何形成的》，北京大学出版社 2009 年版。

［50］苏云峰：《从清华学堂到清华大学（1928—1937）》，生活·读书·新知三联书店 2001 年版。

［51］苏云峰：《从清华学堂到清华大学（1911—1929）》，生活·读书·新知三联书店 2001 年版。

［52］唐良炎：《中国近代教育史资料汇编》（学制演变），上海教育出版社 1991 年版。

［53］欧阳哲生主编：《傅斯年全集》第 5 卷，湖南教育出版社 2003 年版。

［54］王德滋：《南京大学百年史》，南京大学出版社 2002 年版。

［55］王学珍、郭建荣主编：《北京大学史料》（第二卷 1912—1937），北京大学出版社 2000 年版。

［56］王学珍、郭建荣主编：《北京大学史料》（第三卷 1937—1945），北京大学出版社 2000 年版。

［57］王学珍、郭建荣主编：《北京大学史料》（第四卷 1946—1948），北京大学出版社 2000 年版。

［58］萧超然、沙健孙、周承恩、梁柱：《北京大学校史 1898—1949》，上海教育出版社 1981 年版。

［59］谢雪峰：《从全面学苏到自主选择——中国高等教育与苏联模式》，华中科技大学出版社 2004 年版。

［60］谢庆奎主编：《当代中国政府》，辽宁人民出版社 1991 年版。

［61］中国学生社编辑：《全国大学图鉴》，上海良友图书印刷公司 1933 年版。

［62］中国蔡元培研究会编：《蔡元培全集》第 4 卷，浙江教育出版社 1998 年版。

［63］中国蔡元培研究会编：《蔡元培全集》第 5 卷，浙江教育出版社 1998 年版。

［64］朱斐主编：《东南大学史》（第一卷），东南大学出版社 1999 年版。

［65］张雁：《西方大学理念在近代中国的传入与影响》，浙江大学出版社 2009 年版。

［66］张永宏：《组织社会学的新制度主义学派》，上海人民出版社 2007 年版。

［67］张仁贤：《学校人事管理时务全书》，中国人事出版社 1995 年版。

［68］周光礼：《学术自由与社会干预——大学学术自由的制度分析》，华中科技大学出版社 2003 年版。

［69］钟叔河、朱纯编：《过去的大学》，长江文艺出版社 2005 年版。

［70］朱有瓛主编：《中国近代学制史料·第二辑》上册，华东师范大学出版社 1987 年版。

［71］中国第二历史档案馆编：《中华民国史档案资料汇编·第三辑·教育》，江苏古籍出版社 1991 年版。

［72］中国第二历史档案馆编：《中华民国史档案资料汇编·第五辑·第二编·财经》，江苏古籍出版社 1991 年版。

［73］周作人：《知堂回想录》，河北教育出版社 2002 年版。

［74］［英］贝尔纳：《科学的社会功能》，陈体芳译，商务印书馆 1985 年版。

［75］［美］伯顿·R. 克拉克：《高等教育系统——学术组织的跨国研究》，王承绪等译，杭州大学出版社 1994 年版。

［76］［德］鲍尔生：《德国教育史》，滕大春、滕大生译，人民教育出版社 1986 年版。

［77］［美］彼得·布劳、［美］马歇尔·梅耶：《现代社会中的科层制》，马戎、时宪民、邱泽奇译，学林出版社 2001 年版。

［78］［美］凡勃伦：《有闲阶级论》，蔡受百译，商务印书馆 1981 年版。

［79］［美］菲利普·G. 阿特巴赫：《比较高等教育：知识、大学与发展》，人民教育出版社教育室译，人民教育出版社 2001 年版。

［80］［美］菲利普·G. 阿特巴赫主编：《变革中的学术职业：比较的视角》，别敦荣主译，中国海洋大学出版社 2006 年版。

［81］［美］菲利普·G. 阿特巴赫主编：《失落的精神家园：发展中与中等收入国家大学教授职业透视》，施晓光主译，中国海洋大学出版社 2006 年版。

［82］［美］菲利普·G. 阿特巴赫：《亚洲大学的发展——从依赖到自主》，伍振鷟译，（台湾）师大书苑，1979 年。

［83］［美］亨利·罗索夫斯基：《美国校园文化——学生·教授·管理》，谢宗仙、周灵芝、马宝兰译，山东人民出版社 1996 年版。

［84］［美］亨利·埃兹科维茨、［荷］劳埃特·雷德斯多夫：《大学与全球知识经济》，夏道源译，江西教育出版社 1999 年版。

［85］［美］吉姆·柯林斯：《从优秀到卓越》，俞利军译，中信出版社 2002 年版。

［86］［日］金子元久：《高等教育发展的中国模式：来自日本的观察》，徐国兴译，《教育发展研究》2006 年第 5A 版。

［87］［美］康芒斯：《制度经济学》上册，于树生译，商务印书馆 1983 年版。

［88］［德］柯武刚、史漫飞：《制度经济学》，韩朝华译，商务印书馆 2000 年版。

［89］［美］克拉克·科尔：《大学的功用》，陈学飞、陈恢钦、周京、刘新芝译，江西教育出版社 1993 年版。

［90］［美］米尔斯：《社会学的想像力》，陈强、张永强译，生活·读书·新知三联书店 2001 年版。

［91］［美］诺思：《制度变迁理论纲要》，张帆、易纲译，北京大学经济研究中心《经济学与中国经济改革》，上海人民出版社 1995 年版。

［92］［日］青木昌彦：《什么是制度？我们如何理解制度》，周黎安、王珊珊译，孙宽平主编《转轨、规制与制度选择》，社会科学文献出版社 2004 年版。

［93］［日］青木昌彦：《比较制度分析》，周黎安译，上海远东出版社 2001 年版。

［94］［美］斯蒂芬·斯科夫罗内克：《总统政治——从约翰·亚当斯到比尔·克林顿的领导艺术》，黄云、姚蓉、李宪光译，新华出版社2003年版。

［95］［冰岛］思拉思·埃格特森：《新制度经济学》，吴经邦等译，商务印书馆1996年版。

［96］［美］V. W. 拉坦：《诱致性制度变迁理论》，［美］罗纳德·H. 科斯等著，《财产权利与制度变迁——产权学派与新制度经济学译文集》，刘守英等译，上海三联书店1994年版。

［97］［加拿大］许美德：《中国大学1895—1995：一个文化冲突的世纪》，教育科学出版社2002年版。

［98］［加拿大］约翰·范德格拉夫：《学术权力——七国高等教育管理体制比较》，王承绪等译，浙江教育出版社1989年版。

［99］［美］约翰·S. 布鲁贝克：《高等教育哲学》，王承绪等译，浙江教育出版社2001年版。

［100］［法］雅克·勒戈夫：《中世纪的知识分子》，张弘译，商务印书馆2002年版。

［101］别敦荣：《论高等学校管理的三原则》，《清华大学教育研究》2001年第1期。

［102］别敦荣：《论高等教育管理权力》，《高等教育研究》2001年第2期。

［103］陈洪捷：《蔡元培对德国大学理念的接受——基于译文〈德意志大学之特色〉的讨论》，《北京大学教育评论》2008年第7期。

［104］蔡磊砢：《蔡元培时代的北大"教授治校"制度：困境与变迁》，《高等教育研究》2007年第2期。

［105］陈永明：《大学教师任期制的国际比较》，《比较教育研究》1999年第1期。

［106］陈鹏等：《高校教师职务评聘中的法律问题探析——对一起诉讼案的法理学思考》，《高等教育研究》2004年第2期。

［107］崔杰、张鸣铎、刘剑红：《我国高校教师职务评聘制度的历史沿革》，《师资培训研究》1999年第1期。

［108］邓小林：《近代国立大学教师聘任中的非制度性因素分析》，《煤炭高等教育》2008年第11期。

［109］邓小林、唐莉：《略论近代国立大学校长之任职资格与教师聘任》，《高等教育研究》2005 年第 9 期。

［110］邓小林：《略论民初至抗战前夕国立大学教师的聘任问题》，《清华大学教育研究》2004 年第 3 期。

［111］邓小林：《近代中国大学教师聘任、晋升等问题》，《求索》2004 年第 1 期。

［112］国立东南大学编印：《国立东南大学一览》，1923 年。

［113］郭建荣：《北大校史拾零考辨》，《北京大学学报》（社会科学版）1998 年第 2 期。

［114］高放：《改革开放以来中国政治体制改革的回顾与展望》，《理论探讨》2010 年第 1 期。

［115］国家教育发展研究中心 "教育体制改革研究" 课题组：《中央业务部门办学和管理体制改革研究报告》，《教育研究》1994 年第 11 期。

［116］高平叔：《北京大学的蔡元培时代》，《北京大学学报》（哲学社会科学版）1998 年第 2 期。

［117］黄少安：《制度变迁主体角色转换假说及其对中国制度变革的解释——兼评杨瑞龙的 "中间扩散型假说" 和 "三阶段论"》，《经济研究》1999 年第 1 期。

［118］何俊志：《结构、历史与行为——历史制度主义的分析范式》，《国外社会科学》2002 年第 4 期。

［119］梁容若：《记范静生先生》，（台湾）《传记文学》1962 年 11 月第 1 卷第 6 期。

［120］刘献君：《高校教师聘任制中的若干关系》，《高等教育研究》2008 年第 3 期。

［121］刘献君：《我国高校教师聘任制的特点及实施策略选择》，《高度教育研究》2003 年第 9 期。

［122］刘献君：《高校教师聘任的制度设计——基于学术职业管理的研究》，《高等教育研究》2008 年第 10 期。

［123］刘贞模：《我的父亲：原齐鲁大学校长刘世传》，《蓬莱文史资料》2010 年第 3 期。

［124］李涛：《论近代知识分子的文化转型——以晚清民国教育家群体为

例》，《辽宁师范大学学报》（社会科学版）2003 年第 7 期。

[125] 陆发春：《晚清中央新式教育行政管理机构的沿革》，《安徽史学》1996 年第 3 期。

[126] 李碧虹、谭诗如：《论大学教师薪酬制度的现状及优化》，《大学教育科学》2009 年第 2 期。

[127] 雷艳红：《比较政治学与历史制度主义的渊源》，《社会科学研究》2006 年第 1 期。

[128] 林义：《制度分析及其方法论意义》，《经济学家》2001 年第 4 期。

[129] 马廷奇：《学术性：大学组织活动的基本逻辑》，《煤炭高等教育》2005 年第 6 期。

[130] 马烽：《从历史制度主义角度看我国地方行政体制改革》，《前沿》2006 年第 1 期。

[131] 茅锐等：《英国教师解聘制度述评》，《教学与管理》2005 年第 1 期。

[132] 钱耕森：《孙家鼐与京师大学堂》，《安徽大学学报》（哲学社会科学版）1999 年第 1 期。

[133] 秦海：《制度范式与制度主义》，《社会学研究》1999 年第 5 期。

[134] 孙淑芹：《德国高校教师职务的聘任与启示》，《中国林业教育》2000 年第 4 期。

[135] 孙德玉：《吴汝纶赴日考察对中国近代教育的影响》，《安徽师范大学学报》（人文社会科学版）2009 年第 5 期。

[136] 宋惠昌：《警惕学术官本位化的蔓延》，《学习时报》2007 年 4 月 23 日第 6 版学术思潮。

[137] 宋爱红等：《印度高校教师的任用与晋升》，《黑龙江高教研究》2002 年第 3 期。

[138] 田正平、吴民祥：《近代中国大学教师的资格检定与聘任》，《教育研究》2002 年第 4 期。

[139] 王李金：《山西大学堂的"英国风"》，《教育理论与实践》2004 年第 9 期。

[140] 王晓秋主编：《民国初年的北京大学》，《北京大学学报》（哲学社会科学版）2001 年第 6 期。

[141] 徐勇：《法治视角下的高校教师聘任制》，《国家教育行政学院学

报》2005 年第 4 期。

[142] 徐伟民：《吴汝纶未允任京师大学堂总教习考》，《安庆师范学院学报》（社会科学版）2006 年第 9 期。

[143] 谢泳：《中国大学：当传统中断之后》，《同舟共进》2007 年第5 期。

[144] 袁祖望：《发达国家高校教师选拔的比较》，《有色金属高教研究》2000 年第 2 期。

[145] 应克复：《专制集权主义：中国的文化基因》，《书屋》2008 年第9 期。

[146] 禹厚棋：《经费的增长还不能适应教育事业的发展》，《光明日报》1989 年 9 月 14 日。

[147] 杨素芬：《中大校史》（上），中大八十年校庆特刊编辑委员会《中大八十年》，1995 年。

[148] 杨秀芹：《论高等教育制度变迁中的利益损失》，《江苏高教》2009年第 6 期。

[149] 杨瑞龙：《我国制度变迁方式转换的三阶段论——兼论地方政府的制度创新行为》，《经济研究》1998 年第 1 期。

[150] 杨福禄：《关于历史制度主义》，《山东师范大学学报》（人文社会科学版）2006 年第 4 期。

[151] 赵庆典：《我国高校教师职务制度 50 年回顾与展望》，《江苏高教》2000 年第 2 期。

[152] 赵恒平等：《论聘用制下高校教师的权益保障》，《武汉理工大学学报》（社会科学版）2005 年第 1 期。

[153] 张万朋：《中外高校教师聘用制度的比较研究》，《江苏高教》1998年第 3 期。

[154] 周光礼：《高校教师聘任制度与教师权益法律保护》，《高等教育研究》2003 年第 9 期。

[155] 周光礼：《大学治理模式变迁的制度逻辑——基于多伦多大学的个案研究》，《高等工程教育研究》2008 年第 3 期。

[156] 周光礼、彭静雯：《从身份授予到契约管理——我国公立高校教师劳动制度变迁的法律透视》，《高等教育研究》2007 年第 10 期。

[157] 周光礼：《高等教育组织的定位与管理》，《高等教育研究》2000

年第 5 期。

[158] 曾湘泉、赵立军：《我国高校工资制度的历史沿革》，《中国高教研究》2004 年（增刊）。

[159] 中国社会科学院社会学所：《"社会发展与社会指标"课题组研究报告》，《北京青年报》1992 年 9 月 10 日。

[160] 张启安、陈杰：《论我国传统政治体制中以党代政的历史成因》，《宝鸡文理学院学报》（社会科学版）2003 年第 6 期。

[161] 郑和平：《我国高校领导体制有关问题的思考》，《管理世界》2003 年第 4 期。

[162] 赵炬明：《精英主义和单位制度——对中国大学组织管理的案例研究》，《北京大学教育评论》2006 年第 1 期。

[163] 周谷平、张雁：《中国近代大学理念的转型——从〈大学堂章程〉到〈大学令〉》，《高等教育研究》2007 年第 9 期。

[164] 张家：《不破官本，哪来人本》，《当代教育论坛》2007 年第 12 期。

[165] 张楚廷：《评教师计件式工资》，《当代教育论坛》（管理研究）2010 年第 10 期。

[166] 朱自清：《清华的民主制度》，《清华校友通讯》1940 年第 9 期。

[167] ［美］菲利普·G. 阿特巴赫：《全球化与大学——不平等世界的神话与现实》，覃文珍译，《北京大学教育评论》2006 年第 1 期。

[168] ［美］P. G. 阿尔特巴赫：《作为中心与边缘的大学》，蒋凯译，《高等教育研究》2001 年第 7 期。

[169] 黄正杰：《高校人事代理制度问题研究》，硕士学位论文，安徽大学，2007 年。

[170] 季诚钧：《大学组织属性与结构研究》，博士学位论文，华东师范大学，2004 年。

[171] 缪榕楠：《大学教师任用制度研究》，博士学位论文，南京师范大学，2007 年。

[172] 刘舒燕：《高校人事编制管理研究》，硕士学位论文，武汉理工大学，2003 年。

[173] 李春梅：《我国大学学术管理组织改革研究》，硕士学位论文，华中师范大学，2004 年。

［174］李爱民：《职业定位与大学教育职员制度改革研究》，博士学位论文，华中科技大学，2006 年。

［175］李一凡：《中国高校职员制改革研究》，硕士学位论文，西北大学，2006 年。

［176］李金春：《我国大学教师评价制度：理念与行动》，博士学位论文，华东师范大学，2008 年。

［177］李碧虹：《大学教师收入分配研究——基于人力资本的分析》，博士学位论文，华中科技大学，2006 年。

［178］单丙波：《试论改革开放以来中国高校教师职称制度之变迁》，硕士学位论文，山东大学，2008 年。

［179］杨火林：《1949—1954 年的中国政治体制》，博士学位论文，中共中央党校，2005 年。

［180］ 《武大落寞的 2009：从高架桥之争到"解聘门"》，http：//hb. qq. com/a/20100105/004620_ 4. htm。

［181］1950 年《高等学校暂行规程》。

［182］1951 年《华北区高等学校教学研究指导组暂行办法》。

［183］1953 年《关于修订高等学校领导关系的决定》。

［184］1954 年《关于重点高等学校和专家工作范围的决议》。

［185］1954 年《关于教师升等及干部管理问题》。

［186］1954 年《实行教师工作量制度是进一步改革高等教育的重要关键》。

［187］1954 年《中华人民共和国高等学校教师学衔授予暂行办法的草案》。

［188］1955 年《关于高等学校教学研究指导组各级教师职责的暂行规定》。

［189］1955 年《高等学校教师教学工作量和工作日实行办法》。

［190］1955 年《高等学校教学研究指导组各级教师职责暂行规定》。

［191］1955 年《关于修订教师升等问题的补充通知》。

［192］1956 年《中华人民共和国高等学校章程草案》。

［193］1956 年《关于高等学校教师升等问题的几项补充通知》。

［194］1956 年《高等学校教师学衔条例》。

［195］1956 年《科学研究工作者学衔条例》。

［196］1957 年《关于停止实行教师工作量的通知》。

［197］1978 年《关于高等学校恢复和提升教师职务问题的请示报告》。

［198］1979 年《高等学校教师职责及考核的暂行规定》。

［199］1980 年《关于加强高等学校领导班子建设的意见》。

［200］1981 年《关于建国以来党的若干历史问题的决议》。

［201］1982 年《中华人民共和国宪法》。

［202］1982 年《国务院关于高等学校教师职务名称及其确定与提升办法的暂行规定实施意见》。

［203］1985 年《中共中央关于教育体制改革的决定》。

［204］1986 年《高等教育管理职责暂行规定》。

［205］1988 年《关于高等学校逐步实行校长负责制的意见》。

［206］1989 年《中共中央关于加强高等学校党的建设的通知》。

［207］1993 年《关于加快改革和积极发展普通高等教育的意见》。

［208］1993 年《中国教育改革和发展纲要》。

［209］1995 年《关于深化高等教育体制改革的若干意见》。

［210］1995 年《关于加强高等学校领导班子建设工作的若干意见》。

［211］1995 年《国家教委直属高等学校工资总额动态包干管理暂行办法》。

［212］1996 年《中国共产党普通高等学校基层组织工作条例》。

［213］1998 年《关于调整撤并部门所属学校管理体制的决定》。

［214］1999 年《关于调整五个军工总公司所属学校管理体制的实施意见》。

［215］1999 年《关于进一步调整国务院部门（单位）所属学校管理体制和布局结构的决定》。

［216］1999《关于当前深化高等学校人事分配制度改革的若干意见》。

［217］2000 年《关于深化高等学校人事制度改革的实施意见》。

二　英文文献

［1］Pierson, Paul, "Increasing Returns, Path Dependence, and the Study of Politics", *American Political Science Review*, 2000, 94 (2).

［2］Peter A. Hall Rosemary C. R. Taylor, "PoliticalScience and Three Institutionalism", *Political Studies*, 1996.

[3] Li Lanqing, Guanyu Shishi Kejiao Xingguo Zhanlue Gongzuo Qingkuang de Baogao (Report Concerning the Implementation of Work Strategies for the Invigoration of the Nation Through Science and Technology), in Zhongguo Renmin Gongheguo Quanguo Renmin Daibiao Dahui Changwu Weiyuan Hui Gongbao (Gazette of the Standing Committee of the National people Congress of the People of Republic of China), 2000 (5).

[4] CEY, *China Education Yearbook*, Beijing: People Education Press, 1990.

[5] Li-Min Bai, The Metamorphosis of China's Higher Education in the 1990s, K. Sullivan, Education and Change in the Pacific Rim: Meeting the Challenges, Oxfordshire: Triangle, 1998: 241 – 265.

[6] Julia Kwong, "The New Educational Mandate in China: Running Schools Running Businesses", *International Journalof Educational Development*, 1996, 16 (2): 185 – 194.

[7] Peter M. Blna, *The Organization of Academic Work*, Transaction Publisher, 1994.

[8] Leslie Nai-Kwai Lo, "State Patronage of Intellectuals in Chinese Higher Education", *Comparative Education Review*, 1991, 35 (4).

[9] Rheinstein, Max, ed., *Max Weber on Law in Economy and Society*, Clarion Book ed., New York: Simon and Schuster, 1954: 330 – 334.

[10] Abe Hiroshi, "Borrowing from Japan: Chinese's First Modern Education System", In Rush Hayhoe and Marianne Bastid, eds., *China's Education and the Industrialized World*, Armonk, New York: M. E. Sharpe, 1987: 57 – 80.

[11] Sue E. S. Crawford, Elinor Ostrom, "A Grammar of Institutions", *American Political Science Review*, 1995, 89 (3).

[12] R. Coarse, "The Problem of Soeial Cost", *Journalof Law and Economics*, 1960 (10).

[13] Green, Donald P. and Shapiro, Ian ., *Pathologies of Rational Choice Theory: A Critique of Applications in Political Science*, New Haven, CT: Yale University Press, 1994.

[14] Greif, Avner and Laitin, David D. "A Theory of Endogenous Institutional Change", *American Political Science Review*, 2004, 98 (4):

633 – 652.

[15] Gulbenkian Commission, Open the Social Sciences, Gulbenkian Commission on the Restructuring of the Social Sciences, Stanford, CA: Stanford University Press, 1996.

[16] Gunnell, John G.. "The Real Revolution in Political Science", PS: Political Science and Politics, 2004, 37 (1): 47 – 50.

[17] Gunnell, John G. ,"Political Science on the Cusp: Recovering a Discipline's Past",American Political Science Review, 2005, 99 (4): 597 – 609.

[18] Politics and Society, 26 (1): 5 – 34.

[19] Kay, Adrian, "A Critique of the Use of Path Dependency in Policy Studies", Public Administration, 2005, 83 (3): 553 – 571.

[20] Lowndes, Vivien, "Institutionalism", in David Marsh and Gerry Stoker (eds), Theory and Methods in Political Science, 2nd edn. , New York: Palgrave, 2002.

[21] March, James G. and Olsen, Johan P. ,"The New Institutionalism: Organizational Factors in Political Life", American Political Science Review, 1984, 78 (3): 734 – 749.

[22] Miller, Gary J. , "The Impact of Economics on Contemporary Political Science ", Journal of Economic Literature, 1997, 35 (3): 1173 – 1204.

[23] North, Douglas C. , Institutions, Institutional Change and Economic Performance, Cambridge: Cambridge University Press, 1990.

[24] Peters, B. Guy, Institutional Theory in Political Science: The "New Institutionalism", London: Pinter, 1999.

[25] Pierson, Paul, "Increasing Returns, Path Dependence, and the Study of Politics ", American Political Science Review, 2000, 94 (2): 251 – 267.

[26] Pierson, Paul and Skocpol, Theda, "Historical Institutionalism in Contemporary Political Science ", in Ira Katznelson and Helen V. Milner (eds.), Political Science: The State of the Discipline, New York: Norton, 2002.

[27] Thelen, Kathleen. "Historical Institutionalism in Comparative Politics",

Annual Review of Political Science, 1999 (2): 369 –404.

[28] Bozeman, B., and Bretschneider, "The Publicness Puzzle in Organization Theory: A Testof Alternative Explanations of Differences Between Public and Private Ownership", *Workingpaper*, 1990.

[29] Bozeman, B., *All Organizations Are Pubhc Bridging the Gap Between Public and Private Organizational Theories* , San Francisco, CA: Jossey-Bass, 1987.

[30] Chubb, J. and T. Moe., "Politics, Markets, and the Organization of Schools", *American Political Science Review*, 1988, 82 (4): 1065 –1087.

[31] Dahl, R. and C. Lmdblom, *Politics, Economics, and Welfare*, New York: Harper and Row, 1953.

[32] Elling, R. C. "Civil Service, Collective Bargaining, and Personnel-Related Impediments to Effective State Management: A Comparative Assessment", *Review of Public Personnel Administration*, 1986 (6): 73 –93.

[33] Link, A. and G. Tassey, *Cooperative Research and Development The Industry, University, Government Relationship*, Boston· Kluwer Academic Publishers, 1989.

[34] Meyer, M. and R. Williams, *Comparison of Innovation in Public and Private Sectors: An Exploratory Study*, Washington, D. C.: National Science Foundation, Division of Policy Research and Analysis, 1977.

[35] Perry, J. L. and H. G. Rainey, "The Public-private Distinction in Organization Theory: A Critique and Research Strategy", *Academy of Management Review* , 988 (13): 182 –200.

[36] Perry, J. and H. Rainey, "The Public-Private Distinction in Organization Theory: A Critique and Research Strategy", Paper presented at the 1985 Annual Meeting of the American Political Science Association, New Orleans, LA., 1985.

[37] Rainey, H. "Public Agencies and Private Firms: Incentives, Goals, and Individual Roles", *Administration and Society*, 1983, 15 (2): 207 –242.

[38] Rhinehart, J. , R. Barrell, A. DeWolfe, J. Griffin, and F. Spaner, "Comparative Study of Need Satisfaction in Governmental and Business Hierarchies", *Journal of Applied Psychology*, 1969, 53 (3): 230 – 235.

[39] Scott, W. , and J. Meyer, *The Organization of Societal Sectors*, 1983: 129 – 158.

[40] J. Meyerand W. Scott (eds.), *Organizational Environments*, Beverly Hills, CA: Sage.

[41] U. S. Office of Personnel Management, The Federal Employee Attitude Survey Washington, D. C. : U. S. O. P. M. , 1979.

[42] Wamsley, G. and M. Zald, *The Political Economy of Public Organizations Lexmgton*, MA: D. C. Heath, 1973.

[43] Arthur, W. B. , *Increasing Returns and Path Dependence in the Economy*, Ann Arbor: University of Michigan Press, 1994.

[44] Cohen, M. , March, J. , & Olsen, J. A, "Garbage can Model of Organizational Choice", *Administrative Science Quarterly*, 1972 (17): 1 – 25.

[45] Coleman, J. , *Equality of Educational Opportunity*, *Washington*, DC: U. S. Department of Health, Education and Welfare, 1966.

[46] Collier, R. B. , & Collier, D. , *Shaping the Political Arena: Critical Junctures, the Labor Movement, and Regime Dynamics in Latin America*, Princeton, NJ: Princeton University Press, 1991.

[47] DiMaggio, P. J. , & Powell, W. W. , "The Iron Cage Revisited: Institutional Isomorphism and Collective Rationality in Organizational Fields", *American Sociological Review*, 48, 147 – 160, 1983.

[48] Gormley, W. T. , & Balla, S. J. , *Bureaucracy and Democracy: Accountability and Performance*, Washington, DC: CQ Press, 2003.

[49] Hamilton, J. D. , *Time Series Analysis*, Princeton, NJ: Princeton University Press, 1994.

[50] Jones, B. D. , *Politics and the Architecture of Choice: Bounded Rationality and Governance*, Chicago: University of Chicago Press, 2001.

[51] Lipsky, M. , *Street Level Bureaucracy: Dilemmas of the Individual in Public Service*. New York: RussellSage, 1980.

［52］ Meier, K. J. , Wrinkle, R. D. , & Polinard, J. L. , "Bureaucracy and Or-
ganizational Performance: Causality Arguments about Public Schools", A-
merican Journal of Political Science, 2000 (44): 590 – 602.

［53］ Pierson, P. , The limits of Design: Explaining Institutional Origins and
Change, Governance, 2000 (13): 475 – 499.

［54］ Pierson, P. , Not just What, but When: Timing and Sequence in Polit-
ical Processes, Studies in American Political Development , 2000
(14): 72 – 92.

［55］ Simon, H. A. , Administrative Behavior, New York: Free Press, 1947.

［56］ Tyack, D. , & Cuban, L. , Tinkering Toward Utopia , Cambridge,
MA: Harvard University Press, 1995.

［57］ Weber, M. , Bureaucracy, In From Max Weber: Essays in sociology
(H. Gerth & C. W. Mills, Trans.), New York: Oxford University Press
(Original Work Published 1914) 1946.

［58］ Wilson, J. Q. , Bureaucracy: What Government Agencies Do and Why
They Do It, New York: Basic Books, 1989.

［59］ Argote, Linda Organizational learning: Creating, Retaining and Trans-
ferring Knowledge, Boston: Kluwer Academic, 1999.

［60］ Arthur, W. Brian, "Competing Technologies, Increasing Returns, and
Lock-in by Historical Events", Economic Journal, 1989 (99): 116 – 131.

［61］ Baron, James N. , Hannan, Michael T. , & Burton, M. Diane, "Build-
ing the Iron Cage: Determinants of Managerial Intensity in the Early
Years of Organizations", American Sociological Review, 1999 (64):
527 – 547.

［62］ Beckman, Christine M. , & Burton, M. Diane, "Founding the Future:
Path Dependence in the Evolution of Top Management Teams from Foun-
ding to IPO", Organization Science, 2008, 19 (1): 3 – 24.

［63］ Beyer, Jürgen, "The Same or Not The Same — On the Variety of Mech-
anisms of Path Dependence", International Journal of Social Sciences,
2010, 5 (1): 1 – 11.

［64］ Carroll, Glenn R. , & Harrison, J. Richard, "On the Historical Effi-
ciency of Competition between Organizational Populations", American

Journal of Sociology, 1994 (100): 720 – 749.

[65] Child, John, "Strategic Choice in Organization Studies: Retrospect and Prospect", *Organization Studies*, 1997 (18): 43 – 76.

[66] De Rond, Mark H., & Bouchikhi, Hamid, "On the Dialectics of Strategic Alliances", *Organization Science*, 2004 (15): 56 – 69.

[67] Garud, Raghu, Kumaraswany, Arun, & Karnøe, Peter, "Path Dependence or Path Creation?", *Journal of Management Studies*, 2010 (47): 760 – 774.

[68] Grant, David, & Hardy, Cynthia, "Introduction: Struggle with Organizational Discourse", *Organization Studies*, 2004 (25): 5 – 13.

[69] Hannan, Michael T., & Freeman, John, "The Population Ecology of Organizations", *American Journal of Sociology*, 1977 (82): 929 –964.

[70] Hargadon, Andrew B., & Douglas, Yellowlees, "When Innovations Meet Institutions: Edison and the Design of the Electric Light", *Administrative Science Quarterly*, 2001 (46): 476 – 501.

[71] Johnson, Victoria, "What is Organizational Imprinting? Cultural Entrepreneurship in the Founding of the Paris Opera", *American Journal of Sociology*, 2007, 113 (1), 97 – 127.

[72] Koza, Mitch, & Lewin, Arie Y., "The Co-evolution of Strategic Alliances", *Organization Science*, 1998 (9): 255 – 264.

[73] Martin, Ron, & Sunley, Peter, "Path Dependence and Regional Economic Evolution", *Journal of Economic Geography*, 2006 (6): 395 –437.

[74] Meyer, John W., & Rowan, Brian, "Institutionalized Organizations: Formal Structure as Myth and Ceremony", *American Journal of Sociology*, 1977 (83): 340 – 363.

[75] Pentland, Brian T., & Feldman, Martha (2005), "Organizational Routines as a Unit of Analysis", *Industrial and Corporate Change*, 2005 (14): 793 – 815.

[76] Quinn, Robert E., & Cameron, Kim (1983), "Organizational Life Cycles and Shifting Criteria of Effectiveness: Some Preliminary Evidence", *Management Science*, 1983 (29): 33 – 51.

[77] Romanelli, Elaine, & Tushman, Michael L., "Organizational Trans-

formation as Punctuated Equilibrium: An Empirical Test", *Academy of Management Journal*, 1994 (37) .

[78] Sastry, M. Anjali, "Problems and Paradoxes in a Model of Punctuated Organizational Change", *Administrative Science Quarterly*, 1997 (42): 237 – 275.

[79] Scott, Richard, *Institutions and Organizations* (3rd ed.), Thousand Oaks, CA: Sage, 2008.

[80] Thelen, Kathleen, "Historical Institutionalism and Comparative Politics", *Annual Review of Political Science*, 1999 (2): 369 – 404.

后　记

　　本书是在我的博士学位论文的基础上完成的，也是教育部人文社会科学研究青年基金项目"历史制度主义视角下的中国高校人事制度变迁研究"（项目编号13YJC880084）的研究成果。本书也得到了云南省哲学社会科学学术著作出版专项经费资助。

　　对高校人事制度的研究发生兴趣是在我读博期间，博士毕业参加工作后，作为大学教师，我现在亲身经历着我一直感兴趣的高校人事制度，对于高校人事制度又有了新的认识，这些感受有些化为文字融入了我的这本专著中。

　　能够取得本书的研究成果，首先要感谢我的导师刘献君教授。他是一位文雅、和蔼的学者，也是高等教育管理领域的专家，此书的选题来源于他主持的"华中科技大学人才课题"，很多观点也得到了他的启发。为让我对高校人事制度有深入的理解，刘老师给我联系大学的档案馆，让我翻阅学校的人事档案；刘老师还帮我联系很多大学的人事处领导及职员去进行深入访谈，可以说，我的研究成果中饱含着刘老师的心血。此外，还要感谢我的同门师姐张俊超副教授、王珺副教授和同门师兄周光礼教授，他们给了我很多启发，感谢他们对我的提点和帮助；感谢华中科技大学教科院的各位老师，感谢伊利诺伊斯州立大学的林曾教授，他们给了我很多指导；还要感谢我在调研时热情地接待我并接受我访谈的各兄弟院校的老师们。感谢云南财经大学公共管理学院的各位领导和同事的帮助。

　　感谢我的家人！我的父母一直以他们最大的能力来爱我，我的小姑姑在我女儿需要照顾时来帮我带孩子，他们对我的支持我永生不忘；我的弟弟肖建洲一直尽他所能来帮助我，在我困难时总是施以援手，他无私的帮助我一直铭记在心；感谢我的先生刘建辉博士的帮助和鞭策；还要感谢我可爱的女儿，做一个能让她引以为荣的妈妈也是我鞭策自己前进的动力。

　　本书的出版，得到了云南省社科规划办的余文兵老师，中国社会科学出版社武云女士和张林女士的热情帮助和支持，在此一并诚挚地致谢！

肖兴安

2015 年 9 月